JN095233

組織設計と個人行動

「H.ミンツバーグ組織設計論」と「組織行動論」

【増補版】

丁 圏鎮 ［著］

文眞堂

はじめに

　人間はなぜ組織を作り、協働活動を続けるのか、また組織と個人との関係はどうあるべきなのかという、本質的な問いに関する理論研究の蓄積が進む中、組織の成果および個人の満足を高めるための具体的な方策が組織の現場で開発されつつある。個人にとって組織とは、大いに役立つ存在でありながら、諸刃の剣のように、大きな弊害を与える存在でもある。組織の発展そのものが必ずしも個人の発展を意味するものではなく、個人の発展がそのまま組織の発展につながるものでもない。つまり、個人の犠牲を払って発展する組織もあれば、組織を悪用して自己欲求を満たしている個人もいる。

　私たちが目指しているのは、組織と個人が共に発展する社会づくりである。そこで、**本書の目的**は、「組織と個人が共に発展できる理想社会の実現」のために、組織設計および個人行動に関する基礎的理論を分かりやすく解説することと、理論を現実に適用するための創造的思考フレームワークや積極的行動モデルを示すことにある。

　本書が**対象とする読者**は、大学で経営学や組織論を専門とする学生だけでなく、組織と自分の発展のため積極的に活動しようとする人、組織のなかで発生する構造的問題や人間的問題に悩んでその解決策を探ろうとする人などである。それ故に本書では、大学の専門図書として、本文・図表中のキーワードを可能な限り原語併記すると共に、理論の出所や参考文献を明記しつつも、他方では、ビジネス書として、経営学や組織論を学んだことのない社会人の理解を促すため、理論を分かりやすく解説するよう心掛けた。

　本書の構成は、次の通りになっている。

　第Ⅰ部では、組織の**マクロ的考察**としての「組織設計」をテーマとし、組織を効果的に機能させるためには、組織構造をどのように設計するかという課題に取り組んでいる。そこで、組織を構成する諸要素間の調和、構造とパワーの調和を保ちながらシステムとして効果的に機能する組織づくりを中心的内容と

する「ミンツバーグ（Mintzberg, Henry）の組織設計論」を取り上げる。その中で、理論の根幹とも言える、組織の基本的属性（第 1 章）、組織の基本的類型（第 2 章）、効果的な組織設計（第 3 章）について考察する。

　第II部では、組織のミクロ的考察としての「個人行動」をテーマとし、どうすれば組織の中の個人が満足感を得ながら積極的に行動するかという課題に取り組んでいる。そこで、組織における個人の行動を考察・分析の対象とする「組織行動論：Organizational Behavior」を取り上げる。その中で、個人行動の基本的原理を理解し、その行動を活性化する仕組みを明らかにするため、組織行動論の三本柱とも言える、モチベーション（第 4 章）、リーダーシップ（第 5 章）、コミュニケーション（第 6 章）について考察する。

〈謝辞〉

　まず、1986 年に国費外国人留学生として留学の機会を与えて頂いた日本政府に感謝する。そして誰よりも、大学院時代に心温まるご指導ご鞭撻を賜った高時天　建国大学名誉教授、原澤芳太郎　東北大学名誉教授、河野昭三　東北大学名誉教授に衷心より感謝を申し上げる。また、極めて短期間で拙稿を高覧頂き、貴重な助言をくださった吉原正彦　青森公立大学名誉教授をはじめ、同僚の落合孝彦教授と佐藤和弘教授にも感謝する。

　さらには、本書の出版に当たって、公益財団法人「青森学術文化振興財団」から助成金を頂いたことを深く感謝すると共に、出版を引き受けて頂いた文眞堂の前野隆社長、前野弘太氏に心から御礼を申し上げたい。

　最後に、私事で恐縮ではあるが、留学当初から今日まで同苦同楽しながら支えてくれた妻永愛と、異文化の壁を乗り越え、グローバル社会の人材として活躍している長女瑞然と次女嘉然に感謝の言葉を贈りたい。

　2016 年 5 月

丁　圏鎭

増補版の刊行に当たって

　増補版では、昨今の組織社会の課題に相応しいテーマとして「第Ⅲ部　個人と組織の役割（第7章　知の創造と共通価値の創造）」を新たに加えた。その他にも、第Ⅰ部と第Ⅱ部での難解な内容を書き直すと共に、第1章では「組織構造の形態」、第2章では「官僚制（組織）」、第6章では「場の機能、場のマネジメントの条件」と「仕事場の改革」を章末に補足資料として載せた。

　現在、新型コロナウィルス感染症（covid-19）が世界的大流行（pandemic）と認定される勢いで、私たちの日常生活に甚大な支障と脅威をもたらしている。その中で、史上未曾有の事態に対する各国および各自治体の対応とその成果には大差が見られ、まさに組織力の違いが事態解決のカギになっていることが判明しつつある。こういう時期こそ、個人と組織、そして社会のそれぞれが果たすべき役割とは何かを考え直し、互いに協力・連係しながら、新しい解決法（イノベーション、知、価値など）を生み出さなければならない。

　大学の休みの延長と在宅研究の奨励もあり、集中できる時間が大いに与えられたので、増補版の原稿をまとめることができた。第Ⅲ部で取り上げている個人と組織の役割としての「知の創造と共通価値の創造」が、組織及び社会の機能不全による事態悪化を切実に感じている今日の読者に、医療関連の技術革新を推進する方向性とは別に、個人、組織、社会が果たすべき役割を再認識させ、知と価値を創造する社会的革新への新たな取り組みに役立てれば幸いである。

　2020年5月

丁　圏鎭

目　　次

第Ⅰ部　組織設計

第5章　リーダーシップ …………………………………………132

組織設計と個人行動

—「H. ミンツバーグ組織設計論」と「組織行動論」—

　組織論は、社会科学上の組織を研究する学問であり、経営学の基本理論の1つとして位置づけられる。組織論では、通常、次の4つのレベルで組織を研究・分析するとされる（二村:2004,p.2）。
　①組織の中の個人
　②組織の中の集団
　③組織それ自体
　④組織の組織（組織間関係）
　このうち、①と②は組織における個人（集団）、またはその行動に関するもの（例えば、モチベーション、リーダーシップ、コミュニケーションなど）を、③と④は組織そのものや組織間関係に関するもの（例えば、組織構造、組織機能、ネットワーク組織など）を主な内容とする。そこで、より狭い領域である①と②を対象とする理論を「ミクロ組織論」、より広い領域である③と④を対象とする理論を「マクロ組織論」と呼ぶ。ミクロ組織論の領域にあるOrganizational Behavior Theoryは「組織行動論」と訳されているが、それは、組織における人間の行動に関する理論であって、組織自体の行動に関する理論ではないことを注意する必要がある。
　本書において、第Ⅰ部「組織設計」はマクロ組織論、そして第Ⅱ部「個人行動」はミクロ組織論に該当する内容である。

第Ⅰ部

組 織 設 計

第Ⅰ部では、組織が1つのシステムとして効果的に機能を果たすためには、組織構造とパワー（影響力）システムをどのように設計すべきかという課題に取り組む。そこで、ドラッカー（Drucker, Peter F.）と比肩するマネジメント・グル（guru）の1人として、また「理論に縛られない理論家」、「知られざる大家」として高く評価されているミンツバーグ（Mintzberg, Henry）の組織論を取り上げる（ミンツバーグに対する評価については、DIAMONDハーバード・ビジネス・レビュー編:2003,pp.40-49,2007:pp.i-vi, Pugh and Hickson:2002,邦訳 pp.43-50 を参照）。

ミンツバーグの研究は「マネジャーの職務」、「組織論」、「戦略論」の3つの領域に分かれる。その研究アプローチは、抽象的な理念に拘ることなく、直接調査の経験から実用可能な分析の枠組みを提示するというものであり、今日の経営学研究が目指すべき1つの方向性を示唆している（丁:2007）。

そこで第Ⅰ部では、ミンツバーグの組織論を代表し得る4つの著作（Mintzberg:1979,1983a,1983b,1989）に基づき、そのなかでも中心的内容となる、組織の基本的属性（第1章）、組織の基本的類型（第2章）、効果的な組織設計（第3章）について取り上げる。

第1章

組織の基本的属性（basic attributes）

　1台の機械が数多い部品から成り立っており、各部品には一定の形態と機能（働き）があるのと同じく、人体は約60兆個といわれる「細胞」と、同じような形態と機能を持つ細胞の集まりである「組織」（例：上皮組織、結合組織、筋組織、神経組織）で構成されている。さらに組織は、協同して一定の機能を営むための「器官」を作り、器官は一連の働き（例：呼吸、消化）を持つ「器官系」を形成する。

　本章では、人々の協働体系としての組織がどのような要素で構成されていて、各要素がどのように機能するのかを理解するため、組織の基本的属性を検討する。まず、組織はどのような部分に分かれていて、各部分はどのような機能を果たしているのか（第1節）、また組織は人々の協働活動をどのように統制し、調整するのかについて述べる（第2節）。次に、組織構造を設計するときに考慮すべき主な設計要素とその機能について説明する（第3節）。最後に、組織に影響を及ぼす主な状況要因を検討しながら、組織を設計するときに、設計要素をどのように状況要因に適合させていくかを示す（第4節）。

第1節　主要部分（basic parts）

　組織の構造は、作業核、戦略尖、中間管理層、技術スタッフ、支援スタッフという5つの部分に分かれる。このうち、作業核と戦略尖、中間管理層は「ライン業務」を担当する部分であり、技術スタッフと支援スタッフは「スタッフ業務」を担当する部分である。ライン業務は組織の目的達成に直接的に関わるもの（例：部品の組み立て、製品の生産、サービスの提供）であり、スタッフ

〈図表 1-1〉　組織の主要部分

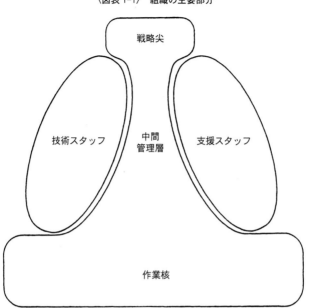

出所：Mintzberg（1983a）,p.11.

業務はライン業務を間接的に支援するもの（例：人事、財務、会計、広報）である（Mintzberg:1983a,pp.9-19）。

⑴　作業核（operating core）

作業核は、製品を生産し、サービスを提供するという組織の基本的な仕事を遂行する人々がいる部分を指す。作業核では、組織活動に必要な資源（input）を獲得し、それを変換（transformation）して成果物（output）を出すという、一連のプロセスがある。作業核がなければ目的達成のための活動ができないため、最も単純な組織においても作業核は存在する。

⑵　戦略尖（strategic apex）

戦略尖は、組織のミッションを効果的に達成することに仕える専業マネジャーがいる部分を指しており、一般的に経営層、トップ・マネジメントと言

われている（例：取締役会、CEO、社長）。戦略尖は組織内部を全体的に統制することを初め、組織の境界に置かれている諸状況をマネジメントすること、さらに組織の戦略を立てることを主な職務としている。

(3)　中間管理層（middle line）

中間管理層は、作業核と戦略尖を公式的権限でつなぐ部分であり、一般的にミドル・マネジメントと言われている（例：作業班長、工場長、課長、部長、事業部長）。組織の規模が小さいときには中間管理層を設ける必要がないが、規模が大きくなり作業核の仕事が複雑になると、戦略尖が作業現場を適切に管理することができないので、中間管理層を設けることになる。

(4)　技術スタッフ（technostructure：技術・分析の専門家）

技術スタッフは、組織で用いられる諸基準（標準）およびルールを設ける、専門的知識を持っている人々がいる部分を指す。組織の規模が大きくなり、仕事の内容もさらに複雑になると、仕事を分析し、指導・統制する必要がある。技術スタッフ自らは作業核で仕事することはほとんどなく、作業核の能率を高めるために、仕事を研究・分析して基準（標準）やルールを定める。その基準やルールに基づいて作業核が管理・統制されるため、技術スタッフは管理者のような公式的権限を持っていないものの、大きな影響力を発揮している。技術スタッフで行われている主な仕事と、それを担当する人の例をあげてみよう。

- ・作業に関する調査・分析：仕事の能率的やり方（即ち、仕事過程）を定める
  - 例：作業分析・研究家、OR（Operations Research）専門家、書類・記録専門官（clerical staff）
- ・計画および統制に関する分析：達成すべき成果（即ち、アウトプット）を定める
  - 例：生産計画専門家、QC（Quality Control）専門家、予算策定・統制専門家、戦略計画策定専門家
- ・人事および教育に関する分析：学ぶべきスキルや知識を定める
  - 例：教育訓練専門家、人的資源開発専門家

(5)　支援スタッフ（**support staff**）

　支援スタッフは、組織内部で必要とされる様々なサービスを支援する、専門化された単位を指す。組織が一定の規模以上に成長すると、作業核を初め、各部分がそれぞれの業務に専念できるような支援体制が必要になるため、支援活動を専門的に担当する部分が設けられる（例：受付け、食堂・売店などの福利厚生関連施設、施設管理維持室、研究開発機関、法務室、広報室、情報処理室、労働組合）。

　技術スタッフと支援スタッフを区別する明確な基準は示されていないものの、前者の主な業務が、専門的な知識を用いながら作業核で行われている仕事の基準やルールを作ることであるのに対して、後者の主な業務は、組織の全般にわたって直接的または間接的に支援することである。従って、支援スタッフの業務は、場合によって外部に委託（outsourcing）されることもあり得るが、技術スタッフの業務を外部に委託することはない。

第2節　調整メカニズム（coordinating mechanism）

　組織において最も基本的な協働活動は、目標達成のために役割を分担して部分的に活動する**分業**（**division of labor**）と、部分的活動を統制しながら集団的にまたは組織全体的に統合する**調整**（**coordination**）である。分業活動は統合を前提として行われているため、組織における協働活動の本質は調整であるといえる。組織は調整を効果的に行うために、以下のようなメカニズム（仕組み）を用いている（Mintzberg:1983a,pp.3-9）。

(1)　相互適応（**mutual adjustment**）

　相互適応は、人々が意識的に努力しなくても、無意識的にまたは自然に調整されることを指す。適応（adjustment）とは、オートフォーカス機能のついたカメラを被写体に向けるだけで焦点が自動的に調整されるようなことを意味する。相互適応は、漕艇に乗って櫓を漕ぐことや、二人三脚で走ることを例として考えればよい。特に、少人数の間では、以心伝心または阿吽の呼吸を通じ

て調整がされやすい。

(2)　直接監督（direct supervision）

　仕事に責任を持つ監督者が人々に対して指示し、その内容を直接監督することにより調整が得られる。監督者は仕事の全般的な進捗状況に合わせながら、遅過ぎる人や早過ぎる人に対して直接的に働きかけ、全体の足並みを揃えることができる。直接監督は上司が部下を統制・監督する基本的な手段であるため効果的であるが、1人の上司が統制できる部下の数、即ち「**統制の範囲：span of control**」に限界がある。部下の数が多くなるか、または仕事の内容が複雑になると、直接監督は難しくなり、統制の範囲も小さくなる。

　そこで、標準化（standardization）による調整が求められる。相互適応や直接監督に頼らなくても、やるべきことに対して標準や基準を定めそれに合わせれば、調整が得られる。標準化には、以下のような方法がある。

(3)　仕事過程の標準化（standardization of work processes）

　仕事の内容が、マニュアル化されているときや、図表などで詳細に記述されているとき、仕事は調整されやすい。例えば、機械の組み立て作業に「作業手順書」や「作業指示書」が用意されており作業者がそれに従う場合、仕事のプロセスは自ずと調整されるため、作業者の数が多くても全体的に統制できる。特に仕事が単純な内容で、なお反復的に起きるものであれば、仕事過程の標準化が効果的である。

(4)　アウトプットの標準化（standardization of outputs）

　仕事の進め方や道具の使い方などを問わず、達成すべき結果、即ちアウトプットを設けることで調整を得る方法である。例えば、集合する場所と時間を示しておけば、どのような経路でどのような手段を使うかは問題にならず、結果だけを合わせれば良い。また、アウトプットの標準（例：寸法や仕様）に合わせて部品を作っておけば、その後の組立作業が容易になる。そして、複数の事業部を持っている会社は、各々の事業部に達成目標を設けることにより、事業部を統制することができる。

作業日程（scheduling）は、仕事のプロセスが具体的に示されている点では仕事過程の標準化といえるが、作業日程の区切りを定めて期日まで達成すべき中途目標が示されている点ではアウトプットの標準化ともいえる。

(5)　スキル・知識の標準化（standardization of skills and knowledge）

仕事遂行に求められる専門的なスキルおよび知識が詳細に定まれば、教育や訓練を通じて調整が得られる。例えば、病院の手術室で麻酔専門医と外科医が手術を行うときは、各自やるべきことが決まっており、それを熟知しているため、詳細な確認や意見交換がなくても難しい手術を終えることができる。それは、医者たちの熟知している専門的知識と熟達しているスキルにより、一糸乱れぬ行動がほぼ反射的に行われるからである。この標準化は、求められるスキルや知識を持っている人（例えば、資格所有者）に限って仕事を任せるという調整方法なので、「インプットの標準化」ともいえる（インプットの標準化については、沼上:2004,pp.110-112 を参照）。

　これらの他に、**規範の標準化（standardization of norms）** も考えられる。組織の中でやるべきこと、やってはいけないことが規範として定められ、メンバーがそれに従って行動すると、組織は全体的に調整しやすくなる。例えば、宗教組織が教理を定めて、メンバーに価値観や信念が共有されれば、組織全体が一枚岩のようにまとまる。標準化された規範により作られた共通の信念や考え方は、組織文化を形成する主な要因になる（Mintzberg:1989,p.101,邦訳 p.160）。

　このような標準化による調整は、予め定めた基準やルールを用いる方法なので「事前的調整」という。一般的に、標準化による調整のメリットは認められているが、起こり得る全てのことを予想するのは不可能であり、たまにしか起こらないことに対して標準やマニュアルを作ることは非能率的である。そこで、「事後的調整」と「水平関係による調整」を兼用することが望ましい。前者は、標準に定まってないことが起きたとき事後的に、権限階層（ヒエラルキー）の上位にいる人（即ち、上司）が公式権限を用いて調整する方法である。後者は、例外的事態や重大な対立を解決するために、水平的な仕組み

（例：調整役、プロジェクト・チーム）を利用してコミュニケーションをとりながら調整する方法である。（沼上:2004,pp.161-166,233-277）。

　ところで、調整メカニズムを用いるとき、考慮すべき点がいくつかある。

　まず、仕事の複雑性および定形性の程度に応じて、調整メカニズムを適切に選択することである。少人数が単純な仕事を行うときは、相互適応により調整は十分に得られる。しかし、仕事が複雑になったり定型化が進んだりすると、直接監督、仕事過程の標準化、アウトプットの標準化、スキル・知識の標準化の順に選好されることが多い。ところが、仕事が極めて複雑になると、メンバー同士で臨機応変に息を合わせながら進めなければならないので、相互適応に頼ることも多くなる。

　次に、人に対する統制の程度により、調整メカニズムを適切に選択することである。最も厳しい統制方法は直接監督であり、その次は仕事過程の標準化、アウトプットの標準化、スキル・知識の標準化の順になる。直接監督をうける作業者には、自由裁量がほとんど認められないのに対して、スキル・知識の標準化が適用されている作業者には、仕事過程やアウトプットに関する最大限の自由裁量が保証されている。

　最後に、複数の調整メカニズムのうち、どれか1つだけを選択する必要はないということである。調整メカニズムは相互に代替可能であり、同時に併用されることもよくある。単純な作業にしろ複雑な作業にしろ、相互適応による調整は基本的に欠かせない。ただし、複数の調整メカニズムを併用するにしても、状況に応じて優先順位を決めて用いることが望ましい。

第3節　設計要素 (design parameters)

　私たちが快適な住まいを目指して家を建てようとするとき、様々なことを考慮する。例えば、何階建てにするか、庭造りや間取りをどのような形態にするか、外部資材やインテリアにどのようなものを使うかなどである。同じように、組織が目的を効果的に達成するためには、それに相応しい構造が求められる。そのとき、組織構造を構成している諸要素を如何に効率よく設計

（design）するかがカギとなる。具体的にいえば、仕事を分ける基準、仕事単位の規模、メンバーに対する教育、計画および統制の仕組み、権限の分配に関する内容である。以下では、組織構造を設計するときに考慮すべき設計要素について説明する（Mintzberg:1983a,pp.25-119）。

(1)　職務の専門化（job specialization）

職務の専門化は、仕事を水平的または垂直的に分け、職務として与えることを指す。職務が専門化されることにより、担当者はその遂行に対する責任と権限を持つようになる。

①水平的専門化

水平的専門化は分業の典型的な形態であり、協働活動でよく見られる。各々の職務がどのように細分化されているか、また職務の範囲がどれくらいかを表すものである。

アダム・スミス（Smith, Adam）はピンの製造作業において、分業を行ったときがそうでないときに比べて、生産性が極めて高いことを明らかにしている（Smith:1910,p.5）。そこで、次のような分業のメリットが示される。

・専門化された作業を繰り返すので、作業者の技量が上がる。

・作業の切り替えにかかる時間（即ち、段取り時間）の無駄を省ける。

・新しい方法や機械装置などが開発される。

②垂直的専門化

垂直的専門化は、職務における管理と実行を切り離すことを指す。これは「考えること」と「実行すること」が分離されることを意味する。一般的に、組織階層を3つに分けて専門化すると、トップは戦略的な職務を、ミドルは管理的な職務を、ロワーは作業的な職務を重点的に行うことになる。

専門化が進むにつれ、ある程度までは作業能率も上がり、分業のメリットが得られるが、作業者の視野が狭くなることや思考が単調になることによって、やる気が低下するという問題も生じる。このような問題を克服するために、職務の範囲を水平的および垂直的に拡大することが求められる。

・**職務拡大（job enlargement）**：同レベルの職務間での移動、即ち水平的拡大を意味する。例えば、自動車製造の組立てラインにおいて、エンジン

を作っていた人にシャーシー（車台）を作らせたり、燃料タンクを作らせたりして職務を回す方法（rotation）である。
- **職務充実（job enrichment）**：職務の内容を多様化するというよりも、職務遂行に対する統制力と責任を持たせて職務の質を充実化すること、即ち垂直的拡大を意味する。例えば、共同で仕事をするメンバーの誰かに、上司のような役割、即ち仕事に関する計画から実施、統制、確認に至るまでの一括した役割を持たせる。職務が垂直的に拡大されると、上からの指示通りに動くのと違って、自ら仕事を計画・実行し、その結果に対する責任を持つことになり、メンバーの達成感とやる気が高まる。

(2)　行動の公式化（behavior formalization）

作業指示、職務記述、規則や規制などを課すことによって、メンバーの行動は公式化（定型化）される。人の行動および仕事内容を公式化する理由と、その具体的適用の例として次のようなものがあげられる。
- 業務の内容を明確にし、安全性を守るため（例：消防士の作業マニュアル、パイロットの操縦マニュアル）
- 機械のように一貫性を保ち、効率を高めるため（例：流れ作業の手順書、反復的作業のマニュアル）
- 業務遂行に公正・公平性を保つため（例：公共機関の業務規程、人事関連の規程）
- 共通の価値観（組織文化）を形成するため（例：社是の復唱、会社ユニフォームの着用）

このようなメリットはあるものの、公式化し過ぎると、新たな問題が生じる。過度な公式化は、人間を機械のように拘束してしまい、人間性喪失をもたらす。その結果、官僚制組織の問題としてよく指摘される組織的病状（例：思考の硬直化、革新的アイデアの拒絶、クライアントへの不適切な対応）が現れる。

(3)　教育（training）と教化（indoctrination）

教育は職務に関連するスキルや知識を教えるプロセスであり、教化はメン

バーの心情に変化をもたらすよう組織内部に規範（norms）を形成するプロセスである。教育および教化により、標準化された行動パターンをメンバーに内在化（internalization）することが期待できる。

　教育は特定の職務を遂行するときに求められるスキルや知識を明らかにし、それを公式的な指導課程として標準化する。手先の技術（craft）やスキルのような複雑かつ定型化し難い内容は、日常の職務につきながらその場で行う教育（OJT: On the Job Training）を通じて学ぶことが多いが、定型化されたスキルや知識は、日常の業務を一時的に離れて外部教育機関で受ける教育（Off-JT: Off the Job Training）を通じて学ぶ。

　一方、教化は守られるべき規範と求められる価値や信念をメンバーが受け入れ、それに準拠して意思決定し、行動するプロセスである。言い換えると、メンバーが組織から求められる価値システムや規範、そして行動パターンを学んでいく社会化（socialization）を意味する。これは公式的に行われる教育とは違って、組織の中で非公式的に（即ち、無意識的かつ自然的に）形成されることが多い。教化は慎重を要する職務、地理的に離れた職務、そして組織への忠誠心が強調される職務（例：海外子会社のマネジャー、国家情報機関員、外交官などの職務）において特に重要視される。

(4)　単位編成（unit grouping）

組織が単位を編成することには、次のような意義がある。

・単位別に1人の責任者を設ける：各々の単位に管理者（責任者）が任命され、単位の活動に責任を持たせる。単位管理者は公式的な権限構造のなかで位置づけられている。

・単位別に資源を共有する：同じ単位のメンバーであれば、予算や施設、装備などを共同で利用できる。

・単位別に業績評価を行う：業績に対する評価は、個人レベルよりも単位レベルで行われる場合が多い。

・単位別に相互適応が行われる：同じ責任者の下で資源を共同利用しながら、身近な場所で行動するので、メンバーの行動や考え方が相互適応を通じて調整されやすい。

　組織構造は、組織がどのような目的をかかげ、それをどのように達成するかという「**目的と手段の連鎖：ends－means chain**」の仕組みを表す。従って、組織構造は基本的に、目的別単位と手段別単位に編成される。目的別単位は市場別（即ち、製品別、顧客別）に、手段別単位は機能別（即ち、技能・技術別、仕事過程別）に編成されるものを指す。両者は相容れないものではなく、相互関連的なものである。目的別単位編成の代表的な例は事業部制構造であり、手段別単位編成の代表的な例は機能別構造である。しかし、事業部制構造における各々の事業部の内部は、効率性を高めるために仕事単位が機能別に編成されている場合が多い。

　以下で、両者の特徴と長所・短所について説明しよう。

　①目的別単位編成：市場別編成（marketing grouping）

　目的別に単位が編成されることは、単位が特定の市場（例：製品、顧客、地域）を狙って編成されることを指しており、そこでは単位ごとに基本的な機能（例：購買、生産、販売）が一括して遂行されている。その代表的な例は、目的別に複数の事業部を持つ事業部制組織である。目的別に編成される単位は、市場の変化に迅速に対応することが最大の課題なので、目的別単位のなかで機能別に分かれた仕事を円滑に横断させることを最優先にする。

　　・長所：成果に対する評価が目的単位別に行われるので、責任所在が明確になる。顧客や市場の変化に対して目的単位別に迅速な対応が可能になる。

　　・短所：目的単位別に資源を使うので、組織全体からみて重複や無駄が生じる。分業（特に、機能別専門化）のメリットがほとんど得られない。

　②手段別単位編成：機能別編成（functional grouping）

　手段別に単位が編成されることは、単位が組織目的を達成するための手段として、購買・生産・販売などの機能を基礎に編成されることを指す。機能別に編成される単位は、単位内の分業、即ち機能別専門化のメリットを活かすことができる。分化された機能を効率よく果たすためには、何よりも機能単位内の相互協力が大切である。特に、単純化かつ定型化されやすい仕事が多い場合は、機能別に単位を編成して仕事の内容を公式化すると共に、機械および設備などの資源を共同利用することにより成果をあげることができる。組織が機能

別単位を中心に編成されると、機能別に分かれた仕事を横断させることよりも
機能別単位内の相互協力を最優先にすることになる。

- ・長所：機能別単位で資源を共同利用するので、経済的効果が得られる。機
  能別に専門化されるので、分業のメリットが得られる。
- ・短所：機能別単位間の調整（即ち、組織全体のための調整）が弱い。単位
  別評価が困難なので、責任所在も不明確になる（例えば、ある製品
  が売れなくなったとき、その原因が販売部門にあったのか、それと
  も生産部門にあったのかが不明）。

補足資料　組織構造の形態（pp. 26-29）

(5)　単位規模（unit size）

　組織の単位規模を決める主な基準に**統制の範囲（span of control）**があ
る。統制の範囲は、1人の上司が統制できる部下の数を指しており、上司の管
理能力やリーダーシップ、部下の仕事遂行能力や意欲、そして仕事の難易度や
標準化の程度などにより変わる。

　例えば、上司の管理能力や部下の職務遂行能力が高いほど、統制の範囲は大
きくなるため単位規模も大きくなる。また仕事過程やアウトプット、スキル・
知識が標準化されるほど、上司はより多くの部下を統制することができるため
単位規模も大きくなる。その他にも、管理者に負担を課す非管理的業務に対し
て支援スタッフが積極的に協力するほど、管理者は管理業務に専念できるため
単位規模は大きくなる。

(6)　計画および統制システム（planning and control systems）

　計画の狙いは将来的に期待されるアウトプットを特定することにあり、統制
の狙いは特定したアウトプットが達成されているか否かを評価することにあ
る。従って、両者は馬と荷車のように相伴うものである。先行する計画がなけ
れば統制は意味がなく、後追いする統制がなければ計画はその実行力を失う。

　計画システムはアウトプットの特性、質、量、コスト、日程を具体化したも
のである。例えば、予算は一定期間のアウトプットにかかると予想されるコス
トを特定したものであり、日程はアウトプットにかかる期間の範囲を設けたも

のである。そして目標は、一定期間におけるアウトプットの質や量を明らかに
定めたものであり、業務計画はアウトプットとコストなどに関する様々な基準
を設けたものである。このような計画システムは、専門分析家とも呼ばれる技
術スタッフにより設計される。

　計画システムと統制システムは根本的に異なる。前者は特定行動に対する規
制を求めるものであり、後者は特定行動の結果としての全般的な業績に対する
規制を求めるものである。前者が将来に起こると予測される行動を事前に特定
することを目指すので、**行動計画（action planning）** と呼ばれるのに対し
て、後者は結果に対する事後的監督を目指すので、**業績統制（performance
control）** と呼ばれる。従って、行動計画が行動の公式化や仕事過程の標準化
により調整されるのに対して、業績統制はアウトプットの標準化により調整さ
れる。

　行動計画は、機能別に編成された単位において重要な設計要素である。行動
計画の狙いは、組織目的を達成するため手段別に編成された機能別単位が行う
べき仕事に関する内容を明らかにすることにある。従って、機能別単位に対し
ては、業績による統制よりも計画による統制の方が効果的である。一方、業績
統制は市場別に編成された単位において重要な設計要素である。業績統制の狙
いは、単位の最終的なアウトプットに対する規制にある。市場別単位で編成さ
れる事業部制組織において、異なる事業を行う事業部の間で相互協力を期待す
ることは困難である。そこでは、事業部単位に対し、計画に基づいて規制する
ことよりも業績に基づいて規制することが効果的である。

　しかしながら、計画および統制システムを用いる狙いは、規制することだけ
でなく、メンバーを動機づけることにもある。適切に設けられた計画システム
や統制システムは、結果に対する責任を求める手段であるが、計画的に課業を
成し遂げるための道標でもあるため、メンバーにやる気を持たせる主な手段と
して活用されることが望ましい。

(7)　リエゾン（liaison devices）

　リエゾンは、単位の内部および単位間における相互適応を助成するために用
いられる仕組みを指す。それは組織の階層構造を通して流れるタテの命令系統

（例：指示、報告）では調整できないことを支援する、ヨコのコミュニケーションの仕組みである。リエゾンの一般的な例として次の4つがあげられる。

①調整役（liaison positions）

　2つ以上の単位の仕事を調整し合う必要があるとき、垂直的権限に頼らず、単位間を横切ってコミュニケーションを交わす担当者を設ける。調整役は公式的権限を持っていないものの、公式的コミュニケーション経路では伝わり難い情報などを伝達したり、まとめたりする役割を果たしている。

②タスク・フォース、会議（task forces and standing committees）

　タスク・フォースは特定の課業を達成するために結成され、課業が達成されると、解散する集団である。一方、会議は相互適応を容易にする最も重要な手段である。会議には、臨時的に開かれるものもあれば、定期的に開かれるものもある。構成メンバーや開催日時などを公式的に定めることにより、会議を制度化する傾向が多い。

③統合マネジャー（integrating managers）

　機能別単位間の調整を図るために、統合マネジャーが設けられる。製造会社においてブランド・マネジャーやプロダクト・マネジャーは、特定ブランドや製品に対する統括的責任を持つ。統合マネジャーは、予算決定に関する権限や関連メンバーの人事に関する権限などは持っていないものの、機能別に異なる業務をまとめるための重要な意思決定権限を持っている。

④マトリックス構造（matrix structures）

　マトリックスは、縦線と横線で作られる格子模様を指す。これは目的別（市場別）構造と手段別（機能別）構造を重ね保ちながら、両者のメリットを生かした仕組みである。しかし、機能別単位の責任者である生産部長と市場別単位の責任者であるブランド・マネジャーとの間でコンフリクトが生じやすい。前者が機能部門内のバランスや秩序の維持などの統括的管理を重視する（即ち、中・長期指向的になる）のに対して、後者は自分に課されている明確な目標の達成を重視する（即ち、短期指向的になる）からである。このような状況では、1人の部下に2人の上司が存在することになるため、「命令一元性」という管理原則に反する**「二重権限の問題」**が生じやすい。マトリックス構造がうまく機能するためのカギは、タテとヨコの両側の責任

者が如何に相互協力関係を維持するかにある。

⑻　分権化（decentralization）

　組織における権限のなかで設計要素として最も考慮されるべきものは、意思決定に関する権限である。意思決定権限が組織に分散されていることを分権化といい、特定の部分に集中されていることを集権化という。決定権限が分権化されると、次のようなメリットがある。

・様々な部分の人が決めるので、より客観的かつ合理的な判断が得られる。
・多くの権限が現場まで委譲されると、現場は迅速かつ適切に対応しやすくなる。
・担当者自らが決定できるので、仕事に対する動機づけに繋がる。

　ミンツバーグは、分権化を 2 つの次元に基づいて区別している（Mintzberg:1983a,pp.99-100）。

　まず、**垂直的（vertical）・水平的（horizontal）**次元である。公式的権限がライン階層の上から下へ委譲されるときに「垂直的に分権化された」という。公式的権限は、組織の規模が小さいときは上部に集中されているが、規模が大きくなるにつれ、一部の権限が下部に分散される。それに対して、公式的権限がマネジャー（即ち、戦略尖、中間管理層）からノン・マネジャー（non-manager：即ち、技術スタッフ、支援スタッフ、作業核）へ分散されるときに「水平的に分権化された」という。

　次に、**選択的（selective）・並行的（parallel）**次元である。異なる種類の決定（different decisions）に対する権限を、専門（分野）が異なる部分または担当者に分散するときに「選択的に分権化された」という（例：財政に関する決定は戦略尖が、マーケティングに関する決定は支援スタッフが、生産に関する決定は作業核の監督者それぞれが行う）。一方、多方面の決定（various kinds of decisions）に対する権限を、同じ部分または担当者に一任するときに「並行的に分権化された」という（例：財政、マーケティング、生産に関する全ての決定を事業部長が一括して行う）。

　これらの次元から〈図表 1-2〉のような分権化の形態が区別できる。以下で、その内容について概説する（Mintzberg:1983a,pp.114-116）。

〈図表 1-2〉 分権化の形態

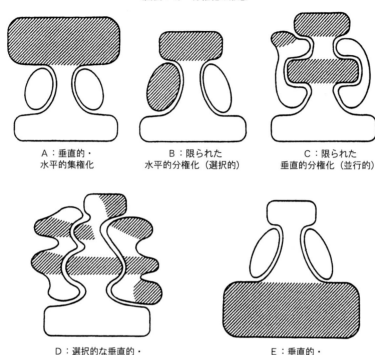

A：垂直的・　　　　　　B：限られた　　　　　　C：限られた
水平的集権化　　　　　水平的分権化（選択的）　　垂直的分権化（並行的）

D：選択的な垂直的・　　　　　　　E：垂直的・
水平的分権化　　　　　　　　　水平的分権化

注：斜線部分のサイズは、メンバーの数ではなく、意思決定権限の大きさを示す。
出所：Mintzberg（1983a）,p.115.

A：垂直的・水平的集権化（vertical and horizontal centralization）
　決定権限が戦略尖に集中されている形態である。戦略尖は自分の権限をスタッフや中間管理層または作業者に与えず、自らが重要な決定を行い、決定したことを直接監督しながら執行する。
B：限られた水平的分権化（選択的）（limited horizontal decentralization;
　selective）
　仕事の内容が単純であるため、仕事過程の標準化により調整が得られる形態である。戦略尖は、技術スタッフが定めた基準やルールを用いながらメンバーを統制する。技術スタッフは、公式化や標準化の基準を定めるものの、

管理者のような公式的権限がないので、限られた権限を持っているといえる。また、専門的知識を持つ技術スタッフは、機能部門別に異なる影響力を発揮するので、選択的権限を持っているといえる。

C：限られた垂直的分権化（並行的）（limited vertical decentralization; parallel）

　組織構造が市場別単位または事業別単位に分割されており、中間管理層である単位マネジャーに、担当単位に関する公式的権限が委譲されている形態である。全ての権限が事業部長に委譲されることはなく、本部から認められている範囲内で行使できるので、限られた権限といえる。また、認められている範囲内であれば、事業部長が担当事業の財務、マーケティング、生産に関する全ての決定を一貫して行うので、並行的分権化といえる。

D：選択的な垂直的・水平的分権化（selective vertical and horizontal decentralization）

　異種の決定に対する権限が、組織の様々なところに存在する仕事集団（work constellation）へ委譲されている形態である。ベンチャー企業やコンサルティング会社では、ライン・マネジャーの権限は弱く、専門力量（expertise）を持っている専門家（experts）が様々な課題解決のため、チームを編成して意思決定を行う。その場合、ラインとスタッフを問わず、組織の異なる部分から集まった専門家チームに決定権限が与えられるので、選択的に分権化され、かつ垂直的および水平的に分権化されたといえる。

E：垂直的・水平的分権化（vertical and horizontal decentralization）

　高度な専門的スキルや知識を持っている専門職業人（professionals）が、主要な業務を作業核で行っている形態である。大学や総合病院で働く専門職業人は標準化されたスキル・知識によって調整される。そのとき、主な決定権限が組織の下の部分（即ち、作業核）に存在するので、垂直的に分権化されたという。またその権限がマネジャーではない専門職業人に分散されているので、水平的にも分権化されたといえる。

　この他に、組織には**純粋な分権化（pure decentralization）**の形態もあり得る。これは宗教組織のように、決定権限がメンバー全員に平等に分散されて

いる組織でよく見られる。そこでは、管理能力および専門能力の差によって発生する上下関係が基本的に認められないので、権限は純粋に分権化されているといえる（宗教組織および純粋な分権化については、第 3 章の第 1 節を参照）。

第 4 節　状況要因（situational factors）

　組織を設計するには、前節で述べた設計要素だけでなく、組織に影響を及ぼし得る状況要因を考慮しなければならない。それは私たちが家を建てるとき、使用する建築資材や間取りなどの要素だけでなく、居住者の年齢や予算を初め、立地環境、建築規制、流行などの状況的要因を考慮することに似ている。組織を設計するときに、設計要素と状況要因を適合させることは極めて重要なポイントである。ミンツバーグは、状況要因と設計要素に関する先行研究を考察したうえで、次のような仮説（hypothesis）を示している（以下では、仮説を斜体文字で表す）（Mintzberg:1989,pp.106-109;邦訳 pp.165-170）。

⑴　年齢と規模（age and size）
・*組織が古くなるほど、組織の行動はより公式化される。*
　組織の年数が経つにつれ、繰り返される行動も増えて予測しやすくなるので、公式化が進む。
・*組織が大きくなるほど、組織の行動はより公式化される。*
　規模が大きくなるにつれ、内部事情も複雑になるので、頻繁に起きる行動を定型化しておくことが好ましい。
・*組織が大きくなるほど、組織構造はより精巧になる（elaborate）；即ち、職務および単位がますます専門化され、管理的要素もますます発達する。*
　組織の規模が大きくなるにつれ、職務はより細分化され、専門化される。そこで、標準化による調整を得るために技術スタッフを増強すると共に、直接監督を徹底させるために権限の階層を増やす。
・*組織構造は産業の創始以来の年齢を反映する（reflects）。*
　組織構造は組織自体の年齢よりも、むしろ組織が操業している産業の年齢か

ら影響を多く受ける。一般的に時代の経過と共に組織構造も変わるが、古い産業が初期の組織構造を比較的に忠実に守り通している例もある（例：鉄道産業に属している組織は、いまだに機械的組織構造を保っている）。

(2)　技術システム（technical system）

技術システムは、作業核がアウトプットを生産するときに用いる道具（instruments）や機械装置（machinery）などを指す。これは、科学的知識や工学的技術などの知識基盤（knowledge base）を意味する「技術：technology」とは異なる（技術は後述する環境要因の１つである）。両者間の違いを例えてみよう。会計士の業務において、高度な技術（即ち、会計学の専門知識）は求められるものの、作業に使われる技術システムは単なる筆記用具に過ぎない。一方、タクシー運転手の業務において、高度な技術（即ち、自動車に関する工学的専門知識）がなくても、複雑な機械装置である技術システム（即ち、自動車）を上手に動かすことができる。

・*技術システムがより規制的（regulating）であるほど、即ち、技術システムがオペレータの仕事を統制するほど、作業核の仕事はより公式化され、作業核の構造もより官僚制化される。*

大量生産方式の組立ラインのように、仕事が高度に定型化して予測可能になると、専門化と公式化を促進することになり、作業核に官僚制の状態を生み出す。

・*技術システムが複雑になるほど、支援スタッフはより精巧になり、専門職業的になる。*

複雑な機械装置を使うほど、それを設計、選択、修繕できる能力を持つ専門家（experts）も増える。専門家には機械装置に関する決定権限を充分に与えると共に、リエゾンを利用して相互適応できるように配慮しなければならない。

・*作業核が自動化（automation）されると、官僚制的管理構造は有機的構造へ転換される。*

作業核が仕事過程の標準化により調整されると、統制心理が広く浸透するので官僚制構造が生まれる。しかし、作業核の機械化が進んで自動化される

と、作業員の数が減り、仕事過程を統制する必要性も少なくなる。代わりに、機械装置の仕事に関わっている支援スタッフの役割が増え、相互適応しながら自分たちの仕事を調整する傾向が強くなる。つまり、自動化がラインの権限を縮小する代わりに、スタッフの専門力量を増大させ、管理者による調整の必要性を減少させるということである。

(3)　環境 (environment)

環境は、構造を設計するときに考慮されるべき組織の外的文脈 (outside context) を指す。代表的な環境要因としては、市場の状況と、科学的知識や工学的技術などの基盤を成している技術の状況があげられる。組織が置かれている環境は、次の 2 つの次元で分類できる。

1 つは、環境の変化がどれほど予測できるかの次元である。環境の変化が予測しやすいものを**安定的 (stable)** といい、予測し難いものを**動態的 (dynamic)** という。

もう 1 つは、環境を理解するときや、それに関連して組織が仕事を遂行するときに、高度の専門的スキルや知識がどれほど求められるかの次元である。環境理解や仕事遂行に求められる専門的スキルや知識のレベルが高く包括的 (comprehensibile) であるときの環境を**複雑 (complex)** といい、そのレベルが低く限定的であるときの環境を**単純 (simple)** という。

・*環境が動態的になるほど，組織構造はより有機的になる。*

動態的な環境では、環境の変化を予測するのが難しいので、環境の変化や仕事の内容を標準化することが極めて困難である。そのとき組織は、直接監督や相互適応を主な調整手段としながら、柔軟性を保つことが求められる。それに適合するのが有機的組織構造である。軍隊組織において、平和時のような安定的状況では、命令・報告体系や公式的訓練、儀式などを厳格に守るような機械的構造が適合するが、ゲリラ戦のような動態的状況では、戦闘現場に決定権限を委譲して臨機応変に対応できるような有機的構造が適合する。

・*環境が複雑になるほど，組織構造はより分権化される。*

複雑な環境では、環境を理解することや、それに関連する仕事を遂行することに高度の専門的スキルや知識が求められる。そのような状況では、意思決

定に必要な情報を特定の人だけで理解しきることが不可能である。また、仕事に大量の包括的知識が求められるため、専門的知識を持っている人々に決定権限を委譲する、いわば分権化が必要とされる。

・**組織の市場が多様化されるほど、規模の経済を望むなら、組織は市場別に編成された単位、または事業部に分割される傾向がより強まる。**

市場が地域別、顧客別、とりわけ製品・サービス別に形成されるとき、組織は規模による経済のメリットが得られるなら、市場に合わせて単位（事業部）を編成する事業部制構造を設ける。事業部は当該事業に関する相当な権限を行使する代わりに、事業の結果に対する厳しい責任も問われる。

・**極端に敵意的な環境は、どのような組織も一時的に集権化構造へ追いやる。**

環境が極端に敵意を持って組織を脅かすとき、組織は権限を集中して直接監督の体制をとる傾向がある。組織が危機状態に対処するためには、（少なくとも暫時的に）権限を中央に集中させて、戦略尖が組織全体を迅速かつ厳格に統制できるようにしなければならない。

以上の内容を踏まえて、環境の特性とそれに適合する組織構造および調整メカニズムを示したのが〈図表1-3〉である。

〈図表1-3〉　環境と組織構造（調整メカニズム）

	安定的	動態的
単純	集権化、機械的構造 （仕事過程の標準化）	集権化、有機的構造 （直接監督）
複雑	分権化、機械的構造 （スキル・知識の標準化）	分権化、有機的構造 （相互適応）

注：動態的環境：予測が困難 → 標準化が困難 → 有機的構造が進む
　　複雑な環境：理解が困難 → 高度の専門的スキルや知識が必要 → 分権化が進む
出所：著者作成。

(4)　パワー（**power**）

状況要因としてあげられるパワーとは、人々や組織に影響を与える力

(influence) を指す。

- **外部統制が増大するほど、組織構造はより集権化され、公式化される。**

  組織は、外部から統制されると、パワーが戦略尖に集中（即ち、集権化）され、行動も公式化される。その理由は、外部のパワー集団が組織を効果的に統制するためには、組織に対する責任を戦略尖に厳しく負わせることと、明確に規定された標準を組織に課すことが欠かせないからである（例：親会社が子会社を、また中央政府が地方自治体を統制する）。

- **外部集団（external coalition）が分裂すると、内部集団（internal coalition）は政治色化（politicized）する傾向があり、またその逆方向の傾向も起こり得る。**

  外部パワー集団が分裂すると、組織内部のパワー集団にコンフリクトが生じやすい。その理由は、内部パワー集団が、分裂された複数の外部パワー集団から支援を受けようとする際に、支援獲得をめぐって内部的コンフリクトが生じるからである。

- **流行は、たとえ時々不適切なことがあっても、その時流（そして文化）に相応しい構造を選好させる。**

  設計要素が状況要因に応じて選択されることは理想的であるものの、現実ではその時々の流行の影響を受けることもある。組織はいま人気のある設計要素を自分たちにとって不適切であっても採用する傾向があり、コンサルティング会社も、最新流行の構造を過剰に売り込む傾向が強い。しかし、特定の時代に最も好まれる構造形態はあるかも知れないが、その形態が全ての組織にとって唯一最善のものにはならない。

補足資料

組織構造の形態

　沼上幹は、組織構造の形態について図を用いて解説している（沼上：2004,
pp.188-204、pp.271-277）。以下では、その主な内容をまとめて紹介する。

　沼上は、組織設計の基本原則を「競争上、最も重視すべき相互依存関係をま
ずグルーピング（単位編成）すること」と捉えている。例えば、技術基盤が大
いに揺れ動き、新しい技術問題に対して全社的に取り組まなければならない場
合は、研究開発部門を優先的に単位編成するが、コストダウンのため設備の共
同利用が強く求められる場合は、生産部門を優先的に単位編成して統合的に管
理する（このとき、機能部門別に単位編成してから部門内調整を行う「**機能別
組織**」が築かれる）。一方、製品の素早いモデル・チェンジによって市場のニー
ズに対して小刻みに適応することが強く求められる場合は、まず製品別に単位
を編成し、研究開発 → 生産 → 販売という機能部門間の相互作用を迅速かつ
緊密に保つことが重要である（このとき、製品別に単位編成してから機能部門
間の流れを調整する「**事業部制組織**」が築かれる）。

　〈図表 1-4〉が示すように、機能別組織では、研究開発・生産・販売という
機能部門が製品 A・B・C のすべてに関わっているのに対し、事業部制組織で
は、製品 A・B・C 別に事業部を設け、それぞれの製品の研究開発・生産・販
売を一括管理している。事業部は製品別または市場別（広義の顧客別）に設け
られる場合が多いが、地域によって地域住民の消費行動が大きく異なる事業や
鮮度を最優先する飲食関連事業では、国内外を問わず、地域別事業部が設けら
れる。

　組織構造は、単位内または単位間における職務の「順序的相互依存関係」と
「共有相互依存関係」の強さ（優先順位）によって編成される。機能別組織と
事業部制組織が作られる仕組みを〈図表 1-5〉に基づいて比較してみよう。機
能別組織は、まず機能部門のなかで資源を共同利用できる仕組み（共有相互依
存関係）を築いて経済的メリットを十分に活かしながら、全社レベルで機能部

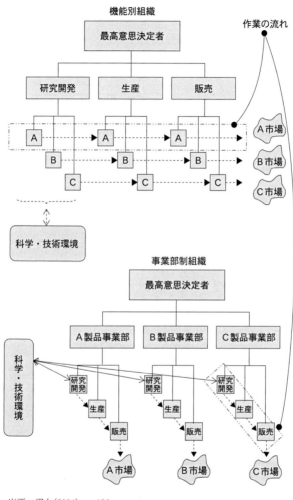

〈図表 1-4〉　組織構造の基本形態

出所：沼上 (2004)、p.190。

門間の流れ（順序的相互依存関係）を円滑にする。それに対して事業部制組織
は、まず不確実な市場状況に迅速に対応できるように事業部のなかで研究開発
　→　生産　→　販売の流れが最も優先される仕組み（順序的相互依存関係）を築
き、その後に事業本部単位で事業部間の資源を共同利用できる仕組み（共有相

〈図表1-5〉　単位編成の優先順位

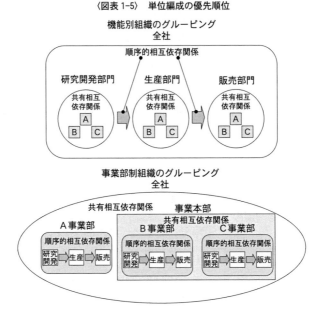

出所：沼上(2004)、p.200。

互依存関係）を築きあげていく。

　さらに、プロダクト・マネジャーやブランド・マネジャーは、特定の製品や
ブランドに対し、研究開発・生産・販売という機能別単位を越えて（cross-
functional）統合・調整することができるが、単位が大規模になると、機能別
構造と事業部制構造を組み合わせた「**マトリクス組織**」を築くようになる。〈図
表1-6〉は、X・Y・Z事業部に対応して全社レベルの研究開発・生産・マー
ケティング本部を設け、相互調整を図るマトリクス組織を表したものである。

　最後に、戦略的事業単位（SBU：Strategic Business Unit）を設ける組織
がある。事業部制組織では、短期の業務的意思決定は事業部が行い、中長期の
戦略的意思決定は本部が行う。〈図表1-7〉で示された「**SBU組織**」は、本部
が戦略的な視点で将来の市場を指向した事業単位を編成し、A・B・C事業部
を越えて諸資源（モノ、ヒト、カネ、情報など）が共同利用できる仕組みを築
いている。

〈図表 1-6〉　全社レベルのマトリクス組織

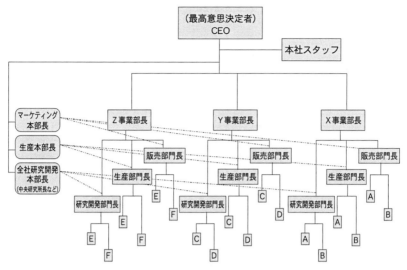

出所：沼上(2004)、p.273。

〈図表 1-7〉　SBU 組織

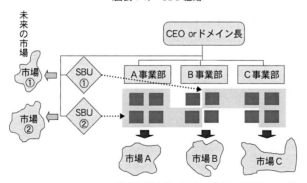

現在＆近未来（1 年〜2 年先程度）の市場

出所：沼上(2004)、p.276。

第 2 章

組織の基本的類型

　人間がそれぞれの体形や性格を持っているのと同じく、組織も様々な形態や特性を持っているため、類似する組織はあったとしても全く同じものは存在しない。ミンツバーグは、組織に関する抽象的な概念規定や本質究明、組織の社会的機能および社会的責任などの普遍的観点に基づいて、あらゆる組織を一括して取り扱っている従来の組織理論の問題点を指摘している。生物の世界のように組織の世界にも種（species）があるにもかかわらず、組織を一括して論じるのは、まるで地球上の哺乳動物の全てを一括して論じるようなことに類似するという問題である（Mintzberg:1989,p.93;邦訳 p.146）。

　そこで、ミンツバーグは複雑かつ多様な現実の組織を理解しやすくするため、共通の尺度を用いて類型化した。その際、組織類型の数に関する基本的前提を設けている。それは前章で取りあげた基本的属性のうち、組織を最も特徴づける要素、即ち主要部分、調整メカニズム、分権化の形態と同じ数にすることである。つまり、同じ数の項目を対応させると、相対的に比較しやすくなるという論理である（Mintzberg:1989,p.110;邦訳 p.171）。

　組織構造に関する代表的著作（Mintzberg:1979,1983a）のなかでは、組織類型の数が 5 つであったが、その後 6 つ目（または 7 つ目）の組織が現れるようになった（この点については、第 3 章の第 1 節で述べる）。本章では、まず 5 つの基本的類型である企業家的組織（第 1 節）、機械的組織（第 2 節）、多角的組織（第 3 節）、専門職業的組織（第 4 節）、革新的組織（第 5 節）を取り上げる。そのとき、構造的特徴を初め、状況的、戦略的特徴などの共通項目を用いて、類型別特徴を比較・考察する。その後、第 1 章で述べた基本的属性が組織類型別にどのように異なるかを比較する（第 6 節）。

第1節　企業家的組織 （Entrepreneurial Organization）

　企業家的組織は、戦略尖がかなり強い影響力を持って組織全体を直接運営している、単純構造の組織を指す。戦略尖には、創業者と経営者を初め、CEOなどのトップ・マネジャーが含まれる。Entrepreneurial Organization を「起業家的組織」と訳さないのは、必ずしも起業家（entrepreneur）が新しく事業を起こした組織に限らないからである。

　〇代表的な例：創業初期の会社、ワンマン経営の小規模会社、小規模商店
　〇最も主要な部分：戦略尖
　〇主要調整メカニズム：直接監督
　〇分権化の形態：垂直的・水平的集権化

〈図表 2-1〉　企業家的組織

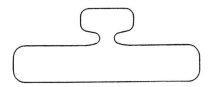

出所：Mintzberg (1989), p.117; 邦訳 p.180.

1.　構造的特徴

　第1に、組織構造は単純な形態（文鎮型）である。ライン部門の階層が少なくスタッフ部門もまだ存在しないため、ラインがスタッフの業務を兼務する場合が多い。また、管理体系が十分に整っておらず、職務も専門化されないまま職務単位が明確に編成されていないため、職務間の柔軟な対応が求められる。

　第2に、戦略尖が最も主要な部分になって、絶対的な権限を持ちながら直接監督を通じて組織全体を統制する。メンバーの行動が公式化されておらず、戦略尖がメンバーと直接接触しながらコミュニケーションをとるので、相互調整

のためのリエゾンはほとんど要らない。

　第3に、組織の権限が戦略尖に集中されているため、垂直的にも水平的にも集権化されているといえる。そこで、戦略尖を中心とする、迅速かつ柔軟な意思決定が可能になる。

2. 状況的特徴

　第1に、企業家的組織が置かれている環境は、単純で動態的な場合が多い。例えば、衣類製造会社の場合、業界に対する理解や仕事遂行に求められる知識が高度のレベルではないので単純といえる反面、市場の変化や顧客のニーズを予測するのが難しいので動態的ともいえる。

　第2に、若くて小規模の組織が多い。強い権限を持っている戦略尖が直接運営する、小規模の新生組織が典型的な例である。しかし、既存組織であっても、それが危機に直面したときに、戦略尖がカリスマ的権限を用いて起死回生を図るため、一時的に企業家的組織へ戻ることもある。

　第3に、戦略尖は経験豊富で、現場の作業内容を熟知していることが多いため、カリスマ的なリーダーシップを持ってパワーを発揮している。

3. 戦略的特徴

　第1に、他の組織に比べて、戦略尖の役割は極めて重要である。戦略尖は、大規模の組織が競争する複雑な市場を避け、自分の力量で十分に活動できる範囲のニッチ市場を選ぶ。

　第2に、戦略は戦略尖が示したビジョンにより形成され、実行される。それは戦略尖のビジョンに根差した計画的なものであるが、個人的な性向も強いため概して不完全なものである。戦略の大枠は予め策定されるが、実行過程では動態的な環境変化に対して創発的かつ柔軟に対応するものでなければならない。そのとき、戦略尖が示したビジョンに基づいて、組織全体が統括される場合が多い。

　第3に、戦略尖が戦略的ビジョンを実現することは、虚構と現実が溶け合うようなプロセスなので、演劇（drama）に例えられる。特に、演出家が脚本を作って自らが演じることは、組織のトップが戦略的リーダーとしてビジョン

を示して、自ら実行することに類似する。そこで、演劇を成功させる演出家と同様に、戦略的リーダーにも以下の 3 つの要件が求められる（Mintzberg: 1989,pp.121-122 ;邦訳 pp.187-189）。

①リハーサル（rehearsal）

役者は、演劇の内容に関して奥深い知識を持つと共に、台詞や演技を何度も繰り返して練習することによって、演技そのものが自分自身と渾然一体になる境地まで至る。戦略的リーダーになるための条件は、自分の仕事や業界に関する豊富な経験と知識を持って業務に精通することである。豊富な経験や知識は、度重なる試行錯誤的な努力により得られるものである。

②演出能力（performance）

役者は舞台で上演するときに、言葉および行動を通して演出能力を高めなければならない。同じ脚本を使っても、役者の間のとり方や演技力の差異によって演出効果は違ってくる。戦略的リーダーにとって、自分が抱いているビジョンを組織メンバーに伝える表現能力が極めて重要である。その時、メタファー（metaphor）のような象徴的な言葉を用いることが効果的である。

③観客の参加（attendance of audience）

観客には、演劇を観賞する以上の存在意義がある。観客の反応や呼応が役者へ伝わり、役者が観客からエネルギーをもらうため、観客は演劇の成否に重要な役割を果たす存在である。戦略的リーダーも、メンバーにビジョンを一方的に浸透させるのではなく、メンバーの協力を得ながらビジョンを実現しなければならない。

通常、私たちの人生そのものがドラマに例えられる。企業家的組織における戦略尖も、演劇における演出家に似ている。戦略的ビジョンを持っているリーダーには、組織のなかでドラマを創り出す役割、つまり**組織の仕事を演技に変える役割**（leadership creates drama ; it turns work into play）が求められている（Mintzberg:1989,p.123;邦訳 p.190）。

4.　主な論点

第 1 に、組織の運命が戦略尖の能力にかかっている。組織の規模が小さいので、身動きが軽く、戦略尖がほとんどの権限を持って意思決定するので、環境

変化への迅速な対応が容易である。しかし、戦略尖に頼り過ぎると、戦略尖が能力を失ったときや間違った判断をしたとき、または事故などで急に不在となったときに組織の運命が左右されることになる。

　第2に、戦略尖にカリスマ的リーダーシップが求められる。まず、戦略的ビジョンを創造する能力（visionary leadership）が求められる。戦略的ビジョンは、予め意図して計画的に示される側面もあれば、実行途中で作られる側面もあるので、組織の方向性を具体的に示しながら、実現のために積極的にかかわることが望ましい。また、戦略尖には、純粋な心性や高潔性（integrity）、即ちメンバーを引き寄せる人間的魅力が求められる。

　第3に、戦略尖のバランス感覚が重要である。戦略尖は、現場の仕事に関する豊富な経験と知識を持っているため現場にかかわりやすい。そうなると、組織全体の動きや戦略的観点を見失ってしまう。その反対に、戦略尖がビジョンのみを追いかけて、現実や現場の状況が把握できないと、求心力を失って組織力を弱める主な原因となる。要するに、戦略家と実行者としての役割間のバランスを保つことが重要である。

　第4に、この組織に対する肯定的または否定的な捉え方があり得る。使命感に燃える戦略尖を中心にメンバーが一体感や貢献意欲を持つようになれば、組織の成果は高まるが、戦略尖がパワーを独占してメンバーの考え方や行動を独裁的に取り仕切ることになれば、組織は正常な機能を果たせなくなる。

第2節　機械的組織（Machine Organization）

　機械は、いつも決まったプロセスや仕組み通りに動いて結果も予測しやすいので、非常に役立つ場合が多いが、例外を認めず融通がきかないので、不便を感じさせることもある。機械的組織は万事うまくいけば、財貨やサービスを機械のように間違いなく、かつ能率的に提供できる。人間の活動で成り立つ組織が、機械のように完璧に機能することはあり得ないので、機械的組織とは、機械装置そのものではなく、機械のように機能する組織を指す。

○代表的な例：公的責任が問われる組織（政府機関、役所、郵便局、税務署）
　　　　　　　統制や監督を本業とする組織（監査機関、刑務所、警察署）
　　　　　　　安全を第一にする組織（消防隊、航空会社、軍隊）
　　　　　　　几帳面な業務により信頼性が求められる組織（銀行、保険会社）
　　　　　　　大量生産システムを整えた製造会社（自動車会社）
○最も主要な部分：技術スタッフ
○主要調整メカニズム：仕事過程の標準化
○分権化の形態：限られた水平的分権化（選択的）

〈図表 2-2〉　機械的組織

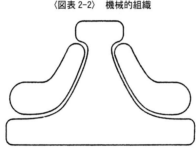

出所：Mintzberg(1989),p.132;邦訳 p.204.

1.　構造的特徴

　第1に、5つの主要部分が全部揃って個々の機能を果たしている、最も安定的な組織構造（ピラミッド形）である。
　①作業核は、機能的に分化された単位ごとに、標準化された仕事が確実に行われる仕組みになっている。仕事過程が標準化されているため、作業者の自由裁量の余地がほとんどなく、監督者の直接監督の負担も少なくなり、統制の範囲が広い。
　②中間管理層は、組織構造において中心的位置にいるため、垂直的および水平的コミュニケーション経路の中枢としての役割が求められる。上からの行動計画を精緻化すると共に、下からの現場の情報を上部へ伝達する。また仕事過程の標準を設ける技術スタッフと協力関係を維持しながら、作業核を効率よく管理する。

③戦略尖は、ゼネラリストとしての多大な公式的権限を用いて、機能別に専門化された単位の中間管理層を統合する。戦略尖は、中央集権的構造を築くものの、企業家的組織の場合ほど独占的権限を持たず、仕事過程の標準や手順を設定する技術スタッフに多くの権限を委譲する。

④技術スタッフは、仕事過程の標準を決めるという重要な役割を果たすが、公式的権限を持たないので、設けられた標準を組織全体に機能させるためには、管理階層との協力関係づくりが不可欠である。

⑤支援スタッフは、組織の規模が大きくなるにつれ、その役割も増大する。支援スタッフの仕事を外部に依頼すること（outsourcing）もあるが、その場合、提供されるサービスの質の問題や不確実性のリスクもあるので、できるだけ組織に内部化して安定的支援を確保することが望ましい。

　第2に、組織の最も主要な部分は技術スタッフであり、そこで用いられる主な調整メカニズムは仕事過程の標準化である。組織の規模が大きくなると、戦略尖が公式的権限を用いて統制できる範囲を超えてしまう。その反面、作業核の仕事が単純かつ反復的なものが多くなるため、仕事過程の標準化により効果的に統制できる。その標準を定めるのが管理者ではなく技術スタッフなので、技術スタッフは組織の中で最も重要な部分となる。

　第3に、大きい規模の組織を統制するには、戦略尖が強い権限を持って、機能別に分かれている仕事を組織全体的に統制しなければならないので、意思決定権限は戦略尖に集中されている。しかしながら、技術スタッフが、公式的権限ではないものの、仕事に関する標準を決めるなど、機能部門別に異なる影響力を強く発揮するので、限られた水平的分権化（選択的）といえる。

　第4に、組織全体が機能別（職能別）構造になっている。仕事の専門化および仕事単位が機能別に編成されていて、ラインとスタッフの役割も明確に区別されている。組織の目的達成に必要な仕事が機能別部門で行われるため、各々の部門は相互補完しながら、組織全体的に統制されなければならない。

　第5に、作業核の仕事は単純かつ反復的なものが多いため、メンバーに教育訓練が行われることは少なく、その代わりに標準化されたマニュアルが広く用いられる。

2. 状況的特徴

　第 1 に、機械的組織が置かれている環境は単純で、安定的な場合が多い。それは環境に対する理解および仕事遂行に求められる専門的知識やスキルが高いレベルではなく、市場の変化も予測しやすいからである。また、財貨やサービスを生産する仕事の内容が単純かつ反復的な傾向が強いので、作業核に用いられる技術システムは定型化されたり、機械化されたりすることが多い。

　第 2 に、古くて大規模な組織が多い。組織が古いほど、組織の主要部分が体系的に形成され、それぞれの機能を果たすようになる。長い歴史を経て、成熟・発展してきた政府機関や公共機関がその典型的な例である。

　第 3 に、組織に関わるパワーの特性により、機械的組織は以下の 2 つのタイプに分かれる（Mintzberg:1989,pp.138-141;邦訳 pp214-218）。

　まず、外部のパワーが強いときは**道具形（instruments）**になる。この場合、外部有力者は、組織を効率的に統制するための道具（即ち、手段）として利用する。例えば、中央政府が地方自治体を統制するとき、また、親会社が子会社を統制するときに、機械的組織の仕組みを統制の道具として用いて効率よく統制する。組織を道具形にするためには、まず、業務に対して明瞭に定めた標準（法規、定款、規程など）を課すこと、そして、戦略尖（例：地方自治体団体の首長、子会社の社長）に最大の権限を与える代わりに、組織に対する全般的な責任を負わせることが不可欠な条件となる。

　次に、内部のパワーが強いときは**閉鎖形（closed systems）**になる。極めて強いパワーが戦略尖に集中されると、組織を外部のパワーから遮断するだけでなく、自らが外部に影響力を発揮することもできる。例えば、外部市場から影響力を遮断する目的で仕入れ先や流通業者を買収して垂直統合した製造会社、他の競合相手に対して参入障壁を高く設ける目的でメンバーに限る特権を認めるカルテル（cartel：企業連合）、その他に、長期的政権維持の目的で外部勢力を排除しながら権限をトップに集中して国全体を支配する独裁体制国家、などがあげられる。

3. 戦略的特徴

　通常の理論では、計画を策定してそれを効果的に実施するために戦略を立て

るので、「計画によって戦略が立てられる」といわれる。しかし実際では、組織のビジョンを表す戦略があって、それを具体的に実現するために計画が編成されるので、「戦略によって計画が立てられる」ともいえる。この場合に、「戦略」の意味を次のように区別する必要がある。機械的組織は置かれている環境が比較的に安定しているため、予め計画を立て、そのなかに戦略（tactics：戦術）を盛り込もうとするが、計画立案が組織のビジョンを特定しすぎると、大局的視点を拘束し、柔軟性を欠落させ、長期的戦略（strategy）を立てようとする思考を妨げる。

　機械的組織は他の組織に比べて、戦略を効果的に策定し、実施することが容易である。それは、この組織が次のような構造的および状況的特質を持っているからである。

　第1に、重大な情報が戦略尖に集約されている。この組織では、様々な情報が戦略尖へ集まるようになっている。仕事に関する情報は、下から上への報告体系に基づいて、一元的に流れて戦略尖に集まる。また、情報の処理および分析を担当する支援スタッフ部門を充実化することによって、戦略尖は有益な情報を管理することができる。

　第2に、権限が戦略尖に集中されている。機能別に専門化されている各部門の管理者は、組織全般に関する知識や情報を持つことはできず、同レベルの管理者同士で調整を図ることも困難である。特に、戦略の実施段階に入ると、機能別に分かれている部門活動を組織全体に統合する役割が戦略尖に求められるため、戦略尖に強い権限を持たせる。

　第3に、環境が安定的である。トップが戦略を策定すれば、それに基づいて設備投資計画、資金調達計画、人員計画などの部門戦略が立てられる。これらの戦略が実施される間にも環境は常に変化するが、他の組織に比べれば環境の変化は大きくない。

　第4に、機械的組織が存亡にかかわる危機的状況に置かれているとき、起死回生を狙って企業家的組織へ回帰する戦略もあり得る。例えば、大規模化により激しい環境の変化に迅速かつ適切な対応ができなくなったとき、また構造的な問題により効率低下が蔓延化するときは、一時的に組織規模を縮小（down sizing）し、身動きを軽くすることで効率を向上させつつ危機を克服する戦略

が効果的である。

4.　主な論点

　機械的組織の基本精神は、業務能率の向上を重視しながら、提供すべきサービスの内容を予め明確に決めて正確かつ公平に実施することにより、組織全体の秩序を維持することである。機械的組織が完璧に機能すると、まるで1つの機械装置のように動く。機械は正確であり、統制が容易であると共に一貫性を持つため、信頼的かつ能率的である。しかし、組織に機械的特徴が強くなると、次のような問題を引き起こす。

　第1に、専門化に伴う問題である。仕事が機能別に専門化されることにより専門能力は高まるが、組織全体に対する感覚が鈍くなり、部門間コミュニケーションもうまくとれず、派閥主義（sectionalism）が発生しやすくなる。また、垂直的専門化が度を過ぎると、管理業務と実行業務の分化、いわば、**計画と実行の二分化（dichotomy）**という問題を引き起こす。管理する側は決定権限を多く持っているものの、決定に必要な情報が十分でないのに対し、実行する側は現場の主要情報を多く持っているものの、決定権限が少ないため、両業務を厳格に分けて行うことは非能率的である。

　第2に、思考の硬直化と人間性疎外の問題である。人のやるべきことがほとんどマニュアル化されているので、人の自由意思が認められない。また、手続きを重視するあまり、思考が硬直化し、目的をないがしろにして手段へ関心が集中する、いわば、**目的と手段の転倒**という問題が起きる。つまり、目的を有効に達成するための手段として設けた仕組みが、逆に人間の行動を厳しく拘束することになる。そして、組織全体が巨大な機械であり、作業核の人々は機械の歯車のように扱われるので、人間としての意思が無視されることが多い。管理者が機械的組織における暗示的なモットーである「疑わしいときには統制せよ」という**統制妄想（obsession with control）**を持ってメンバーを厳しく拘束すると、人間性が喪失された機械のように冷たい組織になってしまう。

　第3に、中間管理層の存在意義に関する問題である。機械的組織において、中間管理層には次のような役割が求められる。

　①作業核のメンバーに動機を付与する役割である。それは、行動の公式化や

マニュアル化により疎外された作業核の人間性を取り戻し、仕事に対する意欲とやる気を持たせることである。

　②組織のハブ（hub）としてのコミュニケーションの中枢的役割である。組織の構造において、中間管理層は垂直的にも、水平的にも中間に位置する。そこで、トップの理想や理念を現場の人々にとって分かりやすい言葉に変えると共に、現場の事情（生の情報）をトップに受け入れられやすい言葉に変えるというバイリンガル（**bilingual**）の役割が求められる（丁:1996）。また、作業単位が機能別に専門化されているため、単位管理層は他の部門との調整を好まず、派閥主義が発展しやすい。それを解決するには、中間管理層同士で協力体制を作ることが必要である。

　③技術スタッフとの協力関係を構築する役割である。公式的な決定権限を持つマネジャーと、公式的権限なしに専門的知識を持つ技術スタッフとの間にはコンフリクトが生じやすい。技術スタッフの設けた標準や規則が作業核に浸透して効力を発揮するためには、マネジャーの公式的権限も必要とされる。そこで中間管理層は、技術スタッフとの協力関係を保ちながら、作業核の仕事を管理しなければならない。

　第4に、環境変化への適応問題である。組織が長い期間、安定的環境に漬かっていると、環境変化に対応する能力が衰える。機械的組織の主な目的が能率向上と秩序維持であって、環境変化に創造的に対応することではないので、変革や革新的な活動は先送りされる傾向が強い。

　以上のように、機械的組織は**能率第一主義**を重んじるあまり、規則や手続きを重視し、メンバーを必要以上に統制するという否定的な側面が指摘されている。しかしながら、専門化が進んでいく今日の社会において、機能別専門化のメリットを生かしながら、能率を重視する機械的組織の構造的特徴は、あらゆる組織類型にも適用され得る基本原理を示唆している。また、私たちが常に能率向上を追求しつつ、必要不可欠な財貨やサービスが廉価で安定かつ公平・公正に提供されることを願望している限り、機械的組織はこれからも存続し続けるといえる。

　補足資料　官僚制（組織）（pp. 62-65）

第3節　多角的組織（Diversified Organization）

　企業が複数の多様な事業を展開しながら拡張し続けると、諸事業の成果をどのように高めるか、また各々の事業をどのように組み合わせて全体としてシナジー効果を引き出すかが主な課題となる。そこで、財貨やサービスの開発、生産、販売を一括して自律的に管理できるような権限を与えながら、事業の成果に対する責任を厳しく追及するという、事業部制構造を持つ組織が現れる。

　〇代表的な例：多角化された複数の事業部を持つ総合会社、グループ会社、
　　　　　　　　複合企業（conglomerate）
　〇最も主要な部分：中間管理層
　〇主要調整メカニズム：アウトプットの標準化
　〇分権化の形態：限られた垂直的分権化（並行的）

〈図表 2-3〉　多角的組織

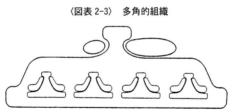

出所：Mintzberg（1989）,p.155;邦訳 p.240.

1.　構造的特徴

　第1に、多角的組織は本部と事業部の二重構造になっており、作業核部分に複数の事業部が重箱のように入っている形態である。本部には戦略尖を初め、業績統制システムの設計および運営に携わる技術スタッフ、そして全社的なサービスを提供する支援スタッフがある。

　第2に、最も主要な部分は中間管理層であり、最も効果のある調整メカニズムはアウトプットの標準化である。組織の盛衰は各々の事業部の成果にかか

わっており、事業部の成果は事業部長の管理能力に大きく左右される。事業部長には、事業部に対する全般的権限が与えられる反面、予め定められた成果目標（即ち、アウトプット）に対する厳しい責任が追及される。また、本部が複数の事業部を効率的に統制する狙いで計画および統制システムを用いるとき、事業部を機械的組織（道具形）のように変える場合が多い。

　第3に、事業部長には担当事業に限って、生産から販売までの一貫した、多方面の決定を行う権限が委譲されるので、限られた垂直的分権化（並行的）といえる。組織全体からみれば、各事業部長に大きな権限が委譲されているので分権化といえるが、事業部からみれば、権限の大部分が事業部長に集中されているので集権化ともいえる。

　以下では、多角的組織の本部が持っている権限と、事業部に委譲される権限の主な内容について述べる（唐沢:2002,pp.175-177）。

　まず、本部が持っている権限である。

- ・組織全体の戦略的意思決定
- ・事業部に対する予算編成方針の立案と決定
- ・事業部間の問題調整、事業部間の資金移動（例：事業のポートフォリオ管理）
- ・事業部に対する評価
- ・事業部長に対する人事権（例：任命、解雇）
- ・事業部に対する適切な支援サービス（例：企業PR、法律相談）

　次に、事業部に委譲される権限である。

- ・（組織目標及び方針に基づく）事業部の目標および方針の立案
- ・事業部の利益計画および予算の立案
- ・製品開発戦略の立案
- ・生産戦略・販売戦略の立案と決定
- ・事業部内の人事考課、教育訓練、配置

　第4に、一般的に多角的組織が事業部制構造を用いる傾向は強いものの、事業部制構造を用いる組織が全て多角的組織とは限らない。例えば、一部のフランチャイズ会社のように、単一製品を取り扱いながら複数の地域営業所を持っている会社は、地域別事業部制の構造を持っているものの、製品および事業内

容が多角化されていないため多角的組織とはいい難い。多角的組織とは、厳密にいうと、複数の異なる製品およびサービス別に事業部を設けていることが前提となる。

2.　状況的特徴

　第1に、関わっている事業によって異なるものの、多角的組織が置かれている環境は、動態的な場合が多い。それは、市場のニーズが多様かつ急激に変化するときに迅速に対応するため、製品別、顧客別、地域別に事業部を設けるからである。

　第2に、多角的組織は、複数の事業単位を持っているので大規模になっており、多角化へ成長・発展するまで年月もかかるので古いものが多い。一般的に、単一事業の機能別構造（機械的組織）は成長するにつれ、複数事業を持つ事業部制構造へ発展する。事業部制構造になれば、外部環境に迅速な対応ができると共に、事業ごとに危険を分散しながら既存の市場から別な市場へ新たな成長機会を探すこともできる。

3.　戦略的特徴

　多角的組織は、機能別組織に比べて次のような戦略的利点がある。

　第1に、資金に対する戦略的管理（portfolio management）が可能である。本部は成熟した事業部から得られた剰余資金を、これから成長可能な事業部へ効率的に配分する。また、収益性の高い新しい事業を買収することや、非生産的な古い事業を売却することもできる。

　第2に、中間管理者に事業部長としての経験をさせることにより、上級管理者（general manager）を育成することができる。事業部長は事業部の業績に対する最終的な責任を持っているため、事業を総合的に管理する能力が試される。事業部長としての管理経験は、将来、上位管理者および経営者になる人にとって大いに役立つ。

　第3に、環境（特に、市場）の変化に対して迅速に対応し得る。事業部長の権限の下では、開発から生産、販売までが一括して管理されるので、機能別組織に比べれば、市場の変化に迅速な対応ができる。

　第4に、危険を分散することが可能である。事業を多角化することは、全てのタマゴ（事業）を1つの籠（市場）のなかに入れないことを意味する。そのため、特定の事業に偏らず、多様な事業が様々な市場に進出できるような戦略が必要とされる。

　企業が戦略的に多角化へ移行するとき、一般的に〈図表2-4〉のような段階を経る（Mintzberg:1989,pp.162-164,邦訳 pp.251-254）。

〈図表2-4〉　多角化への移行段階

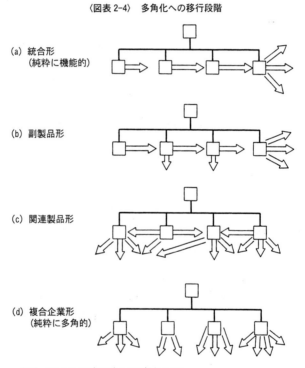

出所：Mintzberg(1989),p.162;邦訳 p.252.

　（a）統合形；純粋に機能的（integrated form：pure functional）

　多角化が始まる以前の段階で、組織は純粋な機能別構造を持つ。機能別構造では、作業活動が購買から生産を経て販売にいたるまで統合化された、中断のない連鎖を成している。その時、市場に出されるのは最終的な産出物だけになる。

(b) 副製品形 (by-product form)

　市場を拡大するにつれ、まずは大きな失敗をしないように生産連鎖の副産物として得られる中間財を外部市場に出す。製油加工会社は、原料を多様な形で加工して最終消費財を売るだけでなく、単一素材の中間財（例：ガソリン、灯油、軽油、重油）を売ることもできる。

(c) 関連製品形 (related product form)

　副製品の市場をさらに多角化すると、事業部間の取引も成り立つ。洗濯機を製造する会社がモーターを生産する事業部を設置すれば、モーターの取引を外部市場で行うだけでなく、組織の内部、即ち事業部同士で行うこともできるようになる。

(d) 複合企業形；純粋に多角的 (conglomerate form：pure diversified)

　関連製品の多角化を行ってきた会社が、既存事業との関連性のない新しい事業へ進出するとき、または他社の事業を買収・合併するときに複合企業となる傾向が多い。

4.　主な論点

　第 1 に、資源利用の面で非経済的である。機能別構造では、研究開発、生産、販売などの機能部門ごとに資源を共同利用できるが、事業部制構造になると、事業部ごとに機能部門を設けなければならないので、資源の重複やムダが生じる。

　第 2 に、短期成果を重視する傾向が強い。事業の成果に対する責任が厳しく追及されるので、事業部は中・長期的な戦略に基づく活動を敬遠する。とりわけ、教育や人材育成への投資が疎かになってしまう。

　第 3 に、事業部の間に派閥主義 (sectionalism) が生じる。事業部ごとに成果が評価されるので、事業部間に競争意識が生まれ、有益な知識や情報などが組織全体に共有され難い。まるで、同じ親のもとの子供同士が喧嘩するようなものである。これは、「**部分の最適が全体の最適にならない**」という、事業部制構造を持つ組織の本質的なジレンマでもある。

　第 4 に、公共事業を事業部制化する問題である。健康や教育などの公共事業団体が、柔軟性を保ちながら成果をあげるために事業部制構造を導入すると、

期待していた成果が得られなくなることもある。そのとき、失敗の主な理由は
２つある。１つは、公共事業の成果を評価する基準が適切なものでないからで
ある。公共事業の成果は、社会的な役割および貢献などで現れる**社会的業績**
（social performance） が多いため、測定可能な数値目標に取って替えるこ
とが困難である。もう１つは、公共事業における責任者には、民間企業の事業
部長のような権限が充分に委譲されていないので、成果に対する責任も厳しく
追及されない傾向が強い。

第4節　専門職業的組織（Professional Organization）

　人間の欲求がますます多様化し、社会が高度に専門化されるにつれ、高いレ
ベルのスキル・知識を持つ高度専門職業人（professional：以下、専門職業人
と記す）が増えてくる。専門職業的組織とは、組織の目的を達成する現場、即
ち作業核に大勢の専門職業人たちが関わっている組織を指す。社会が専門化か
つ多様化するにつれ、専門職業人も個別に活動するよりも、組織を利用して自
分の専門的な仕事を遂行することを望むようになる。

　専門職業人が個別的に活動するのではなく、組織的に活動することには３つ
のメリットがある。第１は、クライアントに安定かつ多様なサービスが提供で
きるということである。例えば、個人病院を訪れて医者から病因不明や対応不
可と言われた患者は、複数の個人病院を転々としなければならないが、総合病
院に行けば、診察から検査や治療までを一カ所で済ませることが可能になる。
第２は、専門職業人は組織に属することによって、高額の充実した設備を利用
することが可能となり、同僚間で専門分野の情報共有が容易になるということ
である。第３は、組織内の支援スタッフから支援を受けられるので、専門職業
人が自分の専門的仕事に専念できるということである。

　　○代表的な例：総合病院、大学
　　○最も主要な部分：作業核
　　○主要調整メカニズム：スキル・知識の標準化
　　○分権化の形態：垂直的・水平的分権化

〈図表2-5〉 専門職業的組織

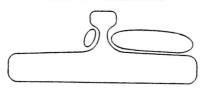

出所：Mintzberg（1989),p.174;邦訳 p.270.

1. 構造的特徴

第1に、組織構造は管理階層の少ない平らな形態である。作業核の仕事が高度に標準化されており、専門職業人により自律的に行われるので、作業核を管理する管理階層も少ない。また、専門職業人が管理業務に係わる場合もある。例えば、大学の学長や学部長、病院の病院長は、作業核の仕事（即ち、授業や診療）に従事しながら管理業務も行っている。

第2に、技術スタッフよりも支援スタッフが充実している。専門職業人にかかるコスト（例：人件費）が高いため、組織は専門職業人が専門的仕事に専念できるように支援スタッフを充実化して作業核を支援する体制を整える（例：大学や病院での窓口業務、情報関連業務）。それに対して、技術スタッフの仕事は多くない。作業核で行われる仕事の内容は高度に標準化されているが、標準を決めることや、それに関する教育を行うことが外部の専門機関（例：大学、学会、協会）で行われるからである。医師は病院で従事する前に、大学や研究所などの専門教育機関で標準化されたスキルや知識を学んで公認の資格を取得している状態にいる。

第3に、最も主要な部分は作業核であり、そこで用いられる主な調整メカニズムはスキル・知識の標準化である。作業核における仕事の基本単位は、個々の専門職業人である。専門職業人は、上司や管理者から直接的に統制されることが少なく、同僚からも大きな干渉を受けることもないので、仕事に対して自律性や自己完結性を保つ。そこで、専門職業人が用いるものは標準化されたスキルや知識である。標準化された仕事は、自動反応的に行われることが多いが、専門職業人の相互適応や自由裁量に委ねられることも多い（例：手術を行う外科医は一定のプロセスまでは決まった手順により動くが、それ以上は医師

同士の独自的判断と阿吽の呼吸で進めていく）。

　第4に、主な意思決定の権限が専門職業人に委譲されている。専門職業人は組織構造でいえば、下位（即ち、作業核）に位置していて、なおライン管理者ではないので、垂直的にも水平的にも分権化されているといえる。

2.　状況的特徴

　第1に、専門職業的組織が置かれている環境は、複雑で安定的な場合が多い。仕事に関する環境を理解するのに包括的かつ体系的な高度の専門知識が求められ、仕事にも長期間の教育や訓練を通じてのみ習得できる複雑なスキルや知識が求められる。しかしながら、スキルや知識の内容の大部分が標準化されており、社会および市場のニーズに大きな変動がなく予測しやすいため、環境は安定的といえる。

　第2に、作業核の仕事に用いられる技術システム（例：病院の治療現場の医療設備・医療機器）は、科学技術の発達に伴い高度に機械化されつつある。そこで専門職業人に、新しく開発された機械システムを手際よく操作できる能力が求められるようになった。ところが、作業核で行われる専門的仕事を全て機械化することはできない。専門職業人として機械システムを操作する能力も必要とされるが、仕事そのものに関する専門的スキルや知識の水準をさらに高めることが重要である。

　第3に、組織内部に2つの異質的なパワー集団が存在する。1つは、メンバーに自律性が認められ、メンバー間に水平的パワー関係が成り立つ「専門職業人の集団」であり、もう1つは、定型化された仕事が多く、メンバーの間に指示・服従の垂直的パワー関係が重視される「支援スタッフの集団」である。

　この2つのパワー集団は、構成メンバー、仕事の性格、統制の方法などがかなり異なるため、互いに対立関係になりやすい。そこで管理者は、両集団が車の両輪のように協力できる仕組みを作らなければならない。また、外部の有力者集団との良い関係づくりに力を入れる必要がある。つまり、組織活動に大きな影響を及ぼす外部機関（例：財団、政府、依頼人団体）との交渉を通じて、外部的圧力を緩衝しつつ、外部影響者を説得して政策的支援や財政的支援などを受けることである。

3.　戦略的特徴

　一般的に、組織の戦略は策定されてから実施されるといわれている。それは、戦略がトップの基本的使命（ミッション）に基づいて策定され、具現化されること、つまり、トップにより計画が立案され、それを実施するために構造が設計されることを意味する。しかし、このようなパターンは、専門職業的組織に当てはまらない場合が多い。なぜなら、この組織において基本的な戦略の大部分は、戦略尖だけでなく様々な部分の人々が策定するからである。戦略的決定は、次の 3 つの領域の人々によって行われている（Mintzberg:1989, pp.183-187;邦訳 pp.284-290）。

　第 1 に、管理階層によって行われる決定である。管理者が専門職業人の仕事の内容に対して、公式的権限を用いて統制することは難しい。しかし、管理的業務の認可に関する内容（例：財産の売買、資金の調達および運用など）、関係者集団の設立と運用に関する内容（例：各種委員会の発足、委員会メンバーの任命・解任など）は、管理者が決定すべきものである。

　第 2 に、作業核の専門職業人によって行われる決定である。仕事遂行に求められる専門的スキルや知識の内容は、専門職業人で構成される学会や学術団体などの専門機関が決める。そして、専門職業人の評価に関する決定も専門職業人同士で行うこととなっている。例えば、専門職業人の研究成果について、同じ専門分野の同僚が専門的知識の評価基準に基づいて評価を行う。

　第 3 に、関係者集団によって行われる決定である。管理階層や作業核が単独で決められないものは、管理者、専門職業人、支援スタッフ、場合によっては様々な分野の外部関係者までを構成メンバーとする戦略的決定機関を作り、そこで充分な意見交換を経て決定する。そこで議論される事案として、専門的仕事のプログラムおよび担当部門に関する内容（例：仕事の定義および設計）、専門的仕事の支援に関する内容（例：専門的資料および機材の購入）、専門職業人の雇用・昇進に関する内容、予算編成に関する内容などがある。そして、重要な戦略的決定を行うために、外部から様々な分野の専門家やスポンサーなどを加えてタスク・フォース（task force）を設けることもある。

4. 主な論点

　専門職業的組織では、作業核の専門職業人が強い影響力を持っているため、自律的かつ民主的な特性が強い。従って、管理階層が垂直的命令系統を通して作業核を統制することはあまりないため、作業核の専門職業人に自己統制が求められる。しかし、作業核に自己統制能力が欠けると次のような問題が発生する。

　第1に、仕事における**仕切り**（**pigeonholing**）の問題である（Mintzberg: 1989,pp.176-177;邦訳 pp.274-275）。専門職業人は、仕事を遂行する過程で高度の専門的なスキルや知識に基づいて仕切りを行う。そこで、標準化された既知のカテゴリーに基づいて、クライアントの情況を**診断**（**diagnose**）、その後それを実際に**適用する**（**apply**）。例えば、医者が患者を診療するときに、患者の病状を診察して、どのような病気かを診断し、その後、治療へ進む。患者に対して医者が診断を間違ったら、その後の治療も間違った方向へ進むであろう。同じように、診断が正しかったとしても治療方法が間違えば、望ましくない結果を招いてしまう。したがって、病状から癌を見つける診断過程が大切であり、癌と診断された患者に対して、手術か放射線治療か、それとも薬物治療にするかを正しく適用するプロセスも重要である。この話は、大学教授が学生に専門教育を行うときにも適用され得る。要するに、専門職業人がクライアントに対して最適なサービスを提供するためには、専門的スキルや知識に基づいて仕事を適正に仕切りながら進めることが前提となる。

　第2に、専門職業人のモラル（moral）の問題である。専門職業人の仕事が基本的に個人単位で行われているので、クライアントとのやり取りはブラック・ボックスのように不透明な性向が強い。そこで、専門職業人の道徳意識や倫理観が重要視される。専門職業人が自分の個人的関心事とクライアントのニーズを混同する（例：精神科医が患者に対して必要以上の精神分析を行う）ことや、所属する組織へ消極的にしかコミットメントしない（例：自分の籍を置いてある所属組織よりも、むしろ専門職業団体である外部組織へより積極的にコミットメントする）ことは、専門職業人自らがモラルにより自制しなければならない。

　第3に、専門職業人のモラール（morale）と評価の問題である。専門職業

人に対するアウトプットや仕事過程による統制に限界があるため、専門職業人を統制・監督することは極めて困難である。1 日に治療した患者数で医者の業績が評価されないのと同じく、受講学生数で教授の業績が評価されることはない。さらに、仕事の内容に対する直接監督も限界がある。仮に、専門職業人に対して内・外部から過度な統制が加わることや、結果重視の量的な成果が強要されることは、逆効果を生み出す。そもそも専門職業人は、各自が使命感を持って自己実現欲求を満たそうとする性向が強いので、外部からの圧力や干渉はやる気を低下させる要因となる。

　第 4 に、組織内に生じやすいコンフリクトの問題である。特に専門職業人と支援スタッフの間に生じるコンフリクトは、穏やかではあるが持続しやすいので、注意が必要である。専門職業人と支援スタッフは、組織の中での立場や役割が大きく違うだけでなく、担当する仕事の内容もかなり異なるので両者間に対立が起きやすい。また、支援スタッフが専門職業人から指示や要請を受けると、直属上司からの公式的命令系統との狭間に立たされる。その他にも専門職業人は、限られた資源を共同利用しながら支援スタッフから支援を受けるので、専門職業人同士で不必要な競争や対立が起きやすい。

　このような問題を解決するために、管理者はヨコのコミュニケーションがとれる仕組みを設けるべきである。例えば、専門職業人と支援スタッフが相手の意見や立場を理解するように各種委員会を設けること、また、専門領域の異なる専門職業人が協力し合えるように共同プロジェクトや共同研究を奨励することである。

　第 5 に、革新に関する問題である。専門職業的組織で革新的な発想が生まれることはあまり期待できない。その理由として、組織が安定的な環境に置かれているため変化を求める意識が弱いこと、個々の専門職業人を仕事単位としているため仕事が断片的かつ個別的であること、標準化されたスキルや知識を原則としているため検証されていないスキルや知識をクライアントに直接試すのは認められないことがあげられる。

　この組織は、安定した環境のなかで標準化されたスキルや知識を繰り返して利用する傾向が強いため、官僚制組織の一種として「**専門職業的官僚制：professional bureaucracy**」と名づけられたこともある（Mintzberg:1983a, pp.189-213）。つまり、この組織は所与のプログラム化された内容を遂行するために設計された**実行組織**であって、予測できないニーズへ向けた新しいプログラムを創造するために設計された**問題解決組織**ではない。

　第6に、組合に関する問題である。専門職業人を統制する目的で管理階層や外部からの圧力が加わるとき、専門職業人が自分の権益を守るために組合を結成するが、うまく機能しない場合が多い。なぜなら、組合を結成して運営する過程で、組合の代表と組合員の間に上下関係が生まれることや、使用者側と交渉する過程で、組合員同士の結束力が強く要求されることがあるからである。独自性や自律性の強い専門職業人にとって、上下関係や結束力は、そもそも馴染まないものである。

第5節　革新的組織（Innovative Organization）

　革新（innovation）とは、新たな技術の発明や発見という意味だけではなく、既存資源の価値を高めること、既存資源の組み合わせを変えて新しい価値を創造すること、新しいコンセプトや方法を生み出すことなどの様々な創造活動や問題解決活動を意味する。

　革新的組織は激変する環境の中で、様々な専門領域から集まったエキスパート（experts：専門家）が、課題別にチームを編成して仕事を遂行する組織を指す。この組織の特性を一言で表すと、「**アドホクラシー：adhocracy**」といえる。それは、官僚制（bureaucracy）の対語として、アドホック（ad hoc：臨時の、その場限りの）とクラシー（cracy：制度、体制）からの造語であり、その時々の状況に応じて柔軟に対応する姿勢、またはそのような主義を指す。この組織が主に求めるのは、確実性や能率ではなく、不確実性のなかでも成果を出そうとするチャレンジ精神や創造性であるため、組織メンバーも常に革新的な思考を持って行動する。

　○代表的な例：コンサルティング会社、イベント会社、ベンチャー企業、
　○最も主要な部分：支援スタッフ
　○主要調整メカニズム：相互適応

〇分権化の形態：選択的な垂直的・水平的分権化

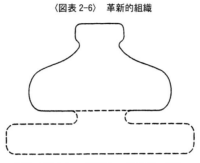

〈図表 2-6〉　革新的組織

出所：Mintzberg (1989),p.198;邦訳 p.306.

1. 構造的特徴

　第 1 に、組織の主要部分が分離されておらず、全体的にみればアメーバのように一定の形態を持たない。組織構造は異なる状況に応じて、以下の 2 つの形態に変わる傾向が多い（Mintzberg:1989,pp.201-204;邦訳 pp.311-315）。

　1 つは、組織の主要部分全てが融合されている**作業アドホクラシー** (**operating adhocracy**) の形態である（図表でいえば、破線の作業核まで含むもの）。これは、様々な分野の専門家によって構成されたチームが、クライアントと直接接触しながらクライアントの問題を確認し、解決する形態である。そこでは作業業務と管理業務が 1 つに融合されているので、仕事に関する計画立案と執行を分離することは困難である。例えば、コンサルティング会社の場合、中間管理層と作業核の区別がなく、ラインとスタッフのメンバーが 1 つのチームに編成されて仕事を遂行する。

　もう 1 つは、作業核を持っていない**管理アドホクラシー** (**administrative adhocracy**) の形態である（図表でいえば、作業核を切り取った上部のもの）。この形態をとる狙いは、クライアントの問題を解決するためではなく、組織自体の目標および課題を達成するためである。生産ラインに新しい設備システムを取り入れる事を検討する目的で構成されたプロジェクト・チームがその一例である。そこには、組織の中間階層の人々が中心になって計画・推進す

るので、作業核の仕事は存在しない。また、革新的かつ実験的課題のために学際的に集まった研究チームもある。その他にも、研究開発機関や基礎科学研究所において、製品の研究開発プロジェクトがある場合、企画を初め、一定の研究成果を得るまでは組織のメンバーが直接関わるが、その成果を製品化する開発業務は外部の業者に委託される（即ち、作業核が存在しない）ことが多い。

　第2に、最も主要な部分は支援スタッフであり、用いられる主要調整メカニズムは相互適応である。組織構造がアメーバのように柔軟かつ有機的に融合された仕組みになっているため、主要部分といえるものはないが、他の組織類型に比べると、組織を全般的にサポートする支援単位の役割が多く求められる。特に、仕事チームに対して一定の成果が出るまで資金的支援を続ける単位の役割は最も重要である。それに対して、技術スタッフとしての役割はほとんど存在しない。なぜなら、この組織における不確実かつ不規則な仕事の内容を標準化することは非現実的であり、メンバー同士が相互適応しながら柔軟に調整していくからである。

　第3に、仕事の基本単位はチームである。それは課題ごとに一時的に編成され、課題が達成されると解散する。ラインとスタッフを問わず様々な部分でチームが形成され、チームごとに決定権限が分散されているので、垂直的にも水平的にも分権化されているという。この場合、チームの課題に限って権限が委譲されているので、選択的分権化といえる。チームでは様々な分野の専門家が中心的役割を果たしているが、管理者やスタッフが流動的に加わる場合も多い。

　第4に、垂直的および水平的に分権化されていても、戦略尖の役割は欠かせない。特に、組織全体に対して求心力を発揮する役割が重要である。組織の主要部分が明確に区別されておらず、専門性が高く、個人主義的性向も強い専門家がチーム単位で活動しているため、公式的権限を用いて統制することは困難である。そこで、戦略尖は公式的権限に頼り過ぎず、リーダーシップを発揮しながら求心力を高めなければならない。

　その他に、戦略尖の重要な役割の1つとして、外部との人的ネットワークの形成があげられる。革新的組織の仕事は不確実かつ不規則なものが多いため、継続性が保証されるとは言い難い。そこで戦略尖は、現在のクライアントとの

関係を維持するだけでなく、新しいクライアントの発掘のため、外部影響者との人脈づくりに力を入れる必要がある。

2.　状況的特徴

　第1に、革新的組織が置かれている環境は、複雑かつ動態的な場合が多い。典型的な例であるベンチャー企業の場合、置かれている環境は不確実性が非常に高く、先のことを予測するのが難しいため、動態的といえる。また、専門的なスキルや知識を持っていないと、業界や仕事の内容を理解するのが難しいので、複雑な環境といえる。動態的環境に柔軟に対応するためには、組織に有機的構造が求められる。そして、複雑な環境なので、さまざまな分野の専門家に計画および実行に関する権限を委譲すること、いわば分権化が進んでいる。

　第2に、一般的に、組織の年齢は若く、規模も比較的に小さい。今日のような変革時代の社会が求める事業および課題に応えるため、専門家たちが中心となって活躍する革新的組織は、ますます増えていくと思われる。組織の年齢が若いため公式化はあまり進んでおらず、規模が小さいためメンバー同士で相互適応や柔軟な対応ができる。しかし、組織が古くなるにつれ、ルールや決まり事など公式化されるものが増えるため、官僚制化が進み、革新的思考は生まれ難くなる。また、規模が大きくなるにつれ、相互適応や柔軟な対応だけでは統制できなくなる。このように、革新的組織が古くなり大きくなると、革新的思考および相互適応の能力は衰える。そのとき、組織が本来の組織目的を効果的に達成するためには、細胞分裂のように小規模組織に分解されることがよくある。

3.　戦略的特徴

　動態的環境に創造的に対応するため、組織は何よりも柔軟性を保たなければならない。仕事において、考えることと実行することを分離するのは避けるべきであり、戦略においても、策定することと実施することを分離してはならない。

　戦略尖の主な役割は、戦略の詳細な内容に関わることよりもむしろ、戦略策定の全般的過程をマネージすることである。つまりそれは、ある種の活動を助

成するために仕組みを作り、それに合わせて経営資源を充当することを指す。そのため戦略尖は、戦略の指針を明らかにしなければならない。指針とは、組織の下位部分で具体的に発達してくるパターンが外へ逸脱しないように、特定の境界を設けたものである。このような指針により展開される戦略を「**雨傘戦略：umbrella strategies**」という。まるで、雨傘を用いて雨の量を適正に維持しながら植物を育てるように、状況の変化に応じてどれを助成し、どれを阻止するかを選別しながら進める戦略である。

　革新的組織における戦略策定は、次のような「草の根モデル：grassroots model」で説明できる（Mintzberg:1989,pp.214-216;邦訳 pp.330-334）。

　①*戦略は庭の雑草のように成長するものであり、温室のトマトのように栽培されるものではない。*一般的に戦略は、形成過程において過剰にマネージされる傾向があるが、組織に人為的な一貫性を押し付けるよりも、一定のパターンが現われるまで任せることが重要である。温室が必要とされるのは、一定のパターンが現れた後のことである。

　②*戦略は、人々が学習能力を持ち、その能力を支援するような資源が存在するところならば、どこにも根を下ろす。*戦略は計画的に設計されているように見えるが、あれこれ試しているうちに、徐々に形成されることが多い。戦略が上位マネジャーなど組織の特定部分により創られることは極めて稀である。つまり、多様な人々の相互適応を通じて、多様な行動が漸進的にあるいは自然発生的に１つのテーマに収斂するとき、戦略は生まれる。

　③*戦略は集合的になるとき、即ちそのパターンが増殖して組織全体の行動に広がるとき、組織戦略になる。*雑草のようにみえたものが繁殖して庭全体を覆うようになると、価値あるものに変わることがある。つまり、視点を変えれば、予期されなかった雑草（即ち、創発的戦略）が価値あるものになり、既存の植物（即ち、計画的戦略）にとって代わることもある。

　④*増殖の過程は、意識的に行われるかも知れないが、必ずしもそうである必要はない。*植物が自然に繁殖するのと同じく、戦略のパターンは、誰かによって意図的に作られるものではなく、単純な集合的行動によって広まる。もちろん、ひとたび戦略の価値が認識されると、植物を選択して増殖させるのと同じく、その過程をマネージすることによって増殖させることができる。

　⑤*新しい戦略は，絶えず形を現しているかも知れないが，連続的な変化が中断されている期間に組織に広がる傾向がある。*庭の作業において，種蒔く時期と収穫する時期があるように，組織においても，普及した既存の戦略を利用して便益を得る**収束の期間（periods of convergence）**と，新しい戦略テーマを実験して受け入れる**分散の期間（periods of divergence）**がある。この2つの期間を明らかに分別しないと，システムとして機能している組織の生産能力は破壊されてしまう。

　⑥*このような過程を管理することは，戦略を予め構想することではなく，戦略の創発を認識し，適時に介入することである。*マネジャーの役割として，広範囲の多様な戦略が育つのに適した風土を創造することは極めて重要である。つまり，柔軟な構造を築き，適切な過程を成熟させ，支えとなるイデオロギーを助成し，道標となる雨傘戦略を明確にすることである。そのうえで，どれが実際に大きく育つかを見張る役割も求められる。

　このような草の根モデルが，革新的組織の戦略に示唆する点は2つある。

　第1に，戦略において，**内部能率（internal efficiency）**のために変化に抵抗する時期と，**外部適応（external adaption）**のために変化を促進する時期を識別しなければならない。組織にとって最も有害なのは，マネジメントが官僚制的惰性に漬かる変化の不在（failure to change）か，あるいは，やみくもに走り回る焦点の不在（failure to focus）かに過剰に偏ることである。

　第2に，戦略は，組織の上層部である管理階層ではなく，草の根のように作業層の堅固な土地に根ざしている。革新的組織で見られる戦略は，様々なメンバーの知識が繰り返して創造されるという点で**学習モデル（learning model）**ともいわれる。一方，機械的組織で見られる戦略は，最初の段階から戦略になれるものとなれないものを選別して育てるという点で**温室モデル（hothouse model）**といい，企業家的組織で見られる戦略は，戦略尖のビジョンによって示される点で**ビジョン・モデル（visionary model）**といえる。

4.　主な論点

　第1に，求心力の問題である。他の組織類型に比べて，求心力，即ちメンバー間の結束力が弱い。その主な理由は構造的要因にある。主要部分も存在せ

ず権限が分散しているので、組織内の秩序が崩れることもよくある。また、権限関係、職務規定、コミュニケーションの経路が不明確なので、チームの内部またはチームの間にコンフリクトが起きやすい。そして、専門能力を持っているエキスパートにとって、チーム間の入れ替わりや組織間の出入りが容易である。

　第2に、仕事の安定的確保に関する問題である。環境の変化、特に市場の変化やクライアントのニーズに対する予測が困難であるため、仕事が安定的に続けられるという保証はない。また、仕事の結果に対する不確実性も高く、高いリスクを伴う仕事（即ち、high risk・high return）が多いので、メンバーは常にリスクに対する不安を感じている。そこで、戦略尖は外部影響者とのネットワークを構築して、安定的に仕事を受注する役割を果たさなければならない。

　第3に、能率と革新の問題である。この組織の狙いは、能率を犠牲にしてでも革新を達成することにある。ところが、組織が革新的活動を続けるためには、必要最小限の成果を確保しなければならない。組織活動に必要な財源確保のため、確実かつ安定的に成果が得られる活動や事業を続けることが重要である。また、過去の創造活動から学習された結果をいくつかのパターンにモデル化することを初め、定形化できる仕事の内容を段階的に標準化（プログラム化）することにより、革新を求める仕事を除いた一般的仕事の能率を高めることも重要である。

　第4に、他の組織形態へ移行する問題である。組織は形態を変えることにより、曖昧性と非能率という本質的な問題に対処することができる。例えば、革新的組織のうち、専門的仕事の定型化が増えれば専門職業的組織へ、組織規模が大きくなり大量生産の仕組みが整えれば機械的組織へ、小さい組織に分散できれば企業家的組織へ移行することが可能であろう。しかしながら、機械的組織への移行には、注意が必要である。なぜなら、革新的組織が機械的組織に移行する場合、一時的に安定が得られるかも知れないが、そこには量産体制を持っている既存の組織が必要以上に溢れていて、厳しい競争が避けられないからである。

第 6 節　組織の類型別比較

　前節まで、5 つの組織類型について、構造的特徴、状況的特徴、戦略的特徴、主な論点を中心に考察してきた。本節では、5 つの組織類型の基本的属性を中心にまとめて比較した図表を取り上げる（ただし、専門職業的組織と多角的組織の順序が本章での順序とは異なる点に注意されたい。）。

　〈図表 2-7〉を用いて、組織を考察する方法は 2 つある。1 つは、組織類型間に諸要素を比較する（即ち図表でいうと、諸要素を横方向に比較する）方法である。この方法は、組織類型の間に見られる諸要素の相対的特徴を比較する際に役立つ。もう 1 つは、各々の組織類型において、諸要素がどのように機能するのかを理解する（即ち図表でいうと、諸要素を縦方向に理解する）方法である。この方法は、各々の組織類型を、相互依存関係にある諸要素が調和しながら機能している、1 つのシステムとして理解する際に役立つといえる。

〈図表 2-7〉　組織の

	企業家的組織	機械的組織	専門職業的組織
主要部分	戦略尖	技術スタッフ	作業核
主な調整メカニズム	直接監督	仕事過程の標準化	スキル・知識の標準化
◆設計要素：			
職務の専門化	少ない	*垂直的・水平的専門化が多い*	水平的専門化が多い
教育と教化	少ない	少ない	多い
行動の公式化 （官僚制的／有機的）	少ない （有機的）	多い （官僚制的）	少ない （官僚制的）
単位編成	通常は機能別	*通常は機能別*	機能別と市場別
単位規模	大きい	下部は大きいが、他は小さい	下部は大きいが、他は小さい
計画および 統制システム	少ない	行動計画策定	少ない
リエゾン	少ない	少ない	管理のなかに有り
分権化	*垂直的・水平的集権化*	*限られた水平的分権化（選択的）*	*垂直的・水平的分権化*
◆機能：			
戦略尖	全ての管理的仕事	微調整、職能の調整、 コンフリクトの解決	外部とのリエゾン、 コンフリクトの解決
作業核	自由裁量権が少ない 非公式的仕事	自由裁量権が少ない 定型化かつ公式化された仕事	個人別自由裁量権が多い 熟練を要する標準化された仕事
中間管理層	重要ではない	精巧化、差別化；コンフリク トの解決、スタッフとのリエ ゾン、垂直的流れの支援	専門職業人による統制； 相互適応が多い
技術スタッフ	なし	仕事を公式化するため精巧化 される	小さい
支援スタッフ	小さい	不確実性を減らすためにしば しば精巧化される	専門職業人を支援するため 精巧化；機械的官僚制構造
オーソリティーの流れ	重要、トップから	重要、全体的に	重要ではない（支援スタッフ除いて）
規制システムの流れ	重要ではない	重要、全体的に	重要ではない（支援スタッフ除いて）
非公式コミュニケーション	重要	邪魔	管理において重要
仕事集団	なし	重要ではない（特に下位レベルで）	管理において多少有り
意思決定の流れ	トップ・ダウン	トップ・ダウン	ボトム・アップ
◆状況要因：			
年齢と規模	典型的に若くて小さい （第1段階）	典型的に古くて大きい（第2 段階）	さまざま
技術システム	単純、非規制的	規制的、非自動化、非精巧化	非規制的または精巧化
環境	単純、動態的；たまに 敵意的	単純、安定的	複雑、安定的
パワー	CEO の統制；しばし ば所有者の経営；非流 行的	技術スタッフの統制、たまに 外部の統制；非流行的	専門職業人の統制； 流行的

注：斜体文字は主な設計要素を表す。Op.Ad.は作業アドホクラシー、Adm.Ad.は管理アドホクラシーを指す
出所：Mintzberg(1983a),pp.280-281.

型別比較

多角的組織	革新的組織
中間管理層	支援スタッフ（Op.Ad.では作業核と共に）
アウトプットの標準化	相互適応
《事業部と本社の間で》水平的・垂直的専門化	水平的専門化が多い
《事業部管理者に対する》教育と教化	教育の方が多い
《事業部内で》多い	少ない
《官僚制的》	（有機的）
市場別	機能別と市場別
《上部は》大きい	全体的に小さい
業績統制が多い	限られた行動計画策定（特に Adm.Ad.）
少ない	全体的に多い
限られた垂直的分権化（並行的）	選択的な垂直的・水平的分権化
戦略的ポートフォリオ、 業績統制	外部とのリエゾン、コンフリクトの解決、 仕事の均衡、プロジェクトの監視
事業部化のため公式化される	切端（Adm.Ad.）、またはプロジェクト遂行のため管理部分と併合（Op.Ad.）
事業部戦略の公式化、事業の管理	広範囲、スタッフとの混合； プロジェクト仕事に関与
業績統制のため本部で精巧化される	小さい、プロジェクト仕事においてミドルのなかに混合される
本部と事業部の間に散在	高度に精巧化（特に Adm.Ad.）、プロジェクト仕事においてはミドルの内部にぼやける
重要、全体的に	重要ではない
重要、全体的に	重要ではない
本社と事業部の間に多少有り	重要、全体的に
重要ではない	重要、全体的に（特に Adm.Ad.）
本部と事業部の間で相違	すべてのレベルで混在
典型的に古くてかなり大きい（第 3 段階）	典型的に若い（Op.Ad.）
分割可能、さもなければ典型的に機械的官僚制に類似	極めて精巧化、しばしば自動化（Adm.Ad.）；非規制的または精巧化（Op.Ad.）
一概には言えないが、相対的に単純、安定的；多角化した市場	複雑、動態的；たまに分離（Adm.Ad.）
中間管理層の統制； 流行的（特に産業内で）	エキスパートの統制； 極めて流行的

補足資料

官僚制（組織）

　村上綱実は、M.ヴェーバー（M.Weber）の「官僚制理論」について考察し、解説している（村上：2014）。以下では、その主な内容をまとめて紹介する。

1. 官僚制の意味

　M.ヴェーバーは代表的著書『Wirtschaft und Gesellschaft（経済と社会）』（1921）で、服従の動機がどこに起因するかに基づき、支配を次の三つに類型化した。

　①伝統的支配

　ある特定の社会では、繰り返し成立してきた支配権力と秩序を神聖視する信念がある。伝統的支配は、伝統的神聖への信仰から権威が与えられる伝統的慣習と、それに定められた支配者が支配する形態を指す。

　②カリスマ的支配

　カリスマ（charisma）は、「恵み」、「神の恩寵」、「神に与えられた非日常的力」を意味する。カリスマ的支配は、支配者の非日常的な天恵の資質、呪術的能力、啓示や英雄性、模範性、強靭な精神、弁舌の力などに服従する者の感情的な帰依と信奉により支配される形態を指す。

　③合法的支配

　正規の手続で制定された規則の「合法性」に基づいて法の順守が貫徹される、「法による支配」を指す。法は支配者さえも拘束し、その恣意性を排除し、規則の適用に予測・計算可能性が確保され、支配に合理性を与える。

　伝統的支配には支配者の「恣意」が、カリスマ的支配には支配者の「予言」が含まれるので、予測・計算が困難となり、合理的根拠もない神秘的かつ非合理的な支配となる。それに対して、合法的支配は合理性を持っていて、そのなかで最も合理的な純粋型・理念型が「官僚制」である。組織管理における「官僚制」は、すべての意思決定と行為が、制定された規則に基づいて支配され、

管理されるシステムである。

　以上のことから、官僚制の意味（性質）として次の4つがあげられる。

①官僚制は、「合法的支配」の最も合理的な純粋型である。

②合法的支配は「法の支配」であり、そこでは制定規則の順守が貫徹される。

③官僚制では、すべての意思決定と行動が「制定された規則」に基づく。

④官僚制では、制定された規則の適用が困難な場合や、規則制定の際に想定されなかった個別的かつ特殊な場合に問題が発生する。

2.　官僚制の特徴

(1)　官僚制組織の特徴

・継続的な事業運営が行われる。

・規則によって職位・職務権限・職務内容が明確に定義される。

・職位の階層制が構成される。

・専門的知識による支配が成立し、規則を適用するための専門的知識と訓練を必要とする。

・公私が分離され、職位の専有がない。

・行政・調達の手段が職員から分離される。

・予備的な討論から最終的な決定まで、すべての意思決定・処分・指令は文書化される。

(2)　官僚制職員の特徴

・人格的に自由であり、非人格的に職務義務に服従する。

・明確な職務階層制に位置づけられる。

・明確に定義された職務権限を持つ。

・自由な選抜から雇用契約が結ばれる。

・専門資格（試験・免状）によって任命される。

・厳格で統一的な規律と統制に服する。

・職務は職業である。

・終身雇用制が前提とされる。

(3)　官僚制の逆機能（dysfunction）

　官僚制は、意思決定や行為が合理的に制定された規則に基づいているため、

合理的支配システムとしてポジティブな機能を果たしている反面、次のような弊害をもたらす逆機能も併せ持っている。

　①訓練された無能力（trained incapacity）

　官僚制は教育された規律によって、規則順守の意思決定と組織運営を実現する。過去の成功に基づいて意思決定を標準化・ルーティン化した訓練は、職務上の予測された問題には試行錯誤もなく、規則を適用すれば誰でも職務遂行を可能にする。しかし、従来と異なる状況や規則制定時に想定しなかった状況では、官僚制の対応は不適切な結果を導く。環境状況の変化にもかかわらず従来通りの規則を順守すれば、組織目標の達成を妨げ、訓練された無能力を露呈する。

　②目的の転移（displacement of goal）

　官僚制では組織目的の達成のために規則が制定される。しかし、規則の順守自体が目的達成より優先され、手段であった規則の順守が目的であるかのような対応が行われる場合が多々ある。そのとき、規則の順守が重要か、それとも結果としての目的達成が重要かが問われる。

　③規則への過同調（over-conformity）

　規則は組織目的の達成のために制定されるが、規則への過同調は「法規万能主義」のように、規則から逸脱する意思決定が回避されることを意味する。前例のない意思決定や、規則の運用および規則の枠を超える意思決定は困難になるため、組織目的の達成が妨げられても規則順守が優先される。その問題の原因は、継続的な訓練による規則への意向（sentiment）と、自己の義務に対する献身にあり、その結果、非効率でも決まりきった活動が規則正しく遂行される。

　④繁文縟礼（red tape）

　官僚制は「文書主義」ともいわれるほど、あらゆる指令と意思決定の内容が文書化されることになっている。文書には一定の書式が決められており、一定の文言が明記され、日付や署名の有無が問題とされる。そのような文書がなければ手続きが進まず、執行もされない。その結果、文書を作成すること自体が職務となりかねない。

⑤派閥主義（sectionalism）

　官僚制の職員は雇用が安定的に保障されているので、同じ職場の職員と利害が共通し、先任順に昇進し、職員同士の争いもめったに起こさない。その結果、職員たちは内部的に結束し、公益や顧客よりも自分たちの共通する利害を優先する。自分たちの利益が十分に保障されない場合は、上司も処理できない大量の資料や文書を提出し、必要な情報提供や報告を遅延、回避させ、自分の保身と所属部署の利益を擁護する。

　出所：村上綱実「官僚制組織とは何か」https://www2.rikkyo.ac.jp/web/hikaku/bureaucracy.htm

第3章

効果的な組織設計

　組織を効果的に設計するには、組織構造に関する理論を習得すると共に、現実の組織の実態を正しく把握する必要がある。そのためには、第1章と第2章で検討してきた理論的枠組みを用いつつ、その枠組みを乗り越えるアプローチが必要とされる。

　本章では、まず、第2章で説明した組織の基本的類型とは別に、新たな2つの類型（forms）および力（forces）を取り上げると共に（第1節）、これまでの理論的枠組みを乗り越えて組織を効果的に設計するための基本原理を明らかにする（第2節）。その後、組織のライフサイクル・モデルを示して組織の生成段階から衰退段階までに見られる主な傾向を指摘した上で、私たちが目指すべき理想的な組織社会の有様を示す（第3節）。

第1節　理論的枠組みの補強

　ミンツバーグは、組織について5つの類型を用いて考察していたが、1980年代に入って世界的に広まった日本的経営（Japanese management）のブームが大きなきっかけとなり、第6および第7番目の類型として、「伝道的組織」と「政治的組織」を加えている。当時の日本的経営は、世界中の経済・経営関連の学者や研究者はもちろん、ビジネス業界の実務者からも注目を浴びていた社会的現象であって、ミンツバーグも欧米企業にあまり見られない日本企業の特性に気づき、日本の組織について深い関心を持つようになった。そこで、これまで用いてきた組織類型での説明に限界を感じたため、新たに2つの組織類型を付け加えた（Mintzberg:1989,p.221;邦訳 p.341）。

　以下では、追加された 2 つの組織類型とその説明原理になる 2 つの力
（forces）について述べる。

1.　イデオロギーと伝道的組織

⑴　イデオロギー（ideology）

　イデオロギーは、「ある特定の組織を他の組織から特色づける、豊かに発達
して深く根を下ろした、価値と信念のシステム；a richly developed and
deeply rooted system of values and beliefs that distinguishes a par-
ticular organization from all others」を指す（Mintzberg:1989,p.221;邦訳
p.342）。それは、特定の価値と信念のシステムに基づいて組織を結束しようと
する力である。組織には、メンバーを結束させようとする力とメンバーの結束
を妨害する力があるが、前者をイデオロギー、後者を政治的力と呼ぶ（政治的
力については、本節の 2 で述べる）。

　イデオロギーの主な特徴は、力を統合することにある。イデオロギーは組織
の中でより多くの努力、創造力、アウトプットを引き出すことができるシステ
ムとして機能する。従ってそれは、個人を組織に帰属させ、使命感を生み出す
ものであり、個人目的と組織目的を統合して相乗効果（synergy）を生み出
す。

　また、イデオロギーは、組織の基本的部分および設計要素とは異なる次元
の、無形の力であり、既存の組織構造の上に重ね合わされる（overlay）もの
である。イデオロギーは一般的に、次の 3 つの段階を経て組織に形成される
（Mintzberg:1989,pp.224-227;邦訳 pp.346-350）。

　第 1 に、植えつけの段階である。 1 人の主動者が明確なミッションを持って
組織を新しく創立するとき、周りの人々にミッションを伝えて組織への参加を
呼びかけると、そのミッションを理解し、達成しようとする意欲を持つ人々が
組織に参加する。組織が新しいほどイデオロギーの植えつけは容易になる。そ
の理由として、① 手続きや伝統がまだ固まっていないので操作できる許容範
囲が広い、② 規模がまだ小さいので個人的な人間関係を作りやすい、③ メン
バーが基本的に強い信念を分かち合っているので一緒に働きたいという意識が
強い、④ 創立者はカリスマ性を持つ場合が多いのでメンバーを鼓舞し、団結

させる力を持っていることがあげられる。

　第2に、発達の段階である。一般的に組織の年月が経つにつれ、創立時の熱意は次第に弱まるので、メンバーに新たな活気を注入する必要がある。そのとき、これまでの先例、慣習、神秘的な逸話、歴史的な出来事などを強調して、それをメンバーが分かち合うときにイデオロギーは強固なものに発達する。

　第3に、補強の段階である。新しいメンバーが組織に加わったとき、イデオロギーを補強する必要がある。イデオロギーの補強は、教育や教化のように公式的なプログラムを通じて行われる場合が多いが、社会的同化（socialization）のようにメンバー同士の親密な人間関係から形成されることもある。イデオロギーの補強により、個人と組織との一体化、そして個人の組織への忠誠心が強まる。

⑵　伝道的組織（**Missionary Organization**）

　伝道的組織とは、メンバーが同じミッションを共有することにより、強力なイデオロギーで一体化（identification）された組織を指す。伝道的組織では、イデオロギーが組織全体を強く支配しており、その典型的な例として、宗教組織とボランティア組織が挙げられる。伝道的組織には次の3つの形態がある（Mintzberg:1989,pp.231-232;邦訳 pp.356-358）。

　①改革者（reformers）

　　　組織が一般人を対象に積極的に活動することによって、外部世界を直接的に変えようとする形態（例：プロテスタント教会）。

　②教化者（converters）

　　　組織がメンバーの加入を勧め、加入した人々の意識を変えることによって、外部世界を間接的に変えようとする形態（例：同性恋愛団体）。

　③修道院（cloister）

　　　組織を外部世界と隔離し、メンバーに独自的なライフスタイルを追求する機会を与える形態（例：修道院）。

　〈図表 3-1〉が示すように、伝道的組織におけるイデオロギーは、組織構造の上に重ね合わされており、組織を結束しようと働きかける（即ち、求心力を持つ）ので、力の方向を表す矢印が内側に向かっている。

〈図表 3-1〉　伝道的組織

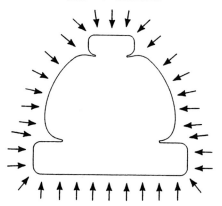

出所：Mintzberg(1989),p.223;邦訳 p.343.

　伝道的組織は次のような特徴を持っている。

　第1に、伝道的組織において、最も重要なのはミッションである。ミッションとして備えるべき主な条件として、メンバーが容易に一体化できるように明瞭で焦点が定まっていること、メンバーに一体化の気持ちを起こさせるように鼓舞的であること、そして、メンバーを育成するのに適した独自的なニッチに落ち着かせるように差別的であることがあげられる。

　第2に、組織が小規模に留まるとき、より効果的な活動ができる。強力なイデオロギーは個人的接触から生じやすいので、規模が大きくなりメンバー間の親密な関係が少なくなると、イデオロギーも弱まる。従って、規模がさらに大きくなると、アメーバのように自己分裂して、同じイデオロギーを軸とする自己完結的な小規模の組織および単位に複製される場合が多い。

　第3に、組織は**規範の標準化（standardization of norms）**により調整される。メンバーに共有されたイデオロギーがあれば、組織に主要部分と支配的権力者がいなくても価値と信念を分かち合い、一体化が保たれる。規範には、組織がイデオロギーを補強するために公式的に作られるものもあれば、メンバー間で非公式的かつ自然に形成されるものもある。

　第4に、権限が純粋に分権化されているため、組織の主要部分は特に存在しない。〈図表 3-1〉が示すように、組織全体が共通のイデオロギーに引き付け

られ、全ての力が中心部へ向かっている、1つの集合体のようなものである。そこでは主要部分、職務の専門化、身分の格差などがほとんど意味を持たない。イデオロギーは極めて強い力を及ぼしているが、特定の部分や人物に偏ることなく組織メンバーに平等に共有されているため、**純粋な分権化**を意味する。伝道的組織ではメンバー全員がパワーを分かち合って平等を大切にするため、身分の格差、即ち上下関係の序列を極小化する傾向が強い。

(3)　組織に重ね合わされるイデオロギー

　宗教組織のようにイデオロギーが強い力を持って組織全体を支配している形態はあるものの、イデオロギーは一般的に、様々な組織（構造）の上に重ね合わされる場合が多い。

　第1に、企業家的組織では、強い使命感を持っているカリスマ的リーダーによってイデオロギーが植えつけられる。しかし、戦略尖に権限が集中されており、メンバーの間に力が広く分散され難いので、イデオロギーの発達に限界がある。

　第2に、機械的組織では、イデオロギーが相応しくない。標準や規則が念入りに定められ、公式権限の階層の下方へ押し付けられるので、非公式的性向の強いイデオロギーは形成され難い。

　第3に、多角的組織はイデオロギーをさらに弱くする。多角的組織では、多様な形態の事業単位が自律的に活動する仕組みなので、組織全体として1つのミッションに一体化されることは難しい。

　第4に、専門職業的組織および革新的組織では、専門力量が支配的影響力を発揮している。専門力量のレベルの差異（即ち、優劣の差異）は上下の序列を形成するので、平等主義を原則とするイデオロギーに逆らうことがある。また各々の専門職業人の個別的能力が評価される仕組みなので、イデオロギーが追求する組織全体の協働には適さない。しかし専門職業的組織は、革新的組織に比べてより崇高なミッションを持っているため、イデオロギーが形成されやすいといえる。

(4)　主な論点

　最も重要な論点の1つは、**孤立と同化（isolation and assimilation）**の

問題である（Mintzberg:1989,p.232;邦訳 pp.358）。伝道的組織は、内部の結束力が強く求められるものの、外部世界から完全に孤立することも望ましくない。そこで組織は、孤立と同化という相反する局面におかれる。

　まず、孤立の問題である。組織が通常、外部圧力から独自的なイデオロギーを守るためにますます内向化していくと、外部環境に対する適応力が徐々に弱まり、その結果、危機に陥って再生の機会が少なくなる。特に、修道院のように閉鎖性の強い組織は、外部からのメンバーの補充が大きな課題となる。次に、同化の問題である。組織がメンバーを増やして勢力を拡大するには、理念的に汚れている現実社会に妥協しながら、伝道活動をする必要がある。特に、積極的に外部世界を変えようとする宗教組織では、自分の信念を部分的に曲げながら戦略的に活動することもある。そのような状態が続くと、本来のイデオロギーが弱まり、結局、伝道的組織としての存在意義が問われる。

　もう１つの重要な論点は、メンバーの統制に関する問題である。伝道的組織は、直接監督でも仕事過程でもアウトプットでもなく、標準化された規範により統制される。規範の標準は、他の標準に比べて明記されていないことが多いため、メンバーに自由裁量を多く認めている側面がある。また、組織に強い権限を持っている人が存在せず、権限もメンバーに広く分散（即ち、純粋に分権化）されている。しかし、これらが決してメンバーに対する統制の不在を意味するものではなく、むしろ他の組織に比べて統制が厳しいといえる。宗教組織において、信者が守るべき聖典や経典などは、メンバーの行動ばかりでなく、メンバーの**魂そのもの（very soles）をも統制する**からである（Mintzberg: 1989,p.228;邦訳 p.352）。

2.　政治的力と政治的組織

(1)　政治的力（politics）

　組織には、システムとして機能している**影響力（systems of influence）**がある。それは authority（公式権限）、expertise（専門力量）、ideology（価値、信念）、politics（政治的力、「政治活動」ともいわれる）である。このうち、政治的力を除いた3つは、組織にとって正統な（legitimate）ものである。オーソリティーは合法的な拘束力を伴う権限であり、エキスパティーズは

高度のスキルや知識を持つ専門家（expert）が用いる専門力量であり、イデオロギーは組織に広く容認された信念や価値観から生まれる影響力である。

　それに対して、政治的力は組織から公式的に認められたパワーではなく、必ずしも組織に広く受容されたものでもない。それは組織に分裂と対立を引き起こし、個人や集団の正統なパワーに対抗する。

　イデオロギーが秩序と統合を生み出し、組織全体を結束へ導こうとする力を指すのに対して、政治的力は、調整を妨害することによって、組織全体または部分的に混沌や分裂を生み出す力を指す。政治的力は、通常は組織に対して害を与えるが、役立つ場合もある。それは組織の秩序を破壊するものである反面、危険の拡散を予め警告し、防衛を喚起するものでもある。まるで人体における一種の病症のようなものであって、私たちは早い段階に病症に気づいて病気を治療することにより健康管理ができる。

　政治的力は、組織のいたるところに存在し、様々なパワー・ゲームとして現れる。組織の中に存在する主なパワー・ゲームとして、次のようなものがある（Mintzberg:1989,pp.238-240;邦訳 pp.369-372）。

・不服（insurgency）：部下が上司の公式的パワーに抵抗する。
・鎮圧（counterinsurgency）：上司が部下の不服を食い止める。
・後援者（sponsorship）：パワーの基盤を築くため、上司に接近して忠誠する。
・同盟締結（alliance-building）：パワーの基盤を築くため、同僚の間で暗示的に相互支援契約を結ぶ。
・帝国建設（empire-building）：ライン管理者が部下との個人的関係を構築する。
・予算獲得（budgeting）：資源を得るため、パワーの基盤を築く。
・専門力量（expertise）：専門力量を誇示したり、偽りを装ったりして、専門的仕事に対する統制力を独占する。
・威張り（lording）：パワーを持ってない者に対して、権限を非正統な方法で用いる。
・ライン対スタッフ（line versus staff）：公式的決定権限を持つラインと、専門力量を持つスタッフと間のパワー争い。

・ライバル（rival）：対抗相手を倒すために争う、2者間のゼロサム・ゲーム（zero-sum game）。

・戦略的選択（strategic candidates）：政治的手段を使って、自分が好む戦略的変化を推進する。

・密告（whistle-blowing）：組織の不法行動や疑わしい行動に関する情報を外部に告発する。

・急進派（Young Turks）：既存パワーの存在理由に対して疑問を投げかけ、大きな危険を伴う一大変革を狙う。

(2)　政治的組織（Political Organization）

　政治的力が組織全体に支配的な影響力を発揮すると、他の正統な影響力（即ち、公式権限、専門力量、イデオロギー）は弱体化する。政治的組織とは、正統に認められていない政治的力によって組織全体が支配されている組織を指す。〈図表3-2〉が示すように、政治的組織における政治的力は、組織構造の上に重ね合わされており、組織の結束を妨害しようと働きかける（即ち、遠心力を持つ）ので、力の方向を表す矢印が外側に向かっている。

〈図表3-2〉　政治的組織

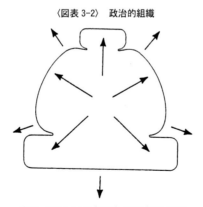

出所：Mintzberg(1989),p.237;邦訳 p.367.

　政治的組織において、主要部分は存在せず、主要調整メカニズムもない。公式的なパワーの代わりに、個々の争点をめぐって勝つための非公式的なパワーが用いられる。

　組織において、個人および集団の間で起きる様々なコンフリクト（conflict：対立）は、政治的力の原因となる。コンフリクトは 2 つの次元で説明できる（Mintzberg:1989,pp.241-243;邦訳 pp.374-377）。1 つは、穏和的（moderate）か激烈的（intense）かの次元であり、もう 1 つは、局限的（confined）か全面的（pervasive）かの次元である。コンフリクトが穏和的な場合は、相対的に安定した状態となり持続的といえるが、激烈的な場合は、相対的に不安定な状態となり暫時的といえる。一方、コンフリクトが局限的な場合は、その範囲が組織の一部分に止まるが、全面的な場合は、その範囲が組織全体に広まる。このようなコンフリクトの違いにより、政治的組織は 4 つの形態（forms）に分類される。

〈図表 3-3〉　政治的組織の形態

	局限的	全面的
穏和的（持続的）	不本意同盟	政治色化
激烈的（暫時的）	対決	政治的闘技場

出所：Mintzberg(1989),pp.241-243;邦訳 pp.369-372 より作成。

　①不本意同盟（shaky alliance）：パワーの持ち主が、互いにバランスを保ちながら共存せざるを得ないタイプである（例：交響楽団において、指揮者の強力な個人的権限と演奏者たちの専門力量との対立。総合病院において、自律性を求めている作業核と指示・服従関係を重視している支援スタッフとの対立。通常の組織において、ライン部門とスタッフ部門との対立）。
　②政治色化（politicized organization）：組織の存在理由や適正性をめぐって、対立がシステム全体に行き渡るタイプである（例：政府から委託された、赤字経営の公益事業会社の存廃をめぐる対立。財政的危機におかれた、回生不能と見られる会社に対する支援の賛否をめぐる対立）。
　③対決（confrontation）：対立は激しいが、当事者だけに限られているため、一定の範囲内に封じ込められるタイプである（例：会社買収をめぐる、株主と経営者の対立。予算獲得やリストラをめぐる、部署間の対立）。

④政治的闘技場（complete political arena）：部分的変化ではなく、一大改革のために激しく闘うタイプである。内部メンバーに限らず、外部影響者の間でも対立が起き、内部の正統な影響力の全てが分裂され、乱闘の場になることもある（例：既存組織の転覆を目指す反乱クーデター）。

(3)　組織に重ね合わされる政治的力

　政治的力は調整活動を妨害するパワーなので、それだけでは組織が成り立たず、既存組織の上に重ね合わされることが多い。

　第1に、企業家的組織では、強力な戦略尖が全てのメンバーの活動を厳格に監督するので、メンバーの政治的力は最小限に抑えられるが、戦略尖と外部影響者との間に対決や不本意同盟が起こり得る。

　第2に、機械的組織および多角的組織では、公式的権限が強いため、政治的力が阻止される。ところが、機械的組織は硬直化されているため、官僚制構造の制約が問題化されたときに、正統的な権限と共存できるような穏和的（持続的）なパワー・ゲーム（例：後援者、帝国建設、予算獲得、威張り、ライン対スタッフ）が起こり得る。また多角的組織では、個別単位が分業体制になっており、狭い範囲で権力基盤を固めようとするため、公式的権限に挑戦するパワー・ゲーム（例：不服、密告、急進派）が起こりやすい。

　第3に、専門職業的組織および革新的組織では、公式的権限よりも専門力量のパワーが強く拡散して分配されているため、同盟締結ゲームとライバル・ゲームが起こりやすい。また、専門職業人の間で気位の高い姿勢を貫こうとするコンフリクトと、専門職業人と外部影響者との間で見解の相違から生じるコンフリクトが多いため、対決という形態もよくみられる。

(4)　主な論点

　政治的力が組織にマイナスの影響を及ぼしている傾向は多いものの、機能的役割を果たすときもある。社会では、正統な目的を掲げて、その目的を達成するために正統な影響力を用いる組織が多いが、非正統な目的を持って活動する組織も存在する。そのような組織内に発生する政治的力は、その組織にとって逆機能的なものかも知れないが、社会にとっては役立つ（即ち、機能的な）も

のである。例えば、社会的不祥事を繰り返している会社や暴力組織において、密告ゲームや急進派ゲームのような政治的力は、歪んだ組織を正すという機能的な役割を果たす。

　政治的組織および政治的力を考察するとき、その機能的役割について正しく理解することは、非常に重要な意味を持つ。以下では、**政治的力が果たす機能的役割**について、政治的組織の形態と関連づけて検討してみよう。

　第1に、政治的力は既存の傷んだパワー・システムを再編成する。既存のパワーが効用を使い果たしたとき、それを変えようと燃え上がる「対決」が有効である。また、非生産的となった正統なパワー（例：時代遅れの専門力量、人心を離れた非現実的な公式権限、生気を無くしたイデオロギー）を取り替える唯一の手段として、広範な影響力である「政治色化」が有効である。

　第2に、政治的力は逆機能的になった既存のパワーを是正する。不当なパワーが次第に蓄積され、必要な変化を押し止めているとき、その状況を突き破るには新たな「対決」が求められる。社会に潜んでいる反政府主義者たちが大衆の変化を望むときに革命を扇動するのと同じく、必要と見なされている変化が繰り返し妨害されるときに、組織に潜んでいる「対決」は有効な機能を果たせる。

　第3に、組織内部でバランスのとれた相容れないパワーが自然に存在するとき、「不本意同盟」が有効である。革新を推進する研究員と能率を推進する管理者の間のパワーの対立は、両者間のバランスを持続的に保たせることによってそれぞれの機能を果たせる。

　第4に、政治的力は疲れ切った組織の消滅を加速させる。ミッションを効果的に遂行できなくなったとき、ミッション自体が必要とされなくなったとき、さらに組織の有効性を改善する望みや別のミッションへ転換する望みも残されていないときに、組織は死滅する方が望ましいかも知れない。そのとき、「政治的闘技場」が組織の消滅を早める役目を果たす。存在価値を失った再起不能の会社に対して、外部組織が人為的な力を加えて無理やりに支援し続けることは、その会社にとっても、社会にとっても決して望ましいことではない。

　このように、政治的力は私たちに苛立たしさを感じさせるときもあれば、役

立つときもある。また組織から政治的力を全て解消させることは非現実的であり、安定した組織においても政治的力がいつ燃え上がるか分からない。組織における政治的力は顕在的なものから潜在的なものまで、また局限的なものから全面的なものまで、さまざまな形態で存在する。そのとき、パワー間のバランス維持が大切である。

　結論としては、組織における影響力を一種の**ホメオスタシス（homeostasis：生体恒常性）**即ち動態的バランス（dynamic balance）として捉えることが重要となる。政治的力は程度の差こそあるものの、あらゆる組織に存在するため、それを無くそうとするよりも他のパワーとのバランスを維持することが重要である。なぜなら、組織に真の恒久的な安定を求めることは、組織に死を求めるのと同じであり、組織が生きて活動する限り、政治的力による不安定は常に生じるからである（Mintzberg:1989,p.246;邦訳 p.381）。

第2節　組織設計の基本原理

　ミンツバーグは、組織を設計するときの基本仮設を明らかにしている。それは、「効果的な組織は、設計要素間の内部的調和だけでなく、状況要因との適合性、即ちコンフィギュレーションを成し遂げている；effective organizations achieve an internal consistency among their design parameters as well as compatibility with their situational factors−in effect, configuration.」というものである（Mintzberg:1983a,pp.151-152）。この仮設は「効果的な組織は、全体を一緒にまとめる、即ち内部的諸要素の一貫性、諸過程の調和、状況との適合を成し遂げる」という前提に基づいている（Mintzberg:1989,p.254;邦訳 p.396）。

　ここでコンフィギュレーション（configuration：以下、CONFIG と記す）は、「諸要素が相互関係で結ばれており、互いに調和（harmony）を維持しながら1つの全体として機能するもの」を指していることから、その本質はシステムであるといえる（Mintzberg:1989,p.96;邦訳 p.150）。

　本節では、CONFIG の基本原理を検討した上で、CONFIG の理論的枠組み

を乗り越えるアプローチについて説明する。

1.　形と力の原理

(1)　形の原理：類型化

　第2章で組織の基本的類型を考察する際に用いた5つのロゴタイプ（logo）は、CONFIG を指す。その辞書上の意味では、configure が「①（ある型に合わせて）形創る；適合させる、②（物をある形に）配置する、形成する；（機器を組み合わせて）システムを構成する」になっており、configuration が「①（部分・要素の）相対的配置、②（地表などの）形状、地形、地勢、輪郭」になっている（竹林編:2002,p.524）。

　組織は、基本的属性（即ち、主要部分、調整メカニズム、設計要素、状況要因）を様々な方法で布置している（configure）（Mintzberg:1989,p.94;邦訳 p.147）。まるで人間の頭、胴体、手、足の違いによって外貌が異なるのと同じく、組織も基本的属性の布置の違いによって形（forms）が変わってくる。

　組織研究において、CONFIG アプローチを用いることには次のような意義がある（Mintzberg:1989,pp.96-97;邦訳 pp.150-153）。

　第1に、CONFIG は今日まで生き延びてきた強い組織の形態（即ち、理想形）を代表している。これは、「特定環境の下では限られた種（species）しか生存できなくなる」という進化論的な捉え方である。つまり、これまで生き延びてきた組織は、環境に最も適応してきた類型に限るというのである。

　第2に、CONFIG は組織を効果的に機能させるための道標になる。CONFIG の本質は調和（harmony）にある。組織は、内部要素の間で一貫性（consistency）を得るために、仕事過程にシナジー（synergy）を創造するために、そして外部状況との適合性（fit）を確立するために、一定の CONFIG に向かっていく。

　第3に、CONFIG は組織を戦略的に転換する際に用いられる。組織が外部環境と合わなくなったとき、CONFIG を変えることが効率的となる。連続的、かつ漸進的に適応を続けながら僅かに変化するよりも、むしろ1つの統合された塊（cluster）として、1つの CONFIG から別の CONFIG へ戦略的に一大転換する方が望ましい場合が多い。

　第 4 に、CONFIG は組織を理解するときに役立つ。美術館で絵画を鑑賞するとき、まず作品のテーマを取り入れながら、作品全体としてのまとまり（gestalt）やイメージ、ムードなどを鑑賞し、その後、筆致の粗さ、色合いの強度、線の流れなど特定の属性に注意を払う方法が効果的であろう。組織においても、まず複雑なシステムについて総合的視点（synthesis）から全体を理解し、その後、部分について分析的視点（analysis）から詳細な内容を理解する方法がより効果的であるといえる。

　このように組織の形を類型化した CONFIG は、複雑な現実の組織を分かりやすく理解する目的で単純化した純粋形を意味するので、それに合致する組織は実際に存在しない。しかし、組織を類型化して考察することには、次のようなメリットがある。

　第 1 に、単純化して分類することにより、類型別に組織の特徴が容易に理解できる。それは、特定分野（業界）の組織が特定の形を好む傾向が強いからである。例えば、量産体制の製造会社や安全第一主義の交通機関では機械的形が、高度の専門職業人が仕事の主役になっている専門教育機関および医療機関では専門職業的形が、変動的な環境の中のベンチャー企業では革新的形が好まれる。

　第 2 に、組織が戦略的ニッチ（隙間）を決めるときに役立つ。例えば、レストランを開業する場合を考えてみよう。長い現場経験を通して熟練された人が自分の腕前を発揮したいなら自分直営のレストラン（企業家的形）、限定された料理の作り方やサービスをマニュアル化してファーストフードのような料理を提供したいなら大衆レストラン（機械的形）、地域別または顧客別市場を狙って多様な顧客のニーズに対応したいなら複数のチェーン店舗レストラン（多角的形）、和食・洋食・中華食などの分野別専門資格を持つシェフを雇って専門料理を提供したいならグルメ向けの高級レストラン（専門職業的形）、健康食などのこだわりのある顧客に特化した料理を提供したいなら創作料理レストラン（革新的形）、という戦略的選択があり得る。

　第 3 に、組織および組織メンバーの特性を説明するステレオタイプ（stereotype：単純化された固定観念）として用いることができる。例えば、スイス人は秩序（order）を好むので機械的形を好み、海外で活動している中国人は

個人的な先導力に基づいた巨大な帝国を築き上げようとするので企業家的形を好む。日本人は強いイデオロギーを持っているので伝道的形を好み、イタリア人は政治的力のパワー・ゲームを好む。高学歴者の多いスウェーデンでは創造的デザインの伝統が引き継がれており、リーダーシップに頼らず協同と合意への選好が強いので革新的形が好まれる。高学歴者の多いカナダ人もリーダーシップに頼らないものの、革新や協同する精神が弱く、1人1人が独立して仕事することを好むので専門職業的形が適している。なお、アメリカでは強い競争主義社会の中で成長してきた多種の大規模組織が見られるので、多角的形が最も好まれるといえる（Mintzberg:1989,pp.260-261,邦訳 pp.405-407、このような解釈に関する明確な根拠はないものの、概ね共感できる部分もある）。

　第4に、組織を効果的にマネージするときに役立つ。CONFIG は諸要素が調和された理想的な状態を意味するので、それぞれの組織が目指すべき方向性を示している。例えば、企業家的形ならトップが強いリーダーシップを発揮しながら組織全体を直接監督すること、機械的形なら基準や手続きに基づいて仕事の能率を高めること、多角的形なら標準化されたアウトプットにより中間管理層に対する厳しい業績評価を行うこと、専門職業的形なら専門職業人が標準化されたスキルや知識に基づいて高度のサービスを提供すること、革新的形ならメンバーがプロジェクト・チームを作って課題を解決することに積極的に取り組むことが求められる。

(2)　力の原理：統合的枠組み

　組織を類型化することは、複雑かつ多様な現実組織を理解するときに役立つ。実際の組織は、どれか1つの類型に適合するかのように見える。例えば、仕事内容の多くがマニュアル化されたホテルは機械的組織に、そして様々な事業を営んでいるコングロマリット企業は多角的組織にみえる。

　しかしながら、組織をさらに分析すれば、1つの類型のなかにそれと異なる類型を見つけることができる。トップの経営理念が組織全体に強く浸透されているホテル（機械的組織）は、企業家的組織にも見えるし、本社が各々の事業単位を統制の道具として用いるコングロマリット企業（多角的組織）は、機械的組織にも見える。このように、実際の組織は類型のどれ1つにも当てはまら

ず、いくつかの類型が同時に見られる。これは、全ての組織をいくつかの範疇
（category）に当てはめることに限界があるということである。そこで類型化
から生じる限界、即ち「形の原理」の限界を超えるために、「力の原理」が必
要とされる。

　組織を効果的に考察するためには、**分類（lumping）** と **分離（splitting）**
という 2 つのアプローチが求められる。前者は組織間の共通点に着目して、類
似している同士を同じカテゴリーにまとめる方法、即ち一貫性（consistency）
を重視するものである。それに対して、後者は組織間の微妙な相違点を見つけ
て区分する方法、即ち差別性（distinction）を重視するものである。そこで、
組織をより正しく理解するためには、まず、形の原理に基づいて、類似した形
の組織をいくつかのカテゴリーに分類し、その後、力の原理に基づいて、同じ
分類のなかの組織同士の相違点や特徴を比較しながら分析することが必要とさ
れる（Mintzberg:1989,p.254;邦訳 p.395）。

　組織を理解する際に類型化は大いに役立つが、それだけでは限界がある。
従って、現実の組織をより正しく理解し、効果的に設計するためには「分類を
超える分離へ」、即ち「一貫性を超える差別性へ」のアプローチが求められる。
このアプローチは、これまで述べてきた組織の 7 つの類型、即ち CONFIG を
超えるものであり、「1 つへ戻ると共に、7 つを通り過ぎる：goes back to
one and goes past seven」という方法である。つまり「それは、形を力と
して扱うことによって、言い換えると、CONFIG を全ての組織の上に作用し
ている根本的な諸力の単一統合枠組みと見なすことによって、1 つへ戻る。そ
してそれは、真に創造的な組織はそれ自体のニーズに適切な形を独自的に設計
するものだと示唆することによって、7 つを通り過ぎる：It goes back to
one by treating the forms as forces, in other words by viewing the
configurations as a single integrative framework of fundamental forces
that act on every organization. And it goes past seven by suggesting
that truly creative organizations design forms uniquely suited to their
own needs.」という捉え方である（Mintzberg:1989,p.253;邦訳 p.394）。

　以上で述べた組織における形と力の関係を表したものが〈図表 3-4〉であ
る。

〈図表 3-4〉　組織における形と力

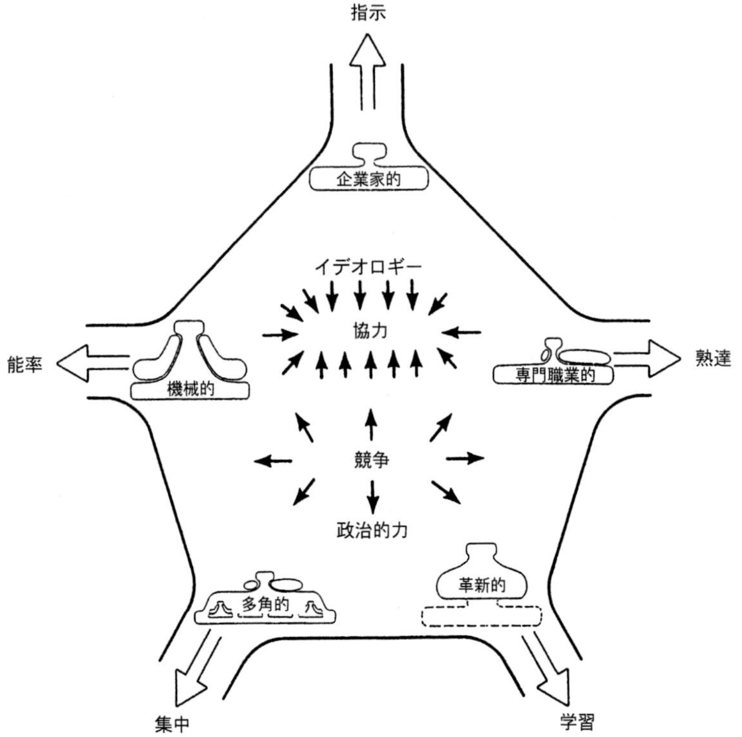

指示

企業家的

イデオロギー

協力

能率　　　　　　　　　　　　　　　　　　熟達

機械的　　　　　　　　専門職業的

競争

政治的力

多角的　　　　　　革新的

集中　　　　　　　　　　　　　　学習

出所：Mintzberg(1989),p.256;邦訳 p.398.

　組織に特定の力が強く求められ、その力が組織全体を支配することになると、それに相応しい CONFIG、即ち形が作られる（Mintzberg:1989,pp.256-257;邦訳 pp.399-400）。

　①企業家的形：指示（direction）という力を追い求める。そのため戦略尖は、組織の行くべき方向がどこかをメンバーに明確に示す。

　②機械的形：能率（efficiency）という力を追い求める。そのため技術スタッフは、秩序維持のための、また仕事を計画立案された通りに実現するための標準や規則を設ける。

　③専門職業的形：熟達（proficiency）という力を追い求める。そのため作業核の専門職業人は、他人からの干渉を避け、自律的に自分たちのスキル

や知識を熟達して仕事に適用する。

④多角的形：集中（concentration）という力を追い求める。そのため中間
　管理層は、アウトプットによる統制の下で、委譲された権限を用いながら
　任された事業に集中する。

⑤革新的形：学習（learning）という力を追い求める。そのため支援スタッ
　フの専門家は、変化や適応の重要性を呼びかけ、皆が革新のために協力す
　ることを要請する。

　図表において、5つの角に示された類型は、現実では見られない**純粋形**
（**pure forms**）である。従って、現実の組織はこのうちどれにも当てはまら
ず、五角形のなかで浮遊（float around）している。それは、形が同様にみ
える組織同士でも、それぞれ求めている力の度合いの差異により、五角形のな
かで位置が変わるからである。要するに、組織の形は多かれ少なかれ力を発し
ているため、**あらゆる形は力をも表している**（**every form can be thought
to represent a force too**）。

　一方、伝道的組織と政治的組織は、独自的な形を持っていないため図表には
表せない。またイデオロギーと政治的力は、組織全体に重ね合わされる特性を
持っているので、五角形の中央部分に示されている。前者はメンバーに協力
（cooperation）、即ち団結する力を追い求めるため矢印が内へ向かっているの
に対して、後者はメンバーに競争（competition）、即ち分裂する力を追い求
めるため矢印が外へ向かっている。

　要するに、組織を正しく理解し、効果的に機能させるためには、形と力に関
する2つのアプローチが必要とされる。1つは、自分の組織にとって最も頼り
になりそうな手本を組織の基本類型から選択すること、即ち**形の選択**（**port-
folio of forms**）に取り組むことである。もう1つは、組織に存在する諸力
を調和しながら組織全体の成果をあげること、即ち**力のシステム**（**system of
forces**）に取り組むことである。前者は分類のことであり、後者は分離のこと
である。

　このような形と力の原理は、組織のマネジメントにも適用できる（Mintzberg:
1989,pp.257-258;邦訳 pp.400-401）。私たちが五角形のモデルを用いて、形の選

択による「組織の位置」を把握しながら、力の行使による「組織の移動」を分析していけば、組織を効果的に診断し、処方箋を出すことができるといえよう。

2.　形と力の結合

(1)　汚染と牽制

　現実の組織が5つの基本的類型に似ているほど、組織には**汚染**（contamination）の問題が生じる。汚染とは、組織のある部分が他の部分に対して支配的な力を発揮するようになり、その力による特有の雰囲気が組織全体に形成されてしまうことを指す。例えば、成熟した製品を量産する会社（即ち、機械的組織）では、能率志向という支配的な力が組織全般に浸透されていて、社内の研究所にまで通常のルールや手続きを追及するため、本来の研究所の持つべき革新への力が弱まってしまう。これとは対照的に、革新的組織では、学習という支配的な力が全体的に形成されているため、能率という部分的な力が汚染されてしまう。

　このように組織類型は、単なる組織構造や権力システムの仕組みを指すものではなく、組織メンバーの考え方や価値観にも影響を及ぼす組織文化のように、一種の生活様式（a way of life）を意味するものである。

　一方、組織を汚染から守りつつ、正常に機能させるためには、支配的な力に対して多かれ少なかれ対応できる他の力が求められる。それは組織の支配的な力による汚染に対する**牽制**（containment）である。1つの支配的な力が他の力のシステムを完全に汚染してしまうと、組織は機能不全を起こして自己破壊へ至るため、支配的な力を牽制できる他の力を持たなければならない。

　〈図表3-4〉の5つの角に示されている支配的な力が他の力を全て取り払えば（即ち、完全に汚染されれば）、バランスを崩してしまう。企業家的組織の場合、戦略尖の指示に対して牽制する勢力がないと、ブレーキの効かない危険物になってしまうため、熟達や能率などの力によって牽制されることが望ましい。また、専門職業的組織の場合、専門職業人が持っている熟達という支配的な力に対して牽制する勢力がないと、管理機能が骨抜きとなり、無政府状態（anarchy）に陥ってしまうので、能率や学習などの力によって牽制できるような仕組みづくりが重要である。

(2)　結合と亀裂

　組織を効果的に設計するには、様々な形および力を**結合（combination）**しながら全体的に調和（harmony）を維持することが基本的条件となる。その具体的な例として、以下のようなものがあげられる。

　第1に、異なる形を結合している例である。新聞社は印刷部門の機械的形と編集部門の専門職業的形を結合しており、量産体制の会社は生産部門の機械的形と研究開発部門の革新的形を結合している。そして銀行は、大衆顧客担当部門の機械的形と特定顧客担当部門の革新的形を結合している。

　第2に、同じ形を保ちながら異なる力を結合している例である。交響楽団には、演奏者たちが持っている専門的演奏スキルという「熟達」と、指揮者が持っている集権的指揮力という「指示」が結合されている。

　第3に、形と力を同時に結合している複雑な例もある。ソフトウェア関連の事業部を持つコンピュータ業界の多国籍企業では、多角的形が最も多い。その業界で著しい成果をあげているのは、形と力を効果的に結合している会社である。つまり、形の場合、地域別事業部制構造を持つ多角的形と、ソフトウェア事業部の革新的形を結合している。さらに、力の場合、限られた資源を用いて特定事業の成果を最大化するための「集中」と、改革のために試行錯誤を繰り返す「学習」と、着実に業績を得るための「能率」を結合している。

　ところが、形および力を結合することにより、組織内に新たな問題が生じることもある。それは、1つの支配的な力が組織全体に絶対的な影響を及ぼす汚染の問題とは異なる。汚染は組織の一部分ではなく、全体が1つの色に染まることを指す。一方、結合は部分の異質性を調和することであって、1つに統合されることではない。結合の過程では、異質な形および力が結びつけられる（組み合わせられる）ので、断層のような**亀裂（cleavage）**が自然に形成され、組織内部に多かれ少なかれコンフリクトも発生する。例えば、熟達したスキルを持っている交響楽団の演奏者たちと、集権的に指揮をとっている指揮者との間に、また作業の能率を優先する生産部門の管理者と、革新を優先する研究者との間には亀裂が生じやすい。その他にも、多角化した大企業において、当該事業に限って多大な権限が与えられた事業部と、全社レベルで全ての事業部を統制する本部との間に亀裂が生じ得る。

　ここで注意すべきことは、諸力の結合から自然に生まれる亀裂や対立を完全に排除して完璧な統合を目指すことは、組織を不安定にするという点である。厳重に統制される人々は、自律的に活動できるほど幸福ではないかも知れないが、混乱が起きて苛立たされることより良いと思うので、不完全な結合、即ち亀裂を選好する傾向がある。亀裂は結合へと組織化するプロセスで伴う代価であり、組織にとって必要悪（necessary evil）といえる。要するに、結合から生じる亀裂を排除するよりも、むしろその程度を緩和することによって建設的な方向へ導くことが大切である。

(3)　転向

　外部的または内部的勢力に大きな変化が起きると、組織はある CONFIG から別の CONFIG に変わる、いわゆる**転向（conversion）**する傾向が強くなる。前述したように、組織を戦略的に更新する際には、CONFIG を連続的かつ漸進的に変更することよりも、1 つの統合された塊として一大転換することが望ましい。転向には以下の 2 つのパターンがある。

　第 1 に、外部的な勢力が大きく変化するときの転向である。これまで機械の自動化に頼ってきた大量生産体制の製造会社は、当該産業の技術革新が進むことによって、専門職業人のスキルや知識を用いる多品種少量生産体制への移行が求められる。そのとき、既存の機械的 CONFIG は専門職業的 CONFIG へ転向される。また、劇的な外部変化に見舞われ危機に直面した会社が、安定を求めるため暫時的に企業家的 CONFIG へ転向することがある。そして、高度成長期にコスト削減と能率を重視していた機械的 CONFIG が、成熟期を迎えて製品の差別化を重視する革新的 CONFIG へ転向することもある。

　第 2 に、内部的な勢力が大きく変化するときの転向である。1 人の起業家を中心に営まれた小規模会社が規模拡大により個人的権力に限界を感じるとき、管理体制と能率を重視するため企業家的 CONFIG から機械的 CONFIG へ転向する。また、コンサルティング会社が恒久的な変化への対応に疲れて成果を出せなくなったとき、不確実性の高い創造的活動を止めて標準化されたスキルおよび知識の適用を重視するため、革新的 CONFIG から専門職業的 CONFIG へ転向する例もある。

3.　矛盾する力の調和

　上述したように、正常な組織であれば汚染と牽制、そして結合と亀裂という相反する力が同時に存在する。この他にも組織には、正反対の方向性を持ちながら組織全体に重ね合わされる**協力**（cooperation）と**競争**（competition）という力がある。協力と競争は組織全体に影響を与える、互いに矛盾する力であるため、組織を設計するときに両力をどのように調和させるかがカギとなる。

　協力は、イデオロギーのように組織全体に結集や合意を求める力であり、組織内の力が亀裂することや汚染されることを軽減する機能を果たしている。組織のメンバーは、イデオロギーを通じて組織と自分との関わりを確立しながら、組織のニーズと自分のニーズを一体化しようとする。イデオロギーは、組織を保護する光輪のように内側に向いている力であるが、それをつなぎ止める他の力がないと、統制がつかなくなる。つまり、組織の内向的な力が行き過ぎると、外部との接触を失い、内側へ閉じこもる結果を招く。

　一方、競争は政治的力のように、組織が目指す方向とは異なる方向へ働く力である。それはコンフリクトと対決を促し、結果的には組織に存在するあらゆる力を分散する。政治的力は、イデオロギーに比べてより自然に発生する。その理由は、多数のメンバーの力を結集するためには、メンバーの貢献意欲とマネジャーの努力が必要であるが、そもそも組織を放置すると、政治的力や競争する力が自然に生まれるからである。

　協力する力と競争する力、即ちイデオロギーと政治的力は、組織の有効性を促進することもあれば、阻害することもある。イデオロギーは、組織を刺激し、人々を頼りにして活性化を促す反面、万事を合言葉（the word）で解釈しようとする傾向があるので、組織の根本的な変化を妨害する。それに対して、政治的力は変化を妨害し資源を浪費する反面、変化の必要性を認識していても実践しない人々を喚起するので、組織の変化を促進する。

　要するに、協力を促すイデオロギーは、組織を周囲から隔離することもあれば、競争を促す政治的力は、組織を状況変化に適合させることもある。従って、組織を効果的に設計するためには、相反する力の調和を維持することが極めて重要である。その中でも、イデオロギーと政治的力の間の相互牽制は欠か

せない。政治的力はイデオロギーの隔離性を抑制し、イデオロギーは政治的力の破壊性を抑制する。これは、紙（イデオロギー）は鋏（政治的力）を包み込むが、鋏は紙を切り破る、また石（機械的形）は紙（イデオロギー）をしわくちゃにするが、紙は石を包み込む原理に似ている（Mintzberg:1989,p.278;邦訳p.434）。

　最後に、**ジグソーパズル（jigsaw puzzle）とレゴ遊び（lego）** の違いが示唆する点は、組織を効果的に設計する際に役立つ（Mintzberg:1989,p.255;邦訳p.396）。ジグソーパズルは、ピースを予め決まった方法で当てはめる遊びであり、そこには既知のイメージを引き起こすプロセスがある。それに対して、レゴ遊びは、ブロックを使って自由自在に様々な形態を作る遊びであり、そこには新しいイメージを創造的に作り出すプロセスがある。組織をジグソーパズルのように設計することは、設計要素を予め決まった方法で組合せながら既知のイメージに合わせていくことを意味する。一方、組織をレゴ遊びのように設計することは、設計要素を綜合し、自由に用いて新しい形態を創造的に作っていくことを意味する。

　要するに、組織を効果的に設計することとは、ジグソーパズルよりもむしろレゴ遊び的な発想に基づき、組織の基本的属性を設計用ブロックとして用いながら、既存の枠組みを乗り越えて新しい形と力を創り出すことを意味する。

第3節　組織のライフサイクル

　自然界の生物体のように、組織にもライフサイクルがある。つまり、組織も時間の経過と共に成長・衰退していく。その一般的な傾向として、生成期には企業家的な形態が多く、成長・発達して行くにつれ機械的な形態へ移行するが、衰退していくと、政治的な形態に変わる。また、組織の内部および外部に存在する力が変化することによって、組織形態も変わっていく。

　本節では、ミンツバーグが示した組織のライフサイクル・モデルの段階別特徴を説明した後、このモデルが私たちに示唆する意味を明らかにする。

1. ライフサイクル・モデル

　組織の生涯は、〈図表 3-5〉で示されるように 4 つの段階に分かれる。以下で、段階ごとに見られる主な特徴について説明する（番号がついてある斜体文章は、現実の組織社会で一般的に見られる傾向を表す仮説である）。

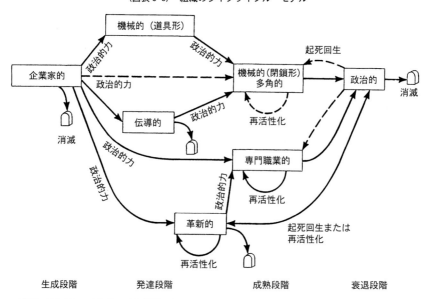

〈図表 3-5〉　組織のライフサイクル・モデル

出所：Mintzberg (1989),p.283;邦訳 p.441.

(1)　生成段階

1.　組織は、典型的に企業家的形で設立される（個人的創造）。

　最初の段階では、ミッションを持つ 1 人のリーダーが資源を用いて新しい組織を創る。従って、創設リーダーは大きな個人的権限を持つ。しかし、新生組織だけでなく、既存組織においても、官僚制的な圧力から解放され、自分の思うどおりに物事を進めることを好む有力なリーダーがいる場合、企業家的形が現れることもある。

2.　大部分の若い組織は、創設リーダーが在任している限り、企業家的形に留まる（企業家的力量の永続）。

　その主な理由として、組織がリーダーの戦略的ビジョンを中心に築かれていること、人々がこれまでに個人的関係を築き上げてきたリーダーに対して忠誠心を誓っていること、リーダーが強固な意志を持っているため個人的権力を保持し続けようとすることが考えられる。

（2）　発達段階

　3.　企業家的組織は、脆弱である：組織の多くが死滅し、他は遅かれ早かれ別のCONFIGへ移行する傾向がある（不安定）。

　企業家的組織は、1人のリーダーに依存しすぎるため根本的に不安定である。自己修正できる合理的なメカニズムがないと、リーダーに一度の突発的事故が発生したとき、調整できなくなる。また、1人のリーダーが過多の権力を持って詳細な業務まで関わると、戦略的感覚を失い、ご都合主義的になる。創設者のリーダーシップに問題が発生すれば、組織の消滅までは行かなくても、企業家的CONFIGが消滅する傾向が多い。

　4.　共通ではないものの、企業家的組織に最も自然に見られるのは、カリスマ的ビジョンを持つリーダーが去った後に伝道的CONFIGへ移行することである（カリスマの制度化）。

　リーダーが強いミッションを残したままいなくなると、その信奉者たちは伝道的CONFIGを作ってメンバーの選抜、社会的同化、教化を通して確固たる信念のシステムを補強するなど、前のリーダーのカリスマを制度化する傾向がある。

　5.　専門力量に依存する新しい組織は、比較的迅速に革新的CONFIGへ移行するか、それとも専門職業的CONFIGへ移行する傾向がある（メリトクラシー化）。

　メリトクラシー（meritocracy）とは、成績重視主義、エリート支配、能力（実力）社会を意味する。組織がエキスパートの専門力量に多く依存する創造的設計を目指していれば革新的CONFIGへ、また標準化された技能の応用を目指していれば専門職業的CONFIGへ移行する。このうち、専門職業的CONFIGへの移行は、迅速に行われるだけでなく、移行後もすぐ組織活動が可能となる。その理由は、新しいCONFIGへ移行した時点で専門職業人は、

必要とされる専門的スキルや知識を既に備えているからである。

6.　専門職業的 CONFIG と革新的 CONFIG の間で選択の機会があるなら、若い組織の大部分は、たとえ後に専門職業的 CONFIG へ移行を望むことになるとしても、ひとまず革新的 CONFIG を選ぶであろう（まず実験、後に革新の制度化）。

エキスパートに熱意があり、システムにも新しい開拓の機会があるとき、組織が生き残るためには、競争相手と差別化する必要がある。そこでまず、試験的に革新的 CONFIG が好まれる。その後、手続きが確立され、エキスパートが独自の好みを持ちはじめ、顧客のニーズが繰り返されるなど物事が落ち着くと、専門職業的 CONFIG へ移行する。つまり、新奇な解決策をアドホックに開発することから、標準化された解決策を常軌的に配給することに変わるということである。

7.　イデオロギー的な圧力に影響されず、専門力量にも依存しない企業家的組織は、終局的に機械的 CONFIG へと駆り立てられるが、普通はまず道具形機械的 CONFIG をとる傾向がある（乗っ取り）。

機械的 CONFIG において道具形と閉鎖形の差異は、前者の場合、強い権限が外部影響者の手元にあるのに対して、後者の場合、強い権限が内部管理者の手元にある点である。専門力量やイデオロギーの基盤が脆弱な発達途上の組織は、乗っ取りの絶好の対象となる。また、内部勢力を掌握できない組織に対して、外部影響者は組織内部に管理体系を設けることや仕事を標準化することによって、組織を効果的に統制することができる。また、稀な例ではあるが、政府がカリスマ的リーダーの下で極めて強くなり、広範な管理体系を整備した独裁国家へ発展すると、閉鎖形機械的 CONFIG を築くこととなる。

(3)　成熟段階

8.　伝道的 CONFIG は、消滅するものを除いて、道具形機械的 CONFIG と同様に、終局的に閉鎖形機械的 CONFIG へ移行する傾向がある（管理の必然性）。

閉鎖形機械的 CONFIG への移行は二通りあり得る。1 つは、伝道的 CONFIG からの移行である。組織の発達に伴い、メンバーを支えてきた崇高

なミッションよりも仕事の成果や能率が重要視されるようになると、管理者を
中心とする更なる管理体系の整備が求められる。伝道的CONFIGは、孤立と
同化という両刃の上に存在する。組織特有のイデオロギーを強く守ろうとすれ
ば外部から孤立するが、たとえ、孤立によって生き延びたとしても今度は外部
との同化が求められる。時の経過と共にイデオロギーの刃先が鈍くなるなかで
伝道の活動範囲を広げるためには、イデオロギーを定型化するなど、管理体系
の構築が必要となり、伝道的組織が閉鎖形機械的CONFIGへ移行する傾向が
ある。いわば管理がイデオロギーに取って代わることである。

　もう1つは、道具形機械的CONFIGからの移行である。道具形機械的
CONFIGは、外部影響者によって保護されているため、簡単には消滅せず、
閉鎖形機械的CONFIGへ移行する傾向がある。道具形機械的CONFIGが複
雑な形態で大きく成長すると、外部からの公式的権限だけで統制することには
限界があるため、強い統制体系を内部に構築せざるを得なくなる。そこで、統
制に必要な実際情報を持っている内部管理者の権力がさらに強くなり、結果的
に閉鎖形機械的CONFIGへ移行する。例えば、株式会社の規模が拡大すると
共に株式所有が分散すれば、外部の株主よりもむしろ内部管理者が会社を効果
的に統制することになる。また、政府が公共団体に対して効果的に統制できな
くなった場合、公共団体は内部管理者により自己都合的なシステムとして運営
されることがある。

　*9. 閉鎖形機械的CONFIGは、多角的CONFIGへの移行を助成すると共に、
翻ってそれによって助成される*（多角化）。

　多角的CONFIGは精巧化された機械的CONFIG（即ち、本部の傘下にいく
つかの事業部が集められた形）にすぎないため、機械的CONFIGが多角的
CONFIGへ移行することはあまり重大な転向ではない。従って、この移行は
管理者によって統制されると共に、外部影響者に対して閉鎖された官僚制的構
造としての組織の地位をさらに高揚する傾向がある。

　*10. これまで述べてきた移行の大部分は、政治的CONFIGの形、即ち典型
的には短期的な対決の形で、時には長引く不本意同盟の形で、推進されたり
阻害されたりする傾向がある*（過度期的政治色化）。

　あるCONFIGから他のCONFIGへ移行する過程で、次のような、移行に

抵抗する力や内部コンフリクトが生じる傾向がある。

第1に、企業家的 CONFIG から道具形または閉鎖形の機械的 CONFIG へ移行するとき、創設者またはその後継者と、乗っ取りにより組織を自分たちの統制手段に利用しようとする外部影響者との間で政治的力が生じる。また、個人的統制を好む創設者と、自分たちの影響力を拡大するため管理システムに力を注ぐ管理者との間でも政治的力が生じる。

第2に、企業家的 CONFIG から伝道的 CONFIG へ移行するとき、カリスマ的なリーダーの信念が制度化されることに対して、既存の権力を持っている保守派と変化を求める改革派との間で政治的力が生じる。

第3に、企業家的 CONFIG から革新的または専門職業的 CONFIG へ移行するとき、影響力を増大していくエキスパートまたは専門職業人と、個人的な統制力を拡張しようとする企業家的リーダーとの間で政治的力が生じる。

第4に、道具形機械的 CONFIG から閉鎖形機械的 CONFIG へ移行するとき、外部影響者が組織の統制を容易にするための手段として雇った管理者と既存の内部管理者との間で政治的力が生じる。さらに組織が巨大化すると、外部影響者による統制が弱くなる反面、内部管理者の権限はますます強くなる。

第5に、伝道的 CONFIG から閉鎖形機械的 CONFIG へ移行するとき、組織に受け継がれてきた伝統的なイデオロギーを忠実に守ろうとする人々がいるので、管理的統制は避けられなくなる。その人々が伝統的イデオロギーの地盤を守ろうとすることに対して、管理者は管理体系を常軌化し、公式的権力を増大しようとするため、政治的力が生じる。

⑷　衰退段階

11. 外部統制の不在は、成熟段階にある閉鎖形機械的 CONFIG および専門職業的 CONFIG に腐敗した影響力を及ぼす傾向があり、終局的にそれらを政治的 CONFIG へ駆り立てる（終局的政治色化）。

閉鎖形機械的 CONFIG の管理者と専門職業的 CONFIG の専門職業人は、ほぼ絶対的なパワーを持っているので、それを傲慢に行使すると、腐敗を招きコンフリクトを生むこととなる。管理者が自分の私的な帝国を築くため戦うとき、また専門職業人が互いに自分の能力を威張るとき、内部的に政治色化して

いく。

　また、革新的 CONFIG から政治的 CONFIG への移行も起きる。革新的
CONFIG は、構造が極めて有機的であり仕事も極めて変動的であるため、組
織が正常に機能するときも摩擦は必然的に起きる。従って、革新的 CONFIG
が衰退段階の政治的 CONFIG へ移行することは、恒久的な移行ではなく、暫
時的な困難状態で起きることである。

　*12.　更新か、または何らかの人為的支援の形を除けば、政治的 CONFIG の
　持続は、終局的に組織の消滅に帰着する*（人為的支援）、（政治的消滅）。

　そもそも組織が人々に闘う場を提供するものではないため、政治色化が広範
囲にわたって長期化すれば、組織は消滅へ向かっていく。組織を消滅から阻止
する方法は 2 つある。1 つは人為的支援であり、もう 1 つは組織の更新である
（更新については、次の仮説 13 で述べる）。例えば、問題の多い規制機関に対
して、政府が公的資金を流入し続けて人為的に支援する場合がある。しかし、
それがいつまでも続くことはない。政治的力は、人為的支援の下で自然に増殖
し、それを野放しにしておくと、組織を食い殺すこととなる。組織は更新しな
い限り、終局的に消滅する。

　*13.　組織の更新（renewal）は、成熟段階では漸進的な再活性化（revitali-
　zation）の形で、また衰退段階では劇的な起死回生（turnaround）の形で
　起きる*（再活性化）、（起死回生）。

　組織は、自ら更新の能力があれば生き延びるが、そうでなければ死滅する。
企業家的 CONFIG の絶対的リーダーが適応能力を失うとき、伝道的 CONFIG
が外部世界から安易に隔離するとき、革新的 CONFIG が自由奔放になってし
まうとき、組織は消滅する。

　ライフサイクルの初期段階では、組織が危機に直面したとき、既存の
CONFIG のまま自らを更新するよりもむしろ、次の段階のいずれかの形へ進
むことによって生き残る傾向が多い。つまり企業家的 CONFIG は、リーダー
が変われば、別な形態の企業家的 CONFIG ではなく、権力の中心を変えて道
具形機械的 CONFIG か革新的 CONFIG へ移行する傾向がある。また伝道的
組織は、イデオロギーの拘束を乗り越えて適応するよりも、むしろ閉鎖形機械
的 CONFIG へ移行する傾向が多い。

更新はライフサイクルの後期段階でよく起きる。組織を更新する方法には、再活性化と起死回生がある。

①再活性化（revitalization）

再活性化は、組織自らを更新する能力、即ち基本的な CONFIG をそのまま維持しながら変化する能力を現す漸進的な過程である。それは成熟段階とその周辺に多く見られるが、その理由は、組織がある程度成熟してからでないと、自らが更新する能力を持てないからである。

まず、革新的 CONFIG は、環境の変化に対して直接的に反応し、連続的に自らを更新するため、最も自然に再活性化する傾向がある。そのとき、イデオロギーは変化を方向づける重要な役割を果たす。

次に、専門職業的 CONFIG において、特定の仕切りの創造および内部活動のような狭い範囲では再活性化が起きやすいが、影響力が作業核に分散されているため、広い範囲では再活性化が起き難い。変化が求められるとき、イデオロギーにより全体の方向性を変えることができれば再活性化に進めるが、それができなければ政治的 CONFIG へ移行される。

最後に、閉鎖形機械的 CONFIG は、変化を促すような力を多く持たないため、再活性化が起き難い（図表に点線で表示）。自らを再活性化するためには、政治的力とイデオロギーが調和されなければならない。そこで、政治的力はパワー・ゲームを通じて戦略的イニシアティブを生み出す役割を、イデオロギーはこうした戦略的イニシアティブに対して受容的な風土づくりを助成する役割を担うことになる。

②起死回生（turnaround）

衰退段階に入った組織が、自らを守るために何らかの人為的な支援手段を講じても失敗し、生存が危うくなったときは、起死回生を通じて経済的に更新を図ることが求められる。そのとき、便益対費用の比率（benefit-cost ratio）のうち、どれに働きかけるかを決めることがカギになる。「作業的起死回生」は作業核で発生する費用の削減に働きかける方法であり、「戦略的起死回生」は方向転換によって便益の増大に働きかける方法であり、「政治的起死回生」は組織自らを守るための人為的手段を用いて外部に働きかける方法である。

起死回生は、企業家的 CONFIG へ暫時的に逆戻りするときによく現れる。

それは組織が危機的局面に迫られたとき、既存の勢力を一時的に抑止させ、ビジョンを持つ強いリーダーに権力を集めて危機を乗り切らせるためである。

　そして、起死回生を最も受け入れやすいのは、閉鎖形機械的CONFIGである。その主な理由として、組織の権限が集中されているので乗っ取りが容易であること、規模がきわめて大きく影響力も大きいので組織が衰退すれば更新への圧力がかかってくること、成熟段階のCONFIGにイデオロギーが欠けていると漸進的な再活性化が起き難いことがあげられる。しかしながら、真の起死回生を実現することは容易ではない。それは閉鎖形機械的CONFIGが、そもそも劇的な変化を好まないため、戦略的起死回生よりもむしろ作業的起死回生や政治的起死回生を好むからである（例：会社の費用節減のための不適切な人員解雇、諸問題を抱えている公的機関に対する政府の不適切な債務保証）。ただし、このような起死回生は問題の再発を遅らせるだけであって、根本的な解決にはならない。従って、衰退段階の政治的CONFIGから閉鎖形機械的CONFIGへ戻る起死回生は、自然に起きることではなく、費用が高くつき、しかも努力が徒労に終わる傾向が強い（図表に点線で表示）。

　また、専門職業的CONFIGは、権限が極めて高度に分散されているため、幸運にも強力なイデオロギーの助けがあったとしても、統合により組織を変えるのは容易ではなく、まして政治的力により支配されれば事態は悪化する。専門職業人は組織が政治色化されたとき、専門的仕事に早く戻りたいという理由だけで、時として自分たちの政治的力を抑えて組織が生き延びるのを許すこともある（図表には、政治的CONFIGから専門職業的CONFIGへ戻るものを起死回生と名づけずに点線のみで表示）。

　一方、政治的CONFIGから革新的CONFIGへの起死回生は、より自然的な現象であり、普通に起きる。政治的CONFIGが革新的CONFIGへ容易に滑り込めるのは、必ずしも衰退が原因ではなく、革新的CONFIGが持つ流動的な構造が原因で統制力を簡単に失うからである。そして、同じ原因によって革新的CONFIGから政治的CONFIGへ戻りやすい傾向もある（図表に政治的組織と革新的組織の間を双方向の実線で表示）。

2. ライフサイクル・モデルの含意

　以上で述べたモデルが、私たちに何を示唆するかについて検討してみよう。

　第 1 に、生成段階から衰退段階までの流れは、一般的傾向を示している。それは、全ての組織に共通して見られる変化ではないものの、多く見られる主要な傾向、即ち必然的というよりはむしろ一般的な系列を表す（Mintzberg:1989, p.283;邦訳 p.440）。

　第 2 に、このモデルは、組織における構造の変化とパワーの変化に注目している。組織のライフサイクル・モデルに関する先行研究の大部分が組織の「構造の変化」を追跡しているのに対して、このモデルは時の経過と共に生じる「パワーの変化」にも注目している。このモデルでは、組織の発達過程に起きる構造の変化だけでなく、その背景にあるパワーの変化にも重点が置かれていることに注目したい。

　第 3 に、組織の更新に対する捉え方には、十分な注意が必要とされる。仮説 13 では、組織が漸進的な再活性化、もしくは劇的な起死回生により更新すると述べたが、果たして、ライフサイクル線上を逆戻りすることは可能かという議論があり得る（Mintzberg:1989,pp.298-299;邦訳 pp.464-466）。

　通常の組織は、危機に直面したときに企業家的リーダーの力量によって起死回生する。それは、組織構造を単純化し、権限をトップに集中させることによって危機的局面を乗り越えることであって、企業家的組織に戻るという意味ではない。起死回生は一過性の出来事に終わることであり、平常の慣行がそれにより暫時的に中止されることを意味する。例えば、機械的 CONFIG へ起死回生することは、機械的組織へ戻ることではなく、機械的組織の構造的特性を暫時的に活用することである。他の CONFIG へ移行しても、手続きや、それを設計した技術スタッフ、それを統制するマネジャーが消えて無くなることはない。つまり、革新的および専門職的 CONFIG へ起死回生する場合も、エキスパートの力を取り除くのではなく、単に組織が基盤を安定化し、元来の課業を再開できるようになるのを待っていることと同義なのである。

　第 4 に、このモデルは、目指すべき健全な組織社会のありさまを示唆している。このモデルの含意を一言でいうと、「組織の社会的奉仕は、一度頂点に到達したら、その後に衰退する」ことになる。組織が生き残って発達するにつ

れ、権力関係の拡散と機能の複雑化が進み、組織の意図が曖昧になってしまい、組織の成果も低下して行くが、皮肉にも組織の構造も肥大化するため、外見（makeup）はむしろ安定的にみえる。実際に成長の頂点を過ぎた組織は、方向性、信念だけでなく、外部支持者への奉仕といった力も減退する。そうなると、組織はシステムとしての組織自体とその中の有力メンバーを守ろうとするため、コンフリクトが拡散し続け、結果として組織の衰退を招いてしまう（Mintzberg:1989,p.300;邦訳 p.466）。

　社会が健全に機能するためには、古くて疲れ切った組織を新鮮な組織に取り替え、新鮮な組織を安定的水準まで保たせなければならない。その際に求められるのは、**個々の組織の更新（renewal of single organizations）**ではなく、むしろ**諸組織の社会システムの更新（renewal of our system of organizations）**である。

　長く生きてきた古い組織に若いエネルギーを注入し、組織を元気づけ、更新することは容易ではない。ライフサイクル・モデルは生命の連続（life sequence）を表すものであるが、このサイクルを経験するのは組織社会であり、少なくともそうであることが望ましい。私たちが、疲れ切った組織を生き長らえさせようと人為的に保護することは、組織のライフサイクルに対抗するという根本的な問題を引き起こす。それは、古い組織を無理をして人為的に保護することで新しい組織が犠牲になる問題である。つまり、新しい組織に与えられ、生産的に用いられるべき資源が、疲れ切った組織に投入されることにより枯渇してしまうということである。その結果が、私たちの組織社会に甚大な悪影響を及ぼす可能性は極めて高いといえる（Mintzberg:1989,p.30;邦訳 p.467）。

第Ⅱ部

個 人 行 動

　組織で起きる最も複雑かつ厄介な問題は、人に関わる問題である。一定の動きに規則性やパターンが見つかったらプログラム化される機械とは違って、人の思考や行動は、内的および外的状況によって常に変わり得るので、理解することも予測することも極めて困難である。

　組織に有能な人材がいても、その人の能力と担当業務が一致しなかったり、人間関係に葛藤やトラブルが起きたり、業績が公平に評価されなかったりすると、やる気が低下することにより、人の能力も発揮できなくなる。また、上司が権限を持って部下を動かすのも決して容易なことではない。自ら進んで行動せず、上からの指示がなければ動かない、いわば「指示待ち族」が多く、上司から指示や命令が出されても、面従腹背する部下も多い。

　そして、大勢の人々が集まって組織の共通目的を達成するプロセスでは、コミュニケーションを取りながら、考え方や行動を調整し合うことが欠かせない。情報の交換および共有が重要であると認識していても、人々が作った見えない壁によって情報の流れが遮られることも多々ある。

　このように複雑な人間の行動を理解する際に、価値観、態度、性格、感情、知覚などの属人的要素を検討するのも有意義なことではあるが、ここでは、組織における個人行動を考察する際に基本となる3つの理論を取り上げる。まず、人間は何によって行動が誘発され、やる気が向上したり、低下したりするのかを説明する（モチベーション：第4章）。次に、他人を動かす影響力の源泉を初め、影響力を持っている人の役割とその人に求められる能力を検討し（リーダーシップ：第5章）、最後に、人々の協働活動で起きる対話および行動の相互作用が果たす機能と、機能の活性化について明らかにする（コミュニケーション：第6章）。

第4章

モチベーション

　経営学におけるモチベーション管理の起源は、1900 年頃の「課業管理論」と 1930 年頃の「人間関係論」まで遡るが、モチベーションが理論として形成される直接的な背景になったのは、1950 年代にアメリカで生まれ、1960 年代に急速に普及した「行動科学」である。行動科学は、人間行動に関する科学的アプローチを基盤とするものであり、既成の心理学・社会学・文化人類学などの科学化と、情報科学の発展に伴う意思決定の科学化を目指したものである（二村:2004,p.5）。

　本章では、まずモチベーションの理論化に影響を及ぼした管理理論を概説する（第 1 節）。その後、モチベーション理論の二大山脈といわれる内容理論と過程理論を整理し（第 2 節）、そのなかで最も重要視されている内発的動機づけ理論（第 3 節）と達成動機づけ理論（第 4 節）を詳しく説明する。最後に、モチベーション理論を実際の職務に適用する 1 例として効果的職務設計について取り上げる（第 5 節）。

第 1 節　管理理論の発展

　経営学において、モチベーション理論が定着した背景には管理理論の発展がある。その中でも、管理者が作業能率や生産性を高めるために工夫した「科学的管理」と、作業員にやる気を持たせる真の原因が何かを究明した「人間関係論」、そして、これらの理論から発展した「行動科学」は、モチベーションの理論化に大きな貢献をしたといえる。

1. 科学的管理

経営学の父と呼ばれており、管理論の土台を築いたテイラー（Taylor, Frederick Winslow）の科学的管理（Scientific Management）では、作業員を動機づけ、生産性を上げる手段として金銭的報酬が用いられた。1900 年頃、工場で働いている作業員の中に怠業する者が多かったが、怠業の主な原因として、1 つは人間が本能的に楽を従っていること（自然的怠業）、もう 1 つは組織が間違った賃金体制を用いていること（組織的怠業）があげられる。このうち、組織的怠業が管理者を悩ませる大きな要因になっていたが、テイラーはその解決策として、次の 2 つの方法を提案した（藤田:2009,pp.76-81）。

①標準課業の設定

これは、目標となる課業を設けて作業員を科学的に管理する方法である。監督者の個人的経験や判断に頼ったこれまでの成行管理を止めて、「動作研究」と「時間研究」を科学的に行い、やるべき作業の内容を詳細に決めて、それに基づいて作業を統制する方法である。まず作業員の動作を分析し、無駄な非能率的動作や過ちを引き起こしやすい動作を徹底的に除いた唯一最善の動作を決める。その後、最も作業能率の高い作業員を選び出し、その人の作業動作を区分動作に分解し、その動作ごとに所要時間を測定・集計して作業に要する最短時間を決める。このような動作研究と時間研究を経て標準課業を定め、それに基づいて作業員を統制した。

②差別出来高給制度

これは、科学的に設定された標準課業以上を達成した作業員に、通常の賃率より高い割増賃金を支給する制度である。出来高の標準単位を設けて、標準未満の場合は工賃単価を下げ、標準以上の場合は工賃単価を上げる方法である。つまり、標準未満の人から差し引かれた賃金を、標準以上の人に付け加える仕組みである。この制度を取り入れたのは、作業員を働かせる最も効果的な方法は高い賃金であると考えたからである。まるで、歯車に油を差すと円滑に回るかのように、作業員をどんどん働かせるには高い賃金が必要であると考えた。

このように、科学的に分析された最も効率的な作業内容には、作業員の意思は盛り込まれておらず、管理者の指示通りに作業を遂行することが強く求められ、作業の出来次第で賃金が支払われている。そのとき、賃金（即ち、金銭的

報酬）が作業員を動機づける最も重要な手段として扱われている。

2.　人間関係論

　科学的管理が追求されるなか、生理学や心理学を個別に応用して組織における人間を研究する人間関係論（Human Relations）が登場した。メイヨー（Mayo, Elton）は、古典派管理論が原則としている経済人仮説（即ち、組織に参加する個人は、経済的に合理的な判断に基づいて行動するという仮説）を強く批判しながら、以下の3つの仮説を示している（経営学史学会編:2012,p.111）。

　①個人は、組織の構成員として他の人々と関係しながら行為する主体である。

　②個人は、所属する組織のルールに従って行為する主体である。

　③個人は目的を達成するため、状況に応じて論理的にも没論理的にも思考する主体である。

　これらの仮説は、作業能率を上げる最も重要な要因は金銭的報酬ではなく、作業者同士で形成される人間関係であることを代弁していて、人間関係論の本質的な内容を表すものである。

　人間関係論の原点といわれるものが**ホーソン実験（Hawthorne experiment）**である。ホーソン実験は、職場の物理的環境条件が作業能率に及ぼす影響を究明するために、1924～1932年にメイヨーが中心になって、アメリカのシカゴ市にある Western Electric 社のホーソン工場で行われた一連の実験（照明度実験、継電器組立作業実験、バンク捲線作業観察実験など）を指す（経営学史学会編:2012,p.291）。

　初期の実験を通じて、作業条件（照明度、休憩時間、軽食の提供など）の変化が作業能率に直接的な影響を与えていないこと、つまり作業条件を良くすれば作業能率が上がり、作業条件を悪くすれば作業能率が下がるという単純な因果関係は見当たらないことが明らかになった。さらに、作業能率を上げる真の原因を探す実験が続けられ、次のような結果が得られた。

　①被実験者は自分が実験に選ばれた人であるという意識を持つため、他の人に比べて作業に励むようになる（これを「**ホーソン効果**」と呼ぶ）。

②管理者が一方的に指示を与えるのではなく、被実験者と話し合いながら物事を決めていくプロセスを通じて生まれる心理的・社会的要因が作業能率に影響を与える。

③被実験者集団の中に非公式的集団が存在しており、そこで暗黙のルールや決まり事が形成され、それにより作業の能率が大きく左右される。

　人間関係論では、作業能率を上げる最も重要な要因として、人間の心理的要因と、同じ作業集団で働いている仲間同士で形成される社会的要因をあげている。要するに、人間のモチベーションの源泉は、金銭的な報酬でもなければ公式的な指示や命令系統から生まれる人間の上下関係でもなく、作業集団のなかで自然に形成される**非公式的組織（informal organization）**から生まれる、人間の心理的要因や社会的要因だということである。

3.　行動科学

　行動科学（Behavioral Science）の発展に伴い、人間行動に関する研究も発展していった。そのうち、人的資源アプローチは、人間の自尊欲求や自己実現欲求といった高度な欲求の充足がモチベーションの源泉であることを示している。それはモチベーション管理の対象である人間をどのような存在と見なすか、という人間モデルに焦点をおいている。

　マグレガー（McGregor, Douglas）は、2つの対極的な側面を有する人間モデルを示した。1つは人間の否定的な側面を指摘する「X 理論：X-theory」であり、もう1つは人間の肯定的な側面を指摘する「Y 理論：Y-theory」である。それによれば、管理者が従業員に対してどのような考え方を持っているかによって、従業員に対する管理およびモチベーションの仕方が変わり得るという（McGregor:1960,pp.33-57;邦訳 pp.38-55）。

①X 理論の考え方：命令的統制に関する伝統的見解

・人間は本来、仕事が嫌いで、できることなら仕事をしたくないと思っている。

・人間は仕事を嫌うので、強制されたり、統制されたり、命令されたり、脅されたりしなければ、企業目標を達成することに十分な力を出さない。

・人間は命令される方が好きで、責任を回避したがり、あまり野心を持たず、何よりもまず安全を望んでいる。

② Y理論の考え方：従業員個々人の目標と企業目標との統合

・人間が仕事で心身を使うのは、ごく当たり前のことであり、遊びや休憩の場合と変わりない。仕事は条件次第で満足感の源になり、逆に懲罰の源にもなり得る。従って、自発的に仕事することもあれば、なるべく仕事を避けようとすることもある。

・外から統制したり、脅したりすることだけが企業目標達成のための手段ではない。人間は自分が進んで身を委ねた目標のために自ら自分にムチを打って働く。

・献身的に目標達成のため尽くすかどうかは、それを達成して得る報酬次第である。最も重要な報酬は、自我欲求や自己実現欲求を満たすことであり、企業目標に向かって努力すれば、直ちにこの報酬が得られることになり得る。

・人間は条件次第で責任を引き受けるばかりか、自ら進んで責任を取ろうとする。責任回避、野心のなさ、安全第一というのは、経験的なものであって人間の本性ではない。

・企業内の問題を解決しようと比較的に高度な想像力を駆使し、手練をつくして創意工夫を凝らす能力は、たいていの人間に備わっているものであり、一部の人間だけのものではない。

・現代の企業において、通常、従業員の知的能力はほんの一部しか生かされていない。

　以上のように、X理論とY理論の違いは人間を性悪説でとらえるか、それとも性善説でとらえるかに類似している。X理論に基づけば、個人の行動を統制するためには、権限の行使や命令が必要であるという「階層の原則」が強調される。それに対して、Y理論に基づけば、組織目標を達成するためには、個人が自発的に自分を指示・統制することにより、組織目標と個人目標が統合されるという「統合の原則」が強調される。仕事に対するモチベーションを喚起させるためには、Y理論の人間モデルを前提としながら、人間にとって高

次元の欲求である、名誉欲求、承認欲求、自己実現欲求などを満たせることが
何よりも大切である。

第2節　モチベーション理論

　モチベーション（motivation）は、「動機づけ」、「動機付与」と訳される。
人間は様々な欲求を持っており、満たされていない欲求を知覚すれば刺激（緊
張）され、それを解消するために行動を起こすが、欲求が満たされれば刺激も
緩和される。モチベーションは、満たされていない欲求を満たそうとするとき
に起きるものである。
　行動科学や人的資源研究が確立されるにつれ、モチベーションに関する研究
が盛んとなり、1960年代に入ってから理論が本格的に展開されるようになっ
た。モチベーション理論は、動機を誘発する人間の欲求に焦点を合わせる「内
容理論」と、人間の動機づけられる心理的過程に焦点を合わせる「過程理論」
に分かれる。

1.　内容理論
　人間が何ら欲求を持たないと、動機は誘発されない。言い換えると、人間に
満たされていない欲求があって、それを満たすような条件を整えようとするこ
とによりモチベーションが起きる。内容理論（content theory）は、人間の
欲求に焦点を合わせながら「人間は何によって動機づけられるのか」を究明し
たものである。

(1)　欲求段階説
　マズロー（Maslow, Abraham）は、人間の基本的欲求を5つの段階に分類
し、説明している（Maslow:1954,pp.56-72;邦訳 pp.80-92）。
　①生理的欲求（physiological needs）
　　（例：飢え、空腹、渇き、睡眠、性）
　　人間が生きるため求められる、最も基本的な欲求である。人間に生理的欲

求が現れる場合、他の欲求はその背後に押しやられてしまうことが多い。飢えていると、意識のほとんどが飢えに占有されてしまい、あらゆる能力が飢えを充足するために使われる。生理的欲求は、生死をさまようような飢餓の状況でなくても、日常生活での食欲のような形で現れることもあり得る。

②安全欲求（safety needs）

（例：安全、安定、恐怖・不安・混乱からの自由、依存、保護）

物質的・身体的な安全だけでなく、精神的な安定・安静を願望する欲求である。安全欲求には、自然的災害、野獣、違法な襲撃、殺人、無秩序、暴政などの危険に置かれている人が求めているものもあれば、平和で安定した社会で暮らしている人が求めている基本的な願望（例：医療、失業、障害、秩序、法律）もある。子供が身体的な脅威や危険に対して素直に反応するのに対して、大人は安全で秩序を保つために法律や制限を求めようとする傾向が強い。

③所属・愛情欲求（belongingness and love needs）

（例：集団への所属、愛情、友情）

人間は家族だけでなく、近隣、縄張り、遊び仲間、親しい同僚関係などの人間関係を非常に重要視する。例えば、集団間異動の多い人は、以前の集団の人々に距離感を感じるし、短期滞在者は定住者に比べて周りの人々への所属感を共有することができず、社会的同化（即ち、一体感形成）に苦しんでいる。一方、愛情に関する欲求は、性的欲求ではなく、人を愛したい欲求と人に愛されたい欲求を指す。

④尊敬欲求（esteem needs）

（例：自己に対する高い評価；自尊心、自信、自律、有能感

　　　　他人から受ける高い評価；承認、評判、地位、名声、注目）

尊敬の欲求は、自分を信じようとすること、自分が世の中で役立とうとすること、自分の強さや能力を認めようとすることである。これらの欲求が妨害されると、劣等感、弱さ、無力感などの感情が生じ、神経症的傾向を引き起こすこともある。

⑤自己実現欲求（self-actualization needs）

（例：達成感、成就感、自己成長、自己充足）

人間は、自分に適していることや自分の好きなことをしたいという本能を持っている。それは、自己充足への願望であり、自分が持っている潜在的能力を実現しようとする願望でもある。自己実現欲求は他の欲求とは異なり、一度満たされたからといって無くなることはなく、むしろ更なる欲求へ発展していく。低い段階の欲求が、人間に足りないものを外部から満たしたいという欠乏欲求（deficiency needs）であるのに対して、自己実現欲求は、人間の内部から限りなく生まれてくる、自己の存在および成長への欲求（being/growth needs）である。

　欲求段階説によると、人間の欲求は相対的優勢さにより段階的に構成されており、満たされたものは、もはや欲求ではなくなる。満たされない欲求のみによって、人間は支配され行動する。つまり、ある欲求が満たされると、それより高い段階の欲求が出現し、それが以前の欲求に代わって優位に立つようになる。例えば、生理的欲求が満たされなければ、次の段階の安全欲求はもちろん、それ以上の段階の欲求は喚起されない。生理的欲求が満たされて初めて、安全欲求が喚起される。まさに、「衣食足りて礼節を知る」ようなものである。

　しかしながら、人間の欲求はかなり複雑な要素を含んでいるため、欲求の段階が必ずしも順序よく現れるとは限らない。マズローも、欲求の段階が不動のものではないことについて、次のように指摘している（Maslow:1954,pp.98-100;邦訳 pp.80-83）。

①**欲求段階における逆転があるように見える人がいる。**一般的に、能力があり自信を持っている人は、自尊心が高いため周りから愛されたい欲求よりも尊敬されたい欲求が強い。その場合、愛情の欲求を満たしてから尊敬の欲求を満たそうとするのではなく、まず尊敬の欲求を満たして（つまり、有力者になって）、それから愛したい欲求や愛されたい欲求を満たそうとする。

②**生まれながら欲求段階のうち1つのみを強く願望する人がいる。**例えば、生まれつき創造指向的な人（即ち、自己実現欲求の強い人）は、他の欲求が欠けても大きな支障を感じないで、生きていくための最小限の生活が保障される限り、自己啓発や創造的活動を願望し続ける。

③**上位の欲求を目指していない人がいる。**例えば、長期にわたって低い生活水準で過ごし慣れた人は、食べ物さえあれば満足しているため、それ以上の欲求は消滅する。

④**必ずしも欲求段階に従って行動が展開されるとは限らない。**２つの段階の欲求が共に満たされない場合、基本的な欲求の方を欲する傾向が多いが、必ずしも欲求に従って行動するとは限らない。なぜなら、人の行動には欲求や願望以外の多くの決定要因が存在するからである。

⑤**高い理想や価値観を持っている人は，他の欲求を諦めることができる。**例えば、殉教者は個人的犠牲を払いながら、普通の人々が持っている願望を乗り越えることができるため、欲求不満に対する耐性を常に持っている。

　欲求段階説が主として示唆する点は、人を動機づけるためには、その人が最も願望する欲求は何かを理解し、それを満たせるように働きかけることが必要だということである。そのとき、低い段階の欲求が外的要因から満たされるのに対して、高い段階の欲求は、その人の内面、つまり心的要因から満たされることに注意を払う必要がある。

(2)　ERG 理論

　マズローの欲求段階説を経験的に検証し、発展させたのが ERG 理論である。アルダファー（Alderfer, Clayton）は、人間の欲求を生存（Existence）、関係（Relatedness）、成長（Growth）という３つのカテゴリーに分類し、頭文字に因んで ERG 理論を展開した（Alderfer:1972,pp.24-29）。

①E（生存欲求）：人間が基本的に持っている物質的および身体的欲求

②R（関係欲求）：良き対人関係を維持したいという欲求

③G（成長欲求）：自分らしい成長と発展の機会を探し求める欲求

　ERG 理論の中心内容は、以下のように説明できる。

　第１に、〈図表 4-1〉が示すように、ERG 欲求のカテゴリーは、マズローのいう欲求と部分的に重複しており、類似した階層構造を成している。

　マズローの安全欲求の一部および尊敬欲求の一部が ERG 欲求にまたがっている。まず、身体的・物理的脅威から逃れたいという欲求（即ち、物質的な安全欲求）は、生存欲求と見なされており、良好な対人関係を築きながら思想や

〈図表 4-1〉 欲求段階の比較

マズロー欲求	ERG 欲求
生理的	生存
安全-物質的	
安全-対人的	関係
愛情（所属）	
尊敬-対人的	
尊敬-自認的	成長
自己実現	

出所：Alderfer(1972),p.25.

感情を共有して心理的安静を保ちたいという欲求（即ち、対人的な安全欲求）は、関係欲求と見なされている。次に、他人から尊敬されたいという欲求（即ち、対人的な尊敬欲求）は、関係欲求と見なされており、自分の能力を高く感じてそれを自律的に発展させていきたいという自己充足的な欲求（即ち、自認的な尊敬欲求）は、成長欲求と見なされている。

〈図表 4-2〉 ERG 理論の主要命題

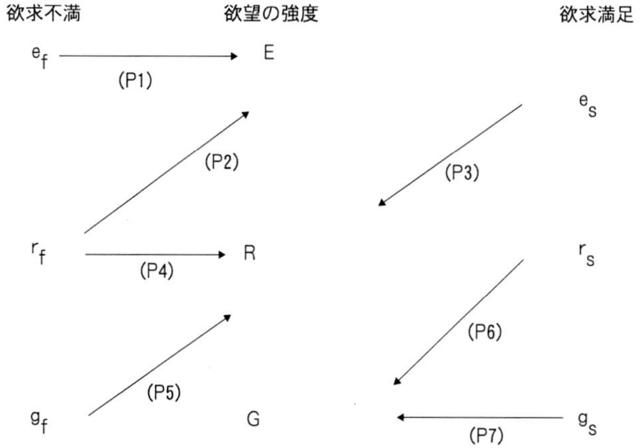

出所：Alderfer(1969),p.149.

　第2に、ERG 理論は、欲求の満足および不満足の状態が欲望の強度にどのような影響を及ぼしているかについて段階的に述べている。〈図表 4-2〉は、ERG 理論を説明する主な命題を、欲求不満（need frustration）、欲望の強度（strength of desire）、欲求満足（need satisfaction）の間の関係で示したものである（Alderfer:1969,pp.147-153）。

①P1 と P4 は、同じ欲求レベルにおいて、欲求不満、即ち満足の欠如が欲望の強度を高めることを意味する。生存欲求に不満を感じると、生存への欲望がさらに強くなる（関係欲求の場合も同じ）。これは「ある欲求に対する不満（満足の欠如）は、その欲求を満たそうとする欲望を高揚する」という、モチベーション理論の基本的説明原理と一致する内容である。

②P3 と P6 は、あるレベルの欲求が満たされると、次のレベルの欲望が強くなることを意味する。生存欲求が満たされると、次の関係欲求を満たそうとする欲望がさらに強くなる（関係欲求の場合も同じ）。これはモチベーションにおける「満足－前進：satisfaction-progression」の仕組みを指すものであり、マズローの欲求段階説の論理と一致する内容である。人の欲求はより高いレベルへ進むほど、行動もより具体的かつ個別的なものになる。生存欲求が満たされるまでは、人の行動の原因は物質であるが、生存欲求が満たされると、行動の原因が「物質」から「人との関係」へと変わる。つまり、人と接するとき、生存欲求が満たされていない状態では、希少な物質を獲得するときの競争相手と見なすが、生存欲求が満たされている状態では、互いに愛の関係を結ぶ相手と見なすこととなり、よい関係を築こうとする欲望の内容もより具体的かつ個人的になる。

③P2 と P5 は、高いレベルの欲求不満が、より低いレベルの欲望を高めることを意味する。関係欲求が満たされず不満を感じると、生存への欲望がさらに強くなる（成長欲求の場合も同じ）。これはモチベーションにおける「欲求不満－退行：frustration-regression」の仕組みを指すものであり、マズローの欲求段階説の論理と異なる内容である。より差別化され、具体性の低い目的、即ちより高いレベルの目的が達成できなくなると、より具体的で明確な目的、即ちより低いレベルの目的を達成しようとする欲望が強くなる。人は抽象的かつ不明確な自己啓発および自己成長の

機会（即ち、成長欲求）を追い求めているものの、満たされないことが多い。その時は、成長欲求から退行して関係欲求をより強く求める傾向がある。

④P7 は、成長欲求が満たされるほど、成長への欲望はさらに強くなることを意味する。成長欲求は内発的に満たされるものである。人は成長すればするほど、さらに成長することを望む反面、期待したほどの成長が達成できなかった場合は、逆に成長を望まなくなる傾向がある。自分が決めた目標を達成すれば、さらに高い目標を設けるが、失敗すれば自信を失い、既存の目標のレベルを下げてしまう。もちろん、目標達成に失敗したので達成への欲望がさらに燃える人もいるが、成長した人ほど、既に達している目標や欲求に満足せず、より高いレベルの目標を設け、その達成を目指して成長することを追い求める傾向が強い。

(3) 二要因理論

ハーズバーグ（Herzberg, Frederick）は、働く人々が職務を遂行するにあたって、特に良く感じたときや特に悪く感じたときは、いつだったのか、また、そのように感じたときの原因は何だったのかについて調査を行った。

調査の結果を示す〈図表 4-3〉について、説明しよう（Herzberg:1966,邦訳 pp.83-106）。真中の「0」を基準に、右側は職務満足をもたらす要因であり、左側は職務不満をもたらす要因である。また、棒の長さは要因が現れた頻度を、棒の幅は要因が持続した期間を意味する（つまり、長いほど頻繁に現れるもの、太いほど長期間持続するものを意味する）。満足や不満の持続期間において、短期間のものは 2 週間以内が多かったが、長期間のものは数年間持続するものもあった。

まず、職務満足の要因として、達成、承認、仕事そのもの、責任、昇進がある。このうち、仕事そのもの、責任、昇進は満足を持続的に感じる要因であり、これらについて不満と感じることは極めて稀にしかなかったので、重要な満足要因といえる。

次に、職務不満の要因として、会社の政策や管理、監督の技術（スタイル）、給与、監督者との対人関係、作業条件がある。これらの要因は、職務不満をも

〈図表4-3〉　満足要因と不満要因

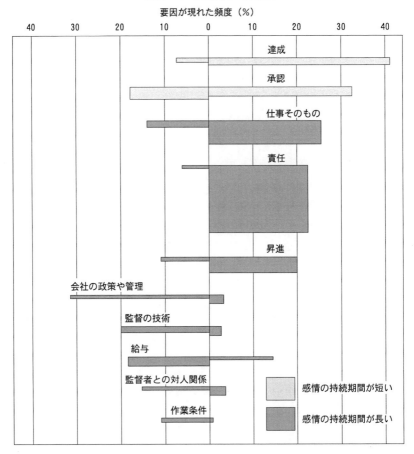

要因が現れた頻度（％）

出所：Herzberg（1966），p.81；邦訳 p.86.

　たらすものなので、職務満足を招くようなことはめったにない。また不満要因
は、それらについて満足と感じることに比べて棒が長いので、頻繁に現れるこ
とを意味する。
　このように不満要因は、職務不満をもたらすだけであって、積極的な職務態
度にほとんど効果を持たないので**衛生要因（hygiene factors）**と呼ぶ。一
方、満足要因は、個人をより優れた職務遂行と努力へ動機づける効果を持つの

で**動機づけ要因（motivators）**と呼ぶ。ここで、衛生という用語を使ったことに注目したい。私たちが予防注射を打ったり、汚い場所を掃除したり、清潔に消毒することは、衛生管理がそうであるように、病気にかからないための予防的意味はあるものの、身体を元気づけて健康にすることとは異なる。

　衛生要因は、不快さや不満足に関連する欲求なので、それが解決されないと不満を招く。それに対して、動機づけ要因は、成長ないし自己実現に関連する欲求なので、それが満たされると満足へつながる。従って、2つの要因は、職務態度における異なる次元の欲求体系になっているので影響し合うことはない。言い換えれば、満足要因（動機づけ要因）が職務不満に影響を与えることはなく、不満要因（衛生要因）も職務満足に影響を与えることはない。

　最後に、この理論の背景には、人間は動物のように環境からくる痛みを回避したい欲求と、人間として精神的に成長したい欲求を合わせ持っているという前提がある。このような前提に基づいて、ハーズバーグはモチベーションを2つの次元に分けて説明している。結論をいえば、人を動機づけるためには、不満をもたらす要因から不満を取り除きながら、満足につながる要因に積極的に働きかけることが極めて重要だということである。

2.　過程理論

　モチベーションの過程理論（process theory）は、人を動かす過程、つまりどのような条件の下で、どのような行動が選択され、どのように進んでいくかを究明するものである。過程理論は、いくつかの行動の中からどれを選択するかという意思決定の過程を重視しているので、内容理論よりもモチベーションの根本的問題を扱っているといえる。

(1)　期待理論

　モチベーションの過程理論は、期待理論を中心に展開されている。期待理論の基本的な考え方は、次のように示される。

$$M = E \times V \quad M \text{ (Motivation)}$$

$$E \text{ (Expectancy)：行動の結果に対する期待}$$

結果が得られると期待する主観的確率

　　　　　V（Valence）：結果に対する誘意性（効用、魅力）

　人は自分の行動から何らかの結果が得られるだろうと期待し、その結果に対する魅力を感じるとき、動機づけられる。両者が掛け算で示されているのは、どちらか１つ欠けていれば（即ち、ゼロの状態であれば）、モチベーションは起こらないことを意味する。以下で、期待理論の代表的モデルを２つ紹介する。

〈ローラーのモデル〉

　ローラー（LawlerⅢ, Edward E.）は、努力、成果、報酬、誘意性を用いて、モチベーションが起きる過程を示している。

〈図表 4-4〉　ローラーのモデル

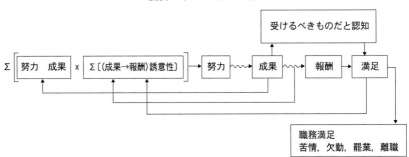

出所：LawlerⅢ（1971）,p.270.

　〈図表 4-4〉に基づき、モチベーションが起きる過程を説明しよう（LawlerⅢ:1971,pp.265-272）。まず、E（Effort：努力）、P（Performance：成果）、O（Outcome：報酬）、V（Valence：誘意性）の関係を表す（E → P）× Σ（P → O）V についてである。

　E→P：努力が成果をもたらすだろうと期待する主観的確率

　P→O：成果から報酬が得られるだろうと期待する主観的確率

　V：報酬に対する誘意性、魅力

　人は自分の努力により成果が得られ、その成果から得られるだろうと期待する報酬に魅力を感じるとき、動機づけられる。そこで、モチベーションを高めるためには、３つの要素である（E→P）、（P→O）、V をそれぞれ高める必要

がある。これら3つのうち、どれか1つでも欠けると、モチベーションは起こらない。

　次に、「努力 → 成果 → 報酬 → 満足」の過程と他の循環関係を表すものについてである。成果および報酬に対する結果、そして報酬に対する満足の如何は、それまでの経験や学習を通じて次の段階へフィードバックされる。努力して得られた成果をみて、その後の努力の強弱を修正したり、止めたりする。また、成果に対して期待していた報酬が得られなかった場合は、報酬への期待やその誘意性について改めて考えるが、報酬に対して満足が得られた場合は、引き続き報酬への期待が高まり、更なる動機づけにつながる。そして、満足の程度により、職務満足へ発展することもあれば、苦情、欠勤、罷業、離職につながることもある。

　その他に、報酬を経ないで成果から直接的に満足へつながる関係が示されている。このモデルに示されている報酬とは外側から与えられる外的報酬（例：給与、金銭的報酬）を指しているが、成果に対して「受けるべきものを得たと認知」すれば、外的報酬がなくても満足につながる。受けるべきものとして認知されたものは、自分の内側から得られたものなので、内的報酬（例：達成感、成就感、自己決定感）という。つまり、このモデルは、モチベーションの過程に外的報酬だけでなく、人間の心理状態から認知される内的報酬が存在することも示している。

〈ポーター・ローラーのモデル〉

　ポーター・ローラー（Poter, Lyman W. and LawlerⅢ, Edward E.）は、ローラーのモデルをさらに発展させ、新たなモデルを示している。それは〈図表4-5〉のように、ローラーのモデルの「努力 → 成果 → 報酬 → 満足」のプロセスを中軸にしながら、いくつかの要素を付け加えたものである（Poter and LawlerⅢ:1968,pp.163-166）。

・努力と成果との間に、本人の能力と資質（例：積極性、忍耐力）と、役割に対する認知が加わる。
・成果が出たものの、それに相応しい報酬が得られなかった場合は、努力に対する報酬への見込みを新たに認知する。

〈図表 4-5〉　ポーター・ローラーのモデル

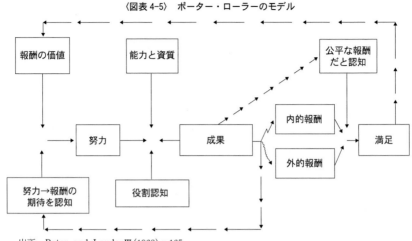

出所：Poter and Lawler Ⅲ (1968),p.165.

・成果から得られた報酬には、内的報酬と外的報酬がある。前者は自分の内
　側から得られるもの（例：自尊心、達成感・成就感）であり、後者は金銭
　的報酬のように外側から得られるものである。
・成果から公平な報酬を受けていると認知すれば満足へつながる。つまり、
　自分の報酬が他人の報酬に比べて公平であると認識されれば、満足へつな
　がる。
・一連のプロセスから最終的に満足を得て、報酬の価値を評価した結果をそ
　の後の努力へ反映させる。

(2)　公平理論

　人は、自分がもらった報酬だけで満足か不満を感じるよりも、他人の報酬と
比較して満足か不満を感じる傾向が強い。アダムス（Adams, J.Stacy）によ
れば、人は自分の報酬と他人の報酬を比較して、公平でないことが分かったと
きに不満を感じ、不満の状態を公平な状態へ変えようとするという。「公平：
equity」とは、自分の投入したもの（inputs）と結果として得られた成果
（outcomes）との比率が、他人の比率（即ち、他人の投入したものと結果と
して得られた成果との比率）と等しい状態を意味する。ここで、投入の例とし

ては、教育、知能、経験、訓練、スキル、先任序列、年齢、性、民族的背景、社会的地位などがあげられる。一方、結果として得られた成果の例としては、給与、報酬、納得のいく監督、先任者に対する特典、付加給付（fringe benefits）、職務上の地位、地位的象徴などがあげられる（Adams:1965,pp.276-278）。

　つまり人は、自分の投入に対する成果の比率が、他人に比べて低いか、それとも高いと認識するとき不公平に感じる。〈図表4-6〉は、「不公平の状態」を「公平の状態」へ是正していく、モチベーションの過程を説明している。

〈図表4-6〉　不公平から公平への是正

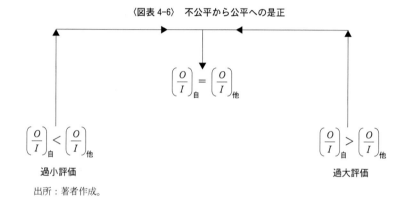

$$\left(\frac{O}{I}\right)_{自} = \left(\frac{O}{I}\right)_{他}$$

$$\left(\frac{O}{I}\right)_{自} < \left(\frac{O}{I}\right)_{他}$$

過小評価

$$\left(\frac{O}{I}\right)_{自} > \left(\frac{O}{I}\right)_{他}$$

過大評価

出所：著者作成。

　人が自分への過小評価ないし過大評価による不公平を感じたとき、公平の状態へ是正していく方法として、以下のものが考えられる（Adams:1965,pp.283-296）。

①自分の投入を変える方法である。過大評価の場合は自分の投入を増やし、過小評価の場合は自分の投入を減らす。投入を増やすときは仕事の質の向上などに取り組むことが、投入を減らすときは仕事の質を低下させる怠業などに取り組むことが考えられる。

②自分の成果を変える方法である。過大評価の場合は成果を減らし、過小評価の場合は成果を増やす。例えば、過大評価は、周りの人々が気になるため、自分の報酬を減らすように自ら願い出ることによって、過小評価は、自分の投入に見合った分まで報酬を増やすように交渉することによって、是正され得る。

③自分の投入および成果に対する認識の仕方を見直す方法である。つまり、これまで当たり前と受け入れていた因習的な認識を見直すことである。例えば、「同じ時間を働いても、大学生である自分が高校生より高い給与をもらうべきだ」を「同じ単純作業をやっているから、学力の差は重要でない」に、また、「自分は年長者だから若者に比べて高い給与をもらうべきだ」を「今は年齢よりも仕事能力が重要視される時代に変わった」にと自分の認識を変えるのである。

④自分自身が職場を去る方法である。例えば、離職、転職、長期欠勤などの過激な方法がある。しかし、これらの方法を用いる場合、不公平がさらに拡大すること、他の是正の方法を取り入れられなくなることがあり得る。

⑤自分が他人に働きかける方法である。例えば、自分が相手に投入や成果を変えるように働きかける方法と、相手に他の職場に移るように働きかける方法がある。頑張り過ぎの人がいれば、その人に投入を下げるよう働きかける。また成果が高い人がいれば、より高い給与をもらえる他の職場を積極的に紹介する。

⑥自分と比較する相手を変える方法である。この方法は、自分と相手が直接的なやり取りの関係に置かれているときには不適切であるが、比較できる相手が他にいれば、可能となる。

⑦以上の諸方法を適切に使い分ける方法である。上述した諸方法のうち、どれか1つのみに拘ること、または全てを均等に用いることではなく、複数の方法を適切に併用することが望ましい。

第3節　内発的動機づけ

　人間は、仕事にやりがいや楽しみを感じるとき、他人から何ら報酬をもらわなくても仕事に一所懸命に取り組む。楽しみや面白さ、やりがいなどの感情は、行動する人の内側から得られるものなので**内的報酬**（**intrinsic rewards**）といい、内的報酬を得るために行動するとき、「内発的に動機づけられた」といえる。それは、行動する人の外側からもらう給与のような**外的報酬**

(**extrinsic rewards**) と、それを得るために「外発的に動機づけられた」行動とは区別される。

　本節では、動機づけの認知論的行動モデルを取り上げると共に、内発的動機づけと外的報酬との関係について説明する。

1.　認知的評価と行動モデル

　人間がどのような行動をとるかを選択するとき、**認知された因果律の所在**（**perceived locus of causality**）が決め手になる。それは、自分の行動の原因がどこにあるのかに対する個人的な認知を指す。例えば、誰かに命令されて行動している、または外部から与えられる報酬を獲得するために行動していると自分が認知すれば、因果律の所在は外部にあるという。それに対して、自分自身の楽しみや歓び、やりがいを得るために（即ち、自分の内側から得られる報酬のために）自らの判断で行動していると認知すれば、因果律の所在は内部にあるといえる。

　デシ（Deci, Edward L.）は 認知的評価理論（cognitive evaluation theory）を用いて、人がどのような認知過程を通じて行動するのかを〈図表4-7〉のようにモデル化し、説明している（Deci:1975,邦訳 pp.107-141）。

〈図表 4-7〉　動機づけの認知論的モデル

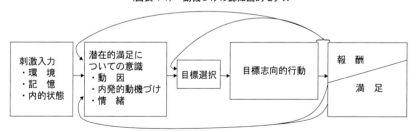

出所：Deci(1975);邦訳 p.139 を一部修正して作成。

①刺激入力

　人の内部および外部にある様々な要素のなかで、人を行動へ導かせる刺激である。

　　　・環境：外部から与えられる刺激（例：音、光、匂い、事件・事故、対
　　　　人関係）
　　　・記憶：過去の記憶、経験
　　　・内的状態：個人の生理的・感情的状態
②潜在的満足についての意識
　期待される満足に対する自覚が、目標選択や行動へのエネルギーを与え
　る。
　　　・動因：身体的バランスの欠乏から感じられる刺激を如何に満たすかを
　　　　意識する。
　　　・内発的動機づけ：環境に対処する際に、自分は有能であり自ら決めて
　　　　行動することができると認識すれば、内発的に動機づけられる。ま
　　　　た、目標が達成され一時的に報酬や満足が得られても、内発的欲求は
　　　　低減することなく、内発的動機づけはさらに高まる傾向が強い。
　　　・情緒：刺激入力は人の情動を生み出し過去の情緒的経験を想起（喚
　　　　起）させ、前途の満足の如何を予期させる。その時、快感や歓びのよ
　　　　うなプラスの情緒は接近的行動を、恐れや恥のようなマイナスの情緒
　　　　は回避的行動を導く。
③目標選択
　願望する最終状態をもたらすであろう行動を選択することである。行動す
　る前に、それが達成されたときに潜在的満足を最大にすると期待される目
　標を選択する。
④目標志向的行動
　選択した目標に自らが導かれ、目標達成に向けて行動する。その理由は、
　目標を達成することにより報酬が得られ、その報酬に対して誘因価を感じ
　るからである。
⑤報酬／満足
　達成された目標から報酬が与えられたり、満足が得られたりする。

この他に、図表に示されているフィードバックの意味を考えてみよう。
まず、行動の結果から実際に得られた報酬や満足は、最初に意識していた潜

在的満足と比較され、その後の目標選択につながる。そのとき、内発的に動機
づけられた人は、目標が達成され、内的報酬による満足が得られても、有能さ
と自己決定感に対する絶えざる欲求があるため、更なる潜在的満足に働きかけ
て新たな目標選択へ発展する。

　次に、行動とその結果から得られる報酬との関係性が変化する場合、潜在的
満足についての意識と目標選択に影響を与える。内発的に動機づけられた人の
行動結果に対して外的報酬が与えられる場合、当初意識していた内的報酬とは
明らかに異なるため、内発的動機づけが低下され、新たな目標を選択すること
になる。

2.　内発的動機づけと外的報酬

　デシは、内発的に動機づけられて行動している人に外的報酬が与えられる
と、どのような行動の変化が起きるかについて研究を行った。そこで、あるユ
ダヤ人の逸話を紹介しながら、外的報酬と動機づけとの関係を説明している
(Deci:1975,邦訳 pp.177-178)。

　　第1次世界大戦後、ある町で強い勢力を持っている白人至上主義団体が、
　洋服屋のユダヤ人を町から追い出すために、少年暴力団を派遣した。少年た
　ちは毎日、店の前で「ユダヤ人！ユダヤ人！」と彼をやじった。彼はこの問
　題で大変苦しんだあげく、一計を案じた。

　　少年たちがやってきたとき、彼らに「私をユダヤ人と呼ぶ人は、1ダイム
　（10セント）をあげる」と言い、お金をあげた。少年たちは大喜びして、翌
　日もやってきて彼をやじった。今度は「1ダイムは多すぎる。今日は1ニッ
　ケル（5セント）しかあげられない」と言い、お金をあげた。1ニッケルを
　もらった少年たちは満足げに立ち去った。

　　翌日、彼は、またやってきた少年たちに1人につき1ペニー（1セント）
　しか与えなかった。「今日は、なぜたったの1ペニーしかもらえないのか」
　という少年たちに、彼は「私にできるのはこれが精一杯だ」と言った。少年
　たちが「2日前は1ダイムを、昨日は1ニッケルをくれたじゃないか、それ
　じゃあんまりだね」と言うと、彼は「それを受け取りなさい。いやならそれ
　を置いていきなさい」と言った。すると少年たちは「たったの1ペニーで、

我々があんたをユダヤ人！と呼ぶとでも思っているのかね」と言って、もう二度と来なくなった。

　この逸話は、次のように段階別に分析することができる（高橋:2004,pp.34-36）。

①少年たちはやじることから満足を得ていた。……「やじること」と「満足すること」の一体化

②金銭的報酬が与えられ、それがしばらく続くにつれ、満足を感じる要因がやじることから金銭をもらうことに変わってしまう。……「やじること」と「満足すること」の分離

③金銭的報酬が著しく減ると、やじることからはもはや満足を感じることがなくなり、やじることを止めるようになってしまう。……「やじること」と「満足すること」の無関連化

　要するに、この逸話は、内発的に動機づけられていた人に外的報酬が与えられると、内発的動機づけが低下し、結果的に行動を止めるようになったことを示している。

　さらにデシは、外的報酬が内発的動機づけに及ぼす影響に関する研究結果から次のような3つの命題を示している（Deci:1975,邦訳 pp.155-160）。

　命題1：「認知された因果律の所在」が内部から外部へと変わる場合、その影響をうけ、内発的動機づけは低下する。

　自分が好きで満足を得ながら行動していた（即ち、内発的に動機づけられていた）人に対して、金銭のような外的報酬が与えられた場合、その人自身が、自分は金銭を稼ぐために行動していると知覚すれば、因果律の所在が内部から外部へ変わることになり、これまで持っていた内発的動機づけが低下する。

　なお、外部から与えられる統制も一種の外部的報酬と見なされるため、成果の低い人が処罰や不利益の脅威を感じると、内発的動機づけは低くなる。

　命題2：もし、ある人の「有能さ」と「自己決定感」が高くなれば内発的動機づけは向上するが、その感情が低くなれば内発的動機づけも低下する。

　内部報酬となる感情や感覚を強くもたらし、高い満足感を与えてくれる要素として、**有能さ（competence）**と**自己決定感（self-determination）**がある。有能さとは、置かれている環境に対して、自分が効果的に影響を及ぼすこ

とができるという生物学的な意味の能力（ability）または力量（capacity）を指す。有能な人は、自分が環境に対して影響力を持っているという効力感（feeling of efficacy）を感じる。一方、自己決定感とは、物事を決めるときに外的な力に頼らず、自分自身の意志で主体的に決めていると感じることを指す。自己決定する人は、認知された因果律の所在が内部にあることを意味するため、内発的に動機づけられて行動するといえる。

　有能さと自己決定感は、表裏一体のように密接に関連している。自分の有能さを感じる人は、他人に頼らず自ら意思決定できるし、自分で決めて行動していると知覚する人は、内発的に強く動機付けられるため、自分の能力を十分に発揮し結果的に有能な人になる場合が多い。

　命題3：外的報酬には、「統制的側面」と「情報的側面」がある。前者は報酬を受ける人の行動を統制することを狙いとし、後者は報酬を受ける人にその人の有能さと自己決定感に関する情報を提供することを狙いとする。もし、報酬の統制的側面がより強く現れると、受け手の認知された因果律の所在に変化が生じるが、報酬の情報的側面がより強く現れると、受け手の有能さと自己決定感に変化が生じる。

　2つの側面の違いは、外的報酬が、受け手を統制する手段として用いられるか、それとも受け手の能力を引き出す手段として用いられるかにある。

　統制的側面としての報酬は命題1の内容に似ているため、ここでは情報的側面のみを検討しよう。例えば、子供が学校で好成績を収めたときや自ら奉仕活動に取り込んだときに母親が褒めてやると、子供は自分の有能さと自己決定感を知覚する。そのときの母親の褒め言葉は、子供に自分の有能さと自己決定感を知覚させる情報的側面が強い。一般的に、言葉で称賛を受けた人は、物質的報酬を受けた人たちに比べて内発的動機づけが高まる。それは、言語という報酬の持つ情報的側面が有能と自己決定の感情を誘発したからである。

　要するに、報酬が統制的手段として用いられると、受け手は自分の行動の因果律の所在が外部にあると知覚されることとなりモチベーションは低下するが、報酬が情報的手段として用いられると、受け手は自分の有能さと自己決定感を知覚することとなりモチベーションは向上する。

　ところが、「金銭は、いつも内発的動機を低下させる」と断言できるのだろ

うか。金銭は生理的欲求や安全欲求などの人間の基本的欲求を満たす手段のみでなく、尊敬欲求と自己実現欲求を満たす手段にもなれる。例えば、高い給与を受け取っている人は、他人より有能な場合が多い。その人が高い給与を通して自分の有能感を認知すれば、給与は内発的動機づけに働いたといえよう。

　このように、モチベーションが起きる一連の過程において、行動の原因が自分の内部にあるか、それとも外部にあるかという認知上の境界を明確に区別することは、極めて難しい。

第4節　達成動機づけ

　アトキンソン（Atkinson, John W.）は、人が何かの目標や課題を達成しようと取り組むとき、動機づけの強弱が達成動機の他に、成功（または失敗）する確率と、成功（または失敗）に対する誘因価によって決まるといい、その内容をモデルに示している。本節では、達成動機づけモデルの内容を説明したうえで、モデルの含意について期待理論と比較しながら検討する。

1. 達成動機づけモデル

　アトキンソンの達成動機づけモデルは、次の式で説明できる（二村:2004,pp.82-85;藤田:2009,pp.234-240）。

$$Ta = Ts + Taf \quad \cdots\cdots\cdots\cdots\cdots\cdots\cdots ①$$
$$Ts = Ms \times Ps \times Is \quad \cdots\cdots\cdots\cdots\cdots ②$$
$$Taf = Maf \times Pf \times If \quad \cdots\cdots\cdots\cdots ③$$
$$Ps + Pf = 1 \quad \cdots\cdots\cdots\cdots\cdots\cdots\cdots ④$$
$$Is = 1 - Ps \quad \cdots\cdots\cdots\cdots\cdots\cdots\cdots ⑤$$
$$If = -Ps = -(1-Pf) = Pf - 1 \cdots\cdots ⑥$$
$$Ta = (Ms \times Ps \times Is) + (Maf \times Pf \times If) \quad \cdots ⑦$$
$$Ta = (Ms - Maf) \times \{Ps \times (1-Ps)\} \quad \cdots\cdots ⑧$$

Ta：達成傾向(動機づけ)
Ts：成功接近傾向(動機づけ)
Taf：失敗回避傾向(動機づけ)
Ms：成功動機(欲求)
Maf：失敗回避動機(欲求)
Ps：成功確率
Pf：失敗確率
Is：成功の誘因価(誇りの感情)
If：失敗の誘因価(恥の感情)

　式①：達成傾向の強弱は、「成功接近傾向」と「失敗回避傾向」という個人の相反する性向によって決まる。人は何かを達成しようとするとき、成功した時のプラス的側面と失敗した時のマイナス的側面を同時に予測する。そのとき、成功したい、またはできるだけ成功へ接近したいという「成功接近傾向」と、失敗したくない、またはできるだけ失敗を免れたいという「失敗回避傾向」の合成により達成傾向の強弱が決まる。

　式②、式③：成功に駆り立てる行動を、努力の根源となる「成功動機」、成功に対する主観的期待である「成功確率」、そして成功に心惹かれる「成功の誘因価」の掛け合わせで表したのは、期待理論の考え方と基本的に同じである。つまり、成功へ接近しようとする傾向（Tendency）の強弱は、成功したいという動機（Motivation）に、成功する確率（Probability）と成功に対する誘因価（Incentives）の掛け合わせで決まる。同じく、失敗を回避しようとする傾向の強弱は、失敗を回避したいという動機に、失敗する確率と失敗に対する誘因価の掛け合わせで決まる。

　ここでいう誘因価は、目標達成に成功したとき、あるいは失敗したときの感情に対する価値を指す。一般的に、目標達成に成功したときには「誇りの感情」を価値として感じる反面、失敗したときには「恥の感情」を価値（厳密に言えば、マイナス価値）として感じる。誘因価は他者から得られるものではなく、成功または失敗に対して自分自身が感じる自尊心や達成感、または喪失感などの内的報酬に起因するものである。

　式④：成功する確率と失敗する確率は、背反事象なので両者の足し合わせは 1 になる。

　式⑤、式⑥：これらには、モデルの最も重要な意味が含まれているといえる。式②と式③が、期待理論の基本的考え方に類似するのに対して、式⑤と式⑥は、成功および失敗に対する誘因価を成功および失敗する確率の関数で表している。

　成功に対する誘因価（即ち、成功時の誇りの感情）は、易しくて成功確率の高い課題を達成したときよりも、むしろ難しくて成功確率の低い課題を達成したときに強く感じられる（理由は、Ps が低いほど Is は高くなるからである）。一方、失敗に対する誘因価（即ち、失敗時の恥の感情）は、難しくて失敗確率

が高い課題を失敗したときよりも、むしろ易しくて成功確率の高い課題を失敗したときに強く感じられる（理由は、If は常にマイナスの値を持つものであり、Ps が高いほど If も高くなるからである）。

　式⑦：式①に、式②と式③を代入したものである。

　式⑧：式④、式⑤、式⑥を式⑦に代入し、整理したものである。

$$Ta = \{Ms \times Ps \times (1-Ps)\} + \{Maf \times Pf \times (Pf-1)\}$$
$$= \{Ms \times Ps \times (1-Ps)\} + \{Maf \times (1-Ps) \times (1-Ps-1)\}$$
$$= \{Ms \times Ps \times (1-Ps)\} + \{Maf \times (1-Ps) \times (-Ps)\}$$
$$= \{Ms \times Ps \times (1-Ps)\} - \{Maf \times Ps \times (1-Ps)\}$$
$$= (Ms - Maf) \times \{Ps \times (1-Ps)\}$$

2.　達成動機づけモデルの含意

　このモデルの含意を、期待理論と比較しながら検討してみよう。このモデルが行動の傾向を、努力の根源となる「動機」、成功への期待である「成功確率」、成功に対する「誘因価」の掛け合わせで示している点は、期待理論の基本原理と同じである。しかしながら、両者の間には次のような相違点がある。

　第1に、期待理論が目的および課題の達成、即ち成功の側面のみを取り扱っているのに対して、このモデルには、成功へ接近したいという傾向だけでなく、失敗から回避したいという傾向も動機づけの要素として含まれている。

　第2に、誘因（誘意性）の対象が、期待理論では外的報酬であるのに対して、このモデルでは内的報酬となっている点である。つまり、期待理論によれば、自分が達成した課題に対して外部から得られる報酬に価値を感じるが、このモデルによれば、自分が達成した課題そのものに自らが誇りや高い価値を感じるという。

　第3に、期待理論では、努力して成果を出せる確率（期待）が高いほど強く動機づけられるが、このモデルによれば、成功する確率が高いほど、その誘因価は低くなる（式⑤）。そして、式⑧が示すように、達成動機づけの強度を最高にするには、（Ms−Maf）をプラスに保ちながらその値を最大にすること、そして $\{Ps \times (1-Ps)\}$ を最大値にすることが要件とされる。そのためには、成功動機が失敗回避動機よりはるかに強いこと、また成功確率と失敗確率が同

じ（即ち、両方とも0.5）になることが求められる。

第5節　モチベーションと職務設計

　職務設計は、職務担当者のモチベーションに重要な影響を及ぼす。その理由は、職務を効果的に設計するか否かが担当者のモチベーションを大きく左右するからである。モチベーションに関連する職務設計の典型的な例が「職務拡大」である。職務を水平的または垂直的に拡大すれば、職務担当者は同じ仕事を繰り返すことから生じる単調感と意欲低下を免れる（職務拡大については、第1章の第3節を参照）。本節では、職場で働いている人々のモチベーションを高めるための職務設計の例を紹介する。

1.　職務特性モデル

　ハックマンたち（Hackman, J. Richard and Oldham, Greg R.）は、職務を効果的に設計することが職務担当者のモチベーションを高め、望ましい成

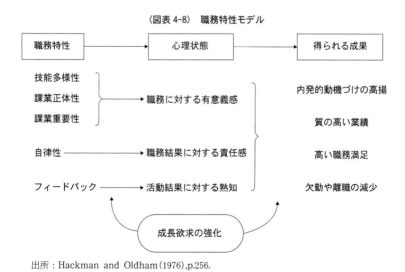

〈図表 4-8〉　職務特性モデル

出所：Hackman and Oldham (1976), p.256.

果を生み出すことを明らかにした。そこで、職務の特性を用いた効果的な職務設計が職務担当者の心理状態に影響を与えて、その影響が好ましい成果を生み出すという仕組みをモデル化して説明している。(Hackman and Oldham: 1976,pp.255-259)。

　第1に、職務担当者のモチベーションを高めるためには、職務に次のような特性を盛り込むことが求められる。

①技能多様性（skill variety）：職務遂行に多様な技能や知識が用いられるようにする。特に、高い能力や意欲を持っている人に単純作業や同一作業を任せないように注意する。

②課業正体性（task identity）：職務の全体が見えるように、また職務の一部始終がよく分かるようにする。家具づくりにおいて、デザインから木材の選択、組立て、塗装までの全工程に関わる人は、1つの工程のみを担当する人に比べれば課業正体性が極めて高い。

③課業重要性（task significance）：本人が担当している課業がどれほど重要なのかを分かるようにする。コンピュータ製造において、CPUやソフトウェアを作る人だけでなく、キーボードを作る人にも自分の課業の重要性を気づかせることが重要である。

④自律性（autonomy）：職務を計画し実行する過程に、本人の意思が反映できるようにする。自分自身が決定できると認知すれば、内発的動機づけは高くなる。

⑤フィードバック（feedback）：職務遂行の結果に関する情報を本人に提供する。最終的結果だけでなく、途中結果や進捗状況を知らせることにより、職務の調整および修正が容易になる。

　第2に、職務担当者の心理状態についてである。職務が効果的に設計されると、職務担当者に次のような心理作用が起こり、モチベーションが向上する。

①職務に対する有意義感：職務に技能多様性、課業正体性、課業重要性が保証されれば、担当者はやりがいと価値を見出し、自分の職務に対する意義を感じる。

②職務結果に対する責任感：職務に自律性が保障されれば、担当者は自律的に意思決定することが多く、職務結果に対する責任を感じる。

③ 活動結果に対する熟知：職務遂行の結果がフィードバックされれば、実際的内容を熟知することや学習効果を得ることが可能となり、より実効性の高い意思決定および行動の改善が期待できる。

第3に、効果的職務設計から結果的に得られる成果についてである。職務が効果的に設計され、職務担当者の心理的変化が起きると、次のような成果が期待できる。

- ・職務に対する内発的動機づけが高まる。
- ・質の高い業績が向上する。
- ・職務に対する満足が高まる。
- ・常習的欠勤が減り、離職率も低下する。

2. 勤務形態の工夫

勤務の形態を工夫することにより、モチベーションを高める方法もある。

①フレックス・タイム（flex time）

　　出勤時間と退勤時間の時間帯をずらすことにより、勤務時間に柔軟性を与え、仕事の効率を上げる方法である。〈図表4-9〉のように、午前6時から午前9時の間、または午後3時から午後6時の間に、3時間のフレキシブル・タイムを設ける。そのとき、勤務時間の変更により社内のコミュニケーションが途切れないように、全ての人が一緒に仕事する時間、即ちコア・タイム（core time）を確保しておくことが重要である。

②サテライト・オフィス（satellite office）

〈図表4-9〉　フレックス・タイムの例

1日の時間

出所：Robbins（2001），p.463.

まるで衛星のように、市街地にある本社から離れた場所に分散して設置
されたオフィスを指す。全社的に情報通信設備を整えて、勤務時間や勤
務場所の制約を受けず、いつでも、どこでも仕事ができるような作業環
境を提供することが主な狙いである。

③ジョブ・シェアリング（job sharing）

これまで1人で担当していた職務を、複数の人々が分担して遂行する勤
務形態である。業務を分担する主な狙いは、財政的危機に置かれている
会社が従業員を解雇しないで、危機を共有・分担しながら雇用を守るこ
とにある。雇用形態が多様化されるにつれ、大勢の人々に雇用機会を拡
大したり、非正規職の形態で多様な人材を活用する手段としても広く導
入される。

3.　目標による管理

　ここでいう目標とは、組織または集団のミッションとか方向性を意味する抽
象的なものだけではなく、行動目標や数値目標のような具体的なものも指す場
合が多い。

〈図表 4-10〉　MBO の仕組み

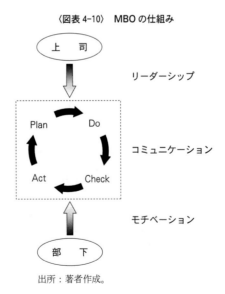

出所：著者作成。

　目標による管理（MBO：Management By Objectives）は管理方法の一種であるものの、その狙いは、上司が部下を統制することにあるのではなく、部下も職務に関する意思決定プロセスに参加できる仕組みを作ることにより、部下のモチベーションを高めることにある。

　図表が示すように、MBOには、本書で取りあげているミクロ組織論の3つの領域が全て含まれている。

　まず、MBOでは、部下を統制することよりも、部下を意思決定の場に参加させ、動機づけることが優先となる。そこで上司には、部下に対して公式的権限を行使するマネジャーとしての役割よりも、リーダーシップを発揮するリーダーとしての役割が多く求められる。

　次に、マネジメントのサイクルといわれるPDCAの全過程の意思決定に部下が参加することになるので、部下のモチベーション（特に、内発的動機づけ）が高まる。

　最後に、MBOでは、上司と部下が互いに対話と実践を通じて協働するプロセスが中心になっているので、コミュニケーションはPDCAのサイクルを回わす原動力となる。

　結論的にいうと、MBOが成果をあげるためには、部下のモチベーション、上司のリーダーシップ、そして両者間のコミュニケーションがそれぞれ十分に機能を果たさなければならないということになる。

第5章

リーダーシップ

　リーダーシップという言葉に込められている意味合いは、論者によって異なるものの、言葉の根底にある共通した意味を取り出すと、「他者への影響力」となる。そこでリーダーシップは、ある者が他者に対して行使する影響力であり、それによって集団と組織の活動や関係が導かれ、構造化され、促進されるプロセスであるといえる（十川:2006,p.84,二村:2004,p.177）。

　本章では、まず、人を動かす影響力と権限をめぐる理論を概説し（第1節）、リーダーシップに関する伝統的理論を紹介する（第2節）。次に、リーダーとマネジャーの役割を比較し（第3節）、現代組織においてリーダーに求められる主な能力を明らかにする（第4節）。最後に、これらの理論的考察を踏まえて、リーダーシップを行使する過程で用いられるコーチングについて説明する（第5節）。

第1節　人を動かす影響力

　本節では、リーダーシップの理論を検討する前の予備的考察として、人を動かす影響力、即ちパワーはどこから生まれるのか、そして、公式的に認められている権限はどこまで効力を及ぼすのかについて概説する。

1. 影響力の源泉
　組織の中には、人々を動かす様々な影響力（パワー）が存在する。その影響力が生まれる源泉として、次のものがあげられる。
　①権限（authority）：組織から公式に認められたもの

　（例：職位に付された意思決定権、指示・命令権）

②賞罰力（sanction）：人を賞罰できるもの

　（例：昇進、昇格、賞与、降格、懲戒、解雇などの人事考課に関わる権限）

③専門能力（expertise）：専門職業人が持っている能力

　（例：医師、弁護士、教授、研究者の専門的知識およびスキル）

④同一化（identification）：人を引き付ける魅力

　（例：人望、人徳、個人的魅力）

⑤情報（information）：必要とされる貴重な情報を取り扱う能力

　（例：情報を所有・処理・管理できる能力）

　このうち、権限のような公式的パワーは、組織の秩序を維持し、協働活動に必要とされる統制（または調整）に欠かせないものである。それに対して同一化は、非公式的な性格のパワーであり、公式的パワーが及ばない人々の心を動かす原動力となるため、リーダーシップに最も相応しい影響力であるといえよう。

2.　権限の成立と範囲

　権限は、組織から与えられた責務を果たすため公式的に認められたパワーである。上司は部下に比べて多くの権限を持っているので、上司から命令が出されると、部下はそれに従わなければならない。ところで、上司は自分に与えられた権限を全て使いきっているだろうか、また部下は、上司のいう全てのことに従っているだろうか。実際に上司の権限が効力を発揮できなくなったり、無視されたりすることもよくある。それは、権限を行使する側とそれを受ける側との間で、権限に対する捉え方が異なるからである。

　組織における権限の成立に関する 3 つの捉え方がある。

(1)　権限法定説

　「権限は組織の法規（法律）により決まる」という捉え方である。権限は組織が定めて公式に認めたものであるため、上司が権限を用いて部下に指示・命令すると、部下はそれに従わなければならない。

(2)　権限委譲説

「権限は組織の上部から下部に委譲される」という捉え方である。上司は部下より権限を多く持っているが、それを全て自分で行使することはできない。そのため、上司の持っている権限の一部を部下に委譲し、部下は委譲された権限を用いて職務を遂行する。

(3)　権限受容説

「上部の権限は下部に受容されて初めて成り立つ」という捉え方である。権限を持っている上司が指示や命令を出しても、部下がその全てに従うとは限らない。上司から指示が出されても、部下の間に受け入れられる程度（範囲）は異なる。重要なのは、上司が如何なる権限を持っているのかではなく、部下が上司の権限をどの程度まで受け入れるのかである。

　権限は厳格に定められ、誰に対しても公平・公正に行使されるべきものであるという点で、権限法定説と権限委譲説は権限の「客観的側面」を指す。一方、権限受容説は、権限が受け入れる側の考え方や捉え方次第で変わり得るという点で、権限の「主観的側面」を指す。権限受容説によれば、権限はそれを行使する人ではなく、それを受け入れる人により成り立つ。つまり権限は、受け手に受容されて初めて意味があり、効力が発生するといえる。

　バーナード（Barnard, Chester I.）は、指示された命令に対して受令者が受け入れるか否かを決める範囲が次のように3つあるという（Barnard:1938, pp.168-169,邦訳 p.177）。

①明らかに受け入れられない範囲
②中立線上にある範囲：受け入れるか、それとも受け入れないかの瀬戸際にある範囲
③問題なく受け入れる範囲

　このうち、問題なく受け入れる範囲を**無関心圏（zone of indifference)**という。命令が無関心圏内にあれば、受令者は命令に対して反問したり、躊躇することなく無批判的に全てを受容する。例えば、人は幼年期に親の言うことを迷うことなくほとんど受け入れるが、児童期、思春期、青年期に成長するに

つれ、親の言うことに対して受け入れるか否かを判断し反応する程度が多くなり、無関心圏は段々狭くなるといえる（他の例でいえば、先生の指示に対して無条件的に受け入れる範囲が、小学生、中高生、大学生の間に変わっていくようなものである）。

そこで、権限を行使する側が、受ける側の無関心圏をどのように広げるかが重要な課題になる。バーナードは、権限が受ける側に受容されるための条件として、次の4つをあげている（Barnard:1938,pp.165-166,邦訳 pp.173-174）。

　①内容が理解できること
　②内容が組織目的と矛盾しないと信じること
　③内容が自分の個人的利害と両立し得ると信じること
　④内容が精神的にも肉体的にも従い得ること

これらの条件が同時に満たされるとき、指示・命令は受ける側に受容される。要するに、権限受容説が持っている含意は、権限を持っている人はそれを一方的に行使するのではなく、受ける人の受容範囲を考慮しながら行使するのが望ましいということである。

第2節　リーダーシップの伝統的理論

本節では、リーダーシップに関する伝統的理論を3つ取りあげる。まず、偉大なリーダーが持っている特性に焦点を合わせた「資質理論」を初め、成果をあげているリーダーの実質的行動を究明した「行動理論」、そして、これらの理論の問題点を修正し、さらに発展した「条件適合理論」について概説する。

1. 資質理論

資質理論は「偉大なリーダーには共通する資質（trait）がある」という前提の下で、「国家論」や「君主論」などに登場するような歴史的に優れたリーダーに共通してみられる資質を究明し、そこで得られた資質を用いてリーダーの選抜や育成に役立てようとした理論である。

多くの研究結果から、偉大なリーダーの資質として、向上心と実行力、他者

を導こうとする欲求、正直さと誠実さ、自信、知性、自己監視性、職務に関連
した知識などがあげられた。しかしながら、人の資質というのは潜在的なもの
であり、実際には確認し難いものも多いので、特定の資質を持っているだけで
有能なリーダーになれるという主張は説得力に乏しい。

2. 行動理論

　行動理論は「リーダーを作り上げる行動がある」という前提の下で、1940
年代にアメリカを中心に研究されたものであり、成果をあげているリーダーが
実際に取っている顕在的な行動を調べて共通する要因を究明したものである。
この理論もリーダーの行動を考察することでリーダーの教育や養成に役立てる
ことに狙いがあった。

　高い成果を上げているリーダーの行動は、仕事（または業績）か、それとも
人（または人間関係）のどれかに重点をおいていることがオハイオ大学とミシ
ガン大学の研究から判明した。そこでは、業績効果に密接な関係があると見ら
れる、リーダーの2つの行動的特徴が示された（Robbins:2001,p.316）。

(1) オハイオ大学（Ohio State University）の研究

　①構造づくり型（initiating structure）：明確な目標設定、業務内容、業務
割当、業務関係、厳密な業績評価などに重点をおくタイプである。高い成果を
上げているリーダーは目標達成を進める中で、メンバーの役割を明確に定義
し、業務に関する内容を明らかに示している。

　②配慮型（concentration）：メンバーの居心地、健康、地位、満足などに
関心を示すだけでなく、個人的な悩みにも力を貸し、メンバーに親しまれやす
いタイプである。高い成果を上げているリーダーは、メンバーとの相互信頼、
メンバーのアイデアの尊重、メンバーの感情への気配りなどの良い人間関係を
築いている。

(2) ミシガン大学（Michigan University）の研究

　①生産志向型（production-oriented）：グループの成果達成に強い関心を
持っていて、メンバーを成果達成の手段とみなすなど、仕事の技術的あるいは

タスク上の側面を重視するタイプである。

　②従業員志向型（employee-oriented）：メンバーのニーズに個人的関心を
よせて、メンバー間の個性の違いを認めるなど、人間関係を重視するタイプで
ある。

　オハイオ大学とミシガン大学の研究からさらに発展して、業績と人との関係
を同時に分析したブレイク・ムートン（Blake, Robert R. and Mouton, Jane
Srygley）の研究がある。それは、リーダーの行動スタイルを「生産に対する
関心」と「人間に対する関心」に分け、〈図表 5-1〉のように X 軸と Y 軸の座
標（managerial grid）に表わし、リーダーのタイプ別行動特性を比較したも
のである（Blake and Mouton 1978,pp.9-15）。

〈図表 5-1〉　マネジリアル・グリッド

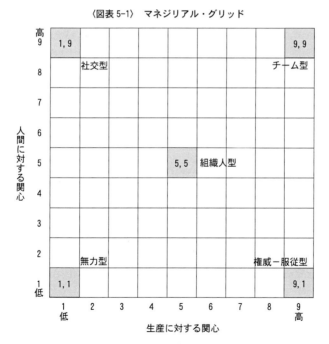

出所：Blake and Mouton(1978),p.11 を一部修正して作成。

- （1,1）：無力型（impoverished management）

  求められた業務に最小限の努力を注ぐことで、組織の一員としての身分を保つ。

- （1,9）：社交型（country club management）

  人間関係を充足させるために人の欲求に気を付ければ、友好的に居心地良い雰囲気が形成される。

- （9,1）：権威-服従型（authority-obedience management）

  人間的要素の妨げを最小限にするように業務の諸条件を整えれば、仕事の能率が上がる。

- （5,5）：組織人型（organization man management）

  業務達成の欲求と人々の士気が満足水準に保たれることで、適した成果をあげられる。

- （9,9）：チーム型（team management）

  チームにコミットメントした人々によって成果があがる。なお、組織目的における共通の利害関係が信頼や尊敬の人間関係にも繋がる。

　人間と生産（即ち、業績）の両方に対して、一定のバランスのとれた行動を示しているのが組織人型であり、そこから両方共に更なる行動力を高めたのがチーム型である。チーム型は、集団で活動することを前提にしており、メンバーが意思決定に積極的に参加しながら集団内部のコンフリクトを共に解決することにより、モチベーションの高揚と生産性の向上を同時に実現するという理想的タイプである。

3. 条件適合理論

　資質理論と行動理論の問題点を修正して発展させた条件適合理論（contingency theory）は、「全ての場面に通用し得る普遍のリーダーは存在しない」という前提の下で、状況の変化によりリーダーシップのスタイルが如何に変わるのかを究明したものである。この理論では、成果をあげようとするリーダーは、メンバーとの間に置かれている様々な状況および条件に相応しい行動をとるべきであるという点が強調されている。以下では、その代表的理論を2つ取り上げる。

(1)　フィードラーの理論

　フィードラー（Fiedler, Fred E.）は、状況の変化に応じたリーダーシップのモデルを提示している。それはリーダーのスタイルと状況要因や成果との関係を明らかにしたものである（Robbins:2001,pp.319-322）。

　まず、LPC（Least Preferred Coworker）に関する質問を通じて、リーダーのスタイルを区別した。LPC とは、最も一緒に働きたくない共同作業者を指す。リーダーを対象に、これまで一緒に仕事をしたことのあるメンバーの中で最も一緒に働きたくない人を点数（LPC 点数）で評価するように依頼した。その結果として、リーダーがつけた LPC 点数によりリーダーのスタイルが分かれる。LPC 点数を高くつけたリーダーは、最も好ましくない人に対してもある程度好意的に評価し、比較的に甘い点数をつけたことを意味するので、「関係志向型」といえる。一方、LPC 点数を低くつけたリーダーは、人に対する評価が比較的に厳しいことを意味するので、人との関係性や人への配慮よりも、むしろ仕事や生産性に高い関心を持っている「課業志向型」といえる。

　次に、リーダーシップに関連すると思われる状況要因を 3 つ取り上げた。

①メンバーとの関係：メンバーがリーダーに対して持っている自信、信頼、尊敬の度合い

②課業構造：課業目標や職務範囲が明確に定義されている度合い

③地位パワー：リーダーがメンバーに対して持っている雇用、解雇、教育、昇進への影響力の度合い

　最後に、状況要因を複合的に組み合わせて、リーダーにとって最も好ましい状況から最も好ましくない状況までのカテゴリーを分類した。メンバーとの関係が良く、課業がより構造化されて、地位パワーが強いほど（即ち、リーダーにとって好ましい状況であるほど）、リーダーの統制力または影響力は大きい。一方、メンバーとの関係が悪く、課業があまり構造化されておらず、地位パワーが弱いほど（即ち、リーダーにとって好ましくない状況であるほど）、リーダーの統制力または影響力は少ない。

　結果的に、様々な状況において成果をあげるのは、どのようなスタイルのリーダーかを示したのが〈図表 5-2〉である。

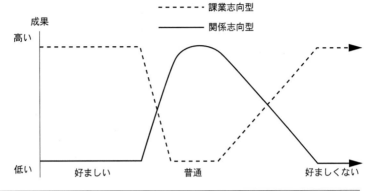

〈図表 5-2〉　状況要因とリーダーのスタイル

カテゴリー	Ⅰ	Ⅱ	Ⅲ	Ⅳ	Ⅴ	Ⅵ	Ⅶ	Ⅷ
メンバーとの関係	良い	良い	良い	良い	悪い	悪い	悪い	悪い
課業構造	高い	高い	低い	低い	高い	高い	低い	低い
地位パワー	強い	弱い	強い	弱い	強い	弱い	強い	弱い

出所：Robbins（2001），p.321.

　以下では、このモデルの含意と現実への適用について説明する。
　第1に、モデルの含意についてである。
　好ましい状況と好ましくない状況を決定づける主な要因は何であろうか。非常に好ましい状況（ⅠとⅡ）では、リーダーとメンバーとの関係も良く、課業も構造化されている反面、非常に好ましくない状況（ⅦとⅧ）では、リーダーとメンバーとの関係も悪く、課業も構造化されていない。また、普通の状況（Ⅲ～Ⅵ）では、リーダーとメンバーとの関係か、それとも課業構造かの片方だけが良く、他方は良くない。そのとき、より好ましい状況か否かを決定する要因は、課業の構造化という制度的な側面ではなく、リーダーの地位パワーや部下との関係などの人間的な側面である。特に、最も好ましい状況（Ⅰ）と最も好ましくない状況（Ⅷ）の決め手が、リーダーの地位パワーであることは注意すべき点である。
　また、それぞれの状況において、高い成果をあげるのに相応しいリーダーのスタイルは何であろうか。高い成果をあげているリーダーは、非常に好ましい

状況（ⅠとⅡ）と非常に好ましくない状況（ⅦとⅧ）では課業志向型である
が、普通の状況（ⅣとⅤ）では関係志向型である。それは何故だろうか。非常
に好ましい状況では、メンバーとの信頼関係が築かれ、なお課業達成への取り
組みが体系的に行われているため、リーダーが課業志向へ力を入れても成果を
十分に高めることができる。同じく、非常に好ましくない状況では、メンバー
との信頼関係が築かれておらず、なお課業達成への取り組みが曖昧なままであ
るため、リーダーがメンバーとの関係改善に力を入れても業務体制が非効率的
になっており、成果につながり難い。その場合、人間関係よりも冷静に目標達
成や課業志向に更なる力を入れる方が、成果を高めることになる。一方、普通
の状況では、メンバーとの信頼関係と課業達成への取り組みが複雑になってい
るため、リーダーは課業達成に力を入れるよりも、むしろメンバーとの信頼関
係を築くことがメンバーのモチベーションを引き上げることになり、高い成果
につながる。

　第2に、モデルの現実への適用についてである。

　モデルの適用には、リーダーのスタイルを変える方法と状況を変える方法が
ある。まず、リーダーのスタイルを変える方法である。仮に、課業志向型リー
ダーを求めている状況なのに関係志向型リーダーがいる場合、適切な成果を得
るためには、関係志向から課業志向へとスタイルを変えるように、リーダーに
求める。ところが、リーダーのスタイルは先天的な傾向が強く、簡単に変えら
れるものではないので、リーダーを入れ替える方が望ましい。例えば、非常に
好ましくない状況に関係志向型リーダーがいる場合、課業志向型リーダーに入
れ替える方法である。

　一方、状況を変える方法は、状況をリーダーに適合させることを意味する。
課業を再構築することや、昇給、昇進、教育訓練などに関するリーダーの地位
パワーを増大することで状況を変えるのである。例えば、状況Ⅳに課業志向型
リーダーがいる場合、リーダーの地位パワーを増大して状況をⅢに変えること
により成果をあげる方法である。

⑵　ハーシ・ブランチャードの理論

　ハーシ・ブランチャード（Hersey, Paul and Blanchard, Kenneth H.）

は、リーダーシップが課業行動、関係行動、フォロワー（follower）の成熟という状況要因の間の相互作用に密接に関係しており、このうち、フォロワーの成熟が最も重要な状況要因であることを究明した。以下では、理論の主な内容を説明する。

　まず、この理論で用いられている基本概念は、次のように定義される（Hersey and Blanchard:1993,pp.185-192）。

①課業行動（task behavior）：リーダーが与える指示や指導

　課業に対して、何を、どのように、いつ、どこで、誰が行うかを指示する。

②関係行動（relationship behavior）：リーダーの社会情緒的支援（socio-emotional support）

　フォロワーのいうことをよく聞いて、双方的または多方的コミュニケーションを交わしながら手助けする。

③成熟（readiness）：特定課業を達成するのに必要とされるフォロワーの能力と意欲

　個人の特性（例：気質、価値観、年齢）ではなく、特定課業を遂行するのに準備されている程度を指す。

　　・能力（ability）：特定課業や行動に求められる知識、経験、スキル

　　・意欲（willingness）：特定課業の達成に対する自信、関与、動機づけ

　　　能力と意欲は互いに影響を及ぼし合うものである。

　次に、〈図表 5-3〉は、フォロワーの成熟とリーダーの行動をモデル化したものである。図表の下部にはフォロワーの成熟レベルが、上部にはそのレベルに適合するリーダーの行動が示されている。フォロワーの成熟レベルは、能力や意欲、自信感の差異によって R1 から R2、R3、R4 へ発展していく（Hersey and Blanchard: 1993,p.191）。

①R1：無能力と無意欲、不安感

　　能力も意欲もないので、不安を感じる。

②R2：無能力と意欲、自信感

　　能力は足りないが、意欲があるので、リーダーが指導してくれれば

〈図表 5-3〉フォロワーの成熟とリーダーの行動

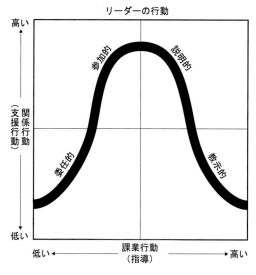

リーダーの行動

高い

（支援行動）関係行動

低い

参加的　　説明的

委任的　　教示的

低い ←　課業行動（指導）　→ 高い

フォロワーの成熟			
高い	普通		低い
R4	R3	R2	R1
能力 意欲 自信感	能力 無意欲 不安感	無能力 意欲 自信感	無能力 無意欲 不安感
フォロワー中心的		リーダー中心的	

出所：Hersey and Blanchard(1993),p.186 を一部修正して作成。

　　自信を持つ。

③R3：能力と無意欲、不安感

　　　能力はあるが、意欲がないので、1 人でやることにまだ自信がない。

④R4：能力と意欲、自信感

　　　能力と意欲があるので、自信を持つ。

　フォロワーの成熟レベルが変わることに合わせて、リーダーは次のような行動をとっていく（Hersey and Blanchard:1993,pp.192-196）。

　①教示的（telling）：特別な指示を与えてその履行を身近で監視する。

　　・フォロワーに対して、特定の課業に関する細かい案内や指導を行う。

・フォロワーに何を、いつ、どこで、どのようにするかを具体的に指示する。

②説明的（selling）：決定事項を説明してその内容を明らかにする。

・リーダーの望むことを分かってもらうために、指示するだけでなく、対話する機会と意味を明らかにする機会を設ける。

・出される指示が何を意味するのか、どのような意義を持っているのかを充分に説明し、フォロワーに質問の機会も与える。

・指示の理由を充分に説明する必要がある（因みに、telling では理由の説明が不十分）。

③参加的（participating）：フォロワーとアイデアを共有して意思決定を手助けする。

・フォロワーの能力がそれほど高くないので、まだ自分 1 人で実行する自信がない。

・フォロワーに能力はあるが、監督者がいると落ち着かない、または疲れて意欲を失ってしまう。

・双方向コミュニケーションと支援的行動は役立つが、フォロワーを指導することは不適切である。

・問題解決や心配を和らげる適切な方法として、議論することや支援して手助けすることがあげられる。

④委任的（delegating）：決定や実行に対する責任を持たせる。

・リーダーの指示がなくても、気楽に実行する機会が十分に与えられる。

・関係的行動は、平均以下の程度まで減るものの、まだ必要とされる。

・リーダーは何が起きるかを見守ることに止まり、フォロワー自らが実行するようにし、その責任を持たせる。

　最後に、成熟理論のモデルを現実へ適用するときの留意点について説明する（Hersey and Blanchard:1993,pp.196-206）。モデルを適用する際に、リーダーが重視しなければならないのは、フォロワーの成熟を手助けすることである。リーダーは現在のフォロワーの成熟レベルを正確に把握し、それに適合するリーダーとしての行動をとらなければならない。そこで、フォロワーに対し

て効果的に影響力を発揮するよう、それぞれのレベルに適合するコミュニケーションをとることが望ましい。

　しかしながら、フォロワーの成熟は、モデルが示すように低いレベルから高いレベルへ順調に変わるとは限らない。成熟のレベルも、状況によって変わり得るからである。フォロワーの業績が何らかの理由で下がる場合、あるいはフォロワーの能力や意欲が低減する事態が生じる場合、リーダーはフォロワーの成熟レベルを再評価し、それに合わせて自分の行動を変えたり、社会情緒的支援（socioemotional support）を新たに加えたりする必要がある。

第3節　リーダーの役割

　今日のように激しい変化と厳しい競争にさらされている組織では、リーダーの役割が何よりも重要視される。本節では、マネジャーとリーダーの似て非なる役割を比較しながら、リーダーの本質的な役割について考察する。

1.　リーダーとマネジャーの役割比較

　集団および組織において、リーダーシップとマネジメントはメンバーに大きな影響を及ぼす。リーダーとマネジャーは、目的達成に向けてメンバーと緊密なコミュニケーションをとりながら影響力を発揮している点で類似しているが、異なる点も多い。両者の根本的な違いは、組織の目的達成に伴う**公式的な権限および責任を持っているか否か**にある。マネジャーが公式的な役割を果たしている身分であるのに対して、リーダーはそうとは限らない。〈図表 5-4〉は、マネジャーとリーダーの主な役割を比較したものである。

　マネジャーには公式的な権限と責任が伴うため、求められる能力も公式化されやすい。そのため、マネジャーに求められる能力が教育により修得されやすいのに対し、リーダーに求められる能力は教育により修得され難い。今日のような不確実かつ変革の時代に切実に求められるのは、マネジャーとしての能力よりもリーダーとしての能力であるといえる。

　しかしながら注意すべき点は、マネジャーの役割とリーダーの役割は相容れ

〈図表 5-4〉　マネジャーとリーダーの役割

マネジャーの役割	リーダーの役割
組織の目的達成を目指す	組織の変革を目指す
管理プロセス（P—D—C—A）を遂行	ビジョン（方向性）を提示
公式的権限の範囲で活動	公式的権限からはみ出る（非公式的パワー）
組織の安定（秩序）を重視	メンバーの満足を重視
統制および問題解決を重視	モチベーションの高揚を重視
垂直的コミュニケーションを重視	水平的コミュニケーションを重視

出所：著者作成。

ないものではないということである。有能なマネジャーが有能なリーダーになるとは限らないが、マネジャーはそもそもリーダーの立場に置かれているため、マネジャーにリーダーの役割も求められる場合が多い。マネジメントとリーダーシップは、相反するものではなく補完し合えるものなので、状況に応じて両者間のバランスを図ることが極めて重要である。

(1)　ザルズニックの研究

　ザルズニック（Zaleznic, Abraham）は心理学の知識および実証研究を通じて、リーダーとマネジャーの役割の違いを、次の4つの局面で比較している（Zaleznic:1977,pp.70-75）。

　①目標に対する心構え（attitudes toward goals）

　マネジャーが目指すのは目標達成であれば、リーダーが目指すのは目標達成へ向かうように人々の考え方を変えることである。従って、マネジャーが人間よりも仕事の方を優先にするのに対して、リーダーは仕事よりも人間の心情や欲求などに積極的に働きかける。また、リーダーは進むべき目標に向かって、自らが能動的に動くことにより人々のイメージや期待を喚起し、何らかの欲求を明らかにするなど、人々の心的状態（moods）を変える。

　②仕事観（concepts of work）

　マネジャーは、絶えず調整やバランスをとることが大切であるため、一方では交渉と取引を、他方では補償と処罰を用いる。意思決定において、マネジャーが選択肢を制限するのに対し、リーダーは新たな選択肢を見出す。つまりリーダーは痼疾的な問題に対して、論点を切り開いて新しい方法論を導き出す。また、マネジャーが生存本能によって冒険心が抑えられ、平凡で現実的な行動に耐えるのに対して、リーダーは極めて高いリスクや危険が伴う行動をとる。即ちマネジャーは、従来通りのやり方を選好するが、リーダーは新たな挑戦を選好する。

　③人間関係（relations with others）

　マネジャーは感情移入する能力、あるいは他人の思考や感情を直感的に把握する能力が乏しい。マネジャーが進行中の案件や意思決定プロセスに果たす役割に合わせて他人と交わるのに対して、リーダーはある関心事について本能的に、しかも深く感情移入しながら人間関係を築く。マネジャーが重要視するのは、物事のプロセスにおける関係者の役割であって、関係者の関心そのものではない。言い換えると、マネジャーが注目するのは、物事がどのようになされるか（how）であるが、リーダーが注目するのは、案件ないし意思決定がその関係者にとってどのような意味を持つか（what）である。

　④自我認識（senses of self）

　人間は2つの異なる過程、即ち社会化（socialization）と個人的熟達（personal mastery）を経て成長する。前者は、個人が制度を学び様々な社会的関係におけるバランスを維持する過程であり、後者は、個人が心理的変化や社会的変化に向けて積極的に取り組む過程である。マネジャーが社会化により成長するというならば、リーダーは個人的熟達により成長するといえる。つまり、マネジャーが組織において、秩序維持者、あるいは調整者として義務と責任のバランスを図るのに対して、リーダーは自分がどのような組織に属しているか、どのような仕事役割を担っているか、どのような社会的身分であるかなどには拘らず、主体的に変革を追い求める。

　(2)　コッターの研究

　コッター（Kotter, John P.）によれば、マネジャーの主な役割は、複雑な

状況にうまく対処することであり、そこに求められるのは秩序と一貫性である。一方、リーダーの主な役割は、変化にうまく対処すること、つまり組織が激変する環境に適応しながら生き残るために必要とされる大きな変革の方向性を決めることである。

　以下では、マネジメントとリーダーシップに求められる3つの局面に焦点を合わせて、両者を比較してみる（Kotter:1990,pp.104-109）。

　①「やるべきことを決める」という局面において、マネジメントが「**計画と予算の策定**」に重点をおくのに対して、リーダーシップは「**方向性の設定**」に重点をおく。

　マネジメントは、将来（例えば、翌月か翌年）の目標を定めてからその達成に向けて具体的な手順を決め、計画を実現するための資源を配分する。それは演繹的なプロセスであり、変革よりも何らかの結果を秩序立って生み出すように設計される。それに対してリーダーシップは、将来（例えば、かなり遠い未来）のビジョンとその実現に必要な変革を起こすための戦略を立案する。それは帰納的なプロセスであり、様々なデータを収集して、パターンはもとより、関係性や関連性などを見出して物事を説明する。方向性の設定により、計画ではなくビジョンと戦略が生み出される。

　②「やるべきことを達成するために役立てる人脈や人間関係を築く」という局面において、マネジメントが「**組織編成と人員配置**」に重点をおくのに対して、リーダーシップは「**人心の統合**」に重点をおく。

　マネジメントは、複雑に絡み合う意思決定を次から次へと処理しなければならない。そのためには、できる限り正確かつ効率的に計画を遂行できる人的システムを編成しなければならない。そこで、職務体系や指揮命令系統の選択、適材適所の人員配置、社員研修、社員への計画の説明、権限委譲およびその範囲を決定する。それに対して、リーダーシップは、人々を組織することよりも、むしろ人々の心を1つにする。つまり、メンバーたちがビジョンを理解したうえで、実現に向けて努力をし、全員が一丸となれるように新たな方向性を伝え、理解させることである。そのためには、コミュニケーションをとりながら、信頼感を得ることが重要である。

　③「メンバーに仕事をさせる」という局面において、マネジメントが「**統制**

と問題解決」に重点をおくのに対して、リーダーシップは「**動機づけ**」に重点をおく。

　マネジメントは、統制と問題解決によって計画の達成を確実にする。計画と実際との間には乖離が生じるため、詳細にモニターしてそのギャップを突き止める。ところが、マネジメントの狙いが人々を統制することにあるため、人々に強く動機づけられた行動を期待することには限界がある。それに対してリーダーシップは、根源的ではあるものの、表面に浮かび上がってこない人間の欲求や価値観、感性などに訴えかけながら、変革を阻む大きな障害が生じても皆を動機づけて正しい方向へ導き続ける。そこで、組織のビジョンを明らかにしたうえで、1 人 1 人に仕事の重要性を理解させること、ビジョンを実現する方法を決める際にメンバーも参画させること、努力する人をサポートして正しい評価と報奨を与えることなどが求められる。

　さらにコッターは、リーダーの究極の役割として「**リーダーシップ中心の組織文化づくり**」をあげている（Kotter:1990,pp.109-111）。マネジメントが公式的組織構造によって調整されるのと同じく、リーダーシップにも調整が必要である。組織が複雑な環境変化に対応するとき、大勢の組織メンバーに率先して行動することが求められる。そのときリーダーは、マネジャーだけではなく、組織のあらゆる階層の人々もリーダーシップを発揮するように働きかけなければならない。

　このように、組織のあらゆる階層から生まれるリーダーシップが効果的に機能するためには、リーダー同士で慎重に調整される必要がある。そのなかで最も効果的なのは、リーダー同士で非公式的ネットワークを構築し信頼感を形成すること、つまりリーダーシップ中心の組織文化づくりである。そのときシニア・マネジャーは、潜在的リーダーの能力を有した人を見つけ、その人がリーダーシップを伸ばせるように、積極的に支援するという重大な役割を果たさなければならない。

(3)　ワッキンスの研究

　ワッキンス（Watkins, Michael D.）は、マネジャーとリーダーが組織のど

の地位にいるかによって、その役割が相対的に異なることを究明した。ある部門長が事業全体を率いる事業部長に昇進することにより、その役割もマネジャー中心からリーダー中心へ変わったことを、以下のように説明している（Watkins:2012,pp.66-72）。

①スペシャリスト（specialist）からゼネラリスト（generalist）へ

　ゼネラリストとして、主要部門で使われているメンタル・モデル、道具および用語を理解し、その部門のリーダーを評価するための枠組みを整備する。

②分析者（analyst）から統合者（integrator）へ

　統合者として、部門横断的チームの集合知を統合し、適切な妥協点（trade-offs）を見出すことで、組織の複雑な問題を解決する。

③戦術家（tactician）から戦略家（strategist）へ

　戦略家として、細部と全体像の間を柔軟に行き来しながら、複雑な環境のなかで起きている重要なパターンを見極めると共に、カギとなる外部関係者の反応を予測し、それに影響を与える。

④レンガ職人（bricklayer）から建築設計者（architect）へ

　戦略、構造、作業モデル、求められるスキルが効果的かつ効率的にかみ合うように、組織システムを分析・設計するやり方を理解して、それに伴う組織変化を行う。

⑤問題解決者（problem solver）から課題設定者（agenda setter）へ

　組織が重視すべき課題を明らかにし、どこか１つの部門に限る問題ではなく、組織全体にとって重要な課題を見つける。

⑥兵士（warrior）から外交官（diplomat）へ

　外交官のように、政府、NGO、マスコミ、投資家などの主な外部関係者に影響を及ぼすことにより、積極的に事業環境を整える。

⑦脇役（supporting cast member）から主役（lead role）へ

　組織の主役、または手本（role model）として正しい行動を示し、次第に大勢の人々とコミュニケーションを取りながらその人々を鼓舞する。

2.　静かなリーダー

　一般的に、これまでリーダーシップの研究対象として注目されてきたのは、

人の琴線に触れる偉大なヒーロー、即ち高尚な理想を掲げながら、倫理的な使命感を持って周りの人々を率いるカリスマ型リーダーであった。バダラッコ（Badaracco, Joseph）は、これまでの研究の問題点を指摘したうえで、実践的なリーダーを意味する**静かなリーダー（leading quietly）**の役割の重要性を強調している。静かなリーダーとは、「忍耐強く慎重に一歩一歩行動する人であり、自分の組織や周りの人々、そして自分にとって正しいと思われることを、自分の身を守りながら目立たずに実践している人」を指す（Badaracco: 2002, 邦訳 pp.9-10）。

　これまで注目されてきた**カリスマ型リーダー**には、① 明確なビジョンとその表現能力を持つ、② ビジョンを達成するためには自己犠牲をも厭わない、③ 凡人としては考えられない並外れた奇抜な行動を示す、という特徴がみられた。カリスマ型リーダーは、個人的能力によってフォロワーを変化させ、「この人に頼まれれば火の中にでも飛びこむ」というほどの支持を触発させるため、組織にとって必ずしも最善の行動をとるとは限らない。しかし、イデオロギーや安定性がまだ内部に定着していない生成期の組織、または不確実な環境や危機に直面している組織において、カリスマ型リーダーは成果をあげる傾向が多い。

　それに対して、静かなリーダーに見られる主な特徴として次の 3 つが指摘されている（Badaracco: 2002, 邦訳 pp.199-208）。

①自制（restraint）
　内心を語らず、意見と感情をすぐには表現せず、できる限り効果的に感情をコントロールしながら周りに伝える。そのためには、忍耐力と自己鍛錬がなければならない。

②謙遜（modesty）
　自分が世界を変えるとは到底考えないで、何よりも自分の役割を真面目に果たすことに専念する。人々や物事が当初思ったときよりも複雑であることに気づき、時間を稼いで問題を深く掘り下げて考え、徐々に行動範囲を広げていく。

③粘り強さ（tenacity）
　斜面を攻め上がるような不利な戦いに悪戦苦闘することが多いため、粘り

強さが求められる。自分にとって重要な信念を必死で実現しようと周りから孤立して苦戦することもあるので、栄誉ある騎兵戦ではなく、長期にわたるゲリラ戦の戦士のようなものである。

　さらにバダラッコは、静かなリーダーが従うべき 8 つの行動指針（guideline）について具体的に説明している（Badaracco:2002,邦訳 pp.21-195）。

①現実を直視する：自分がどの程度の状況を理解してコントロールできるかを直視する。そのためには、自分が内部の事情に精通して組織から認められる人になり、影響力を持たなければならない。

②複雑かつ様々な動機を持って行動する：人間の内面は複雑であり、利己主義と利他主義が混在しているため、利他主義や自己犠牲だけで行動を起こすことは稀である。そこで、持続的にリーダーシップを発揮するためには、「健全な利己主義」の感覚が必要である。長期間に多くの問題を担当しながら影響力を発揮するには、動機の純粋性よりもむしろ動機の強さが求められる。

③時間を稼ぐ：常に変化する予想不可能な世界では、流動的かつ多面的な問題に即座に対応することは無理である。行動を起こす前に、対策を考えるための時間稼ぎの方法を見つけることが大切である。

④賢く影響力を活用する：影響力は人に対する評判と仕事上の人間関係から生まれる。静かなリーダーは、自分が持っている影響力を認識して慎重に行使する。例えば、自分の上司が不正を行った時に、賢明な人なら、不正の事実を突きつけて批判して会社を辞めるという自己犠牲的な最後の手段を使わず、自分の地位を守りながら持っている影響力を必死に発揮しつづける。

⑤具体的に考える：道徳的な発想や説教に拘らず、事態の技術的かつ政治的側面について具体的に深く考える。そのとき、自分 1 人で複雑な問題を解決しようとしないで、専門家と専門知識のネットワークを構築することが大切である。

⑥規則を前向きに拡大解釈する：規則は守らなければならないが、何も考えず規則に黙従して害を及ぼしてはならない。規則厳守を強調し過ぎると、無責任や責任回避になり得る。「規則だから行う／行ってはならない」と

いう盲目的な態度は、安易な逃げ道へ回避することと変わらない。想像力と創造性を用いて規則を適正に解釈することにより、機会を逃さず、価値観に沿った形で問題を解決しなければならない。そこで、法規則や一般的な倫理慣行が認める範囲内で規則を前向きに拡大解釈することが極めて重要なのである。

⑦徐々に、そして少しずつ行動範囲を広げる：問題解決のために探りを入れながら、徐々に行動範囲を広げていく。そのためには、自分のキャリアと評判を危険にさらすことなく行動する慎重さと、自分が賢いと思わない謙虚さが求められる。

⑧妥協策を考える：忍耐強く少しずつ行動範囲を拡大して、最終的には自分で決断しなければならない。しかし、その時も強い態度に出ることを避け、忍耐強く実践的に重要な価値観を守り、具現化するための創造的妥協案を考える。

　従来のリーダーシップ論は、まず組織目的ありきで、マネジメントと組み合わせて如何に組織目的を達成するかに焦点を合わせる傾向が強かった。それに対して静かなリーダーに関する研究は、個人的動機の重要性を強調しながら、表面的に目立たないものの、重大な責任を真面目に果たしているミドル・マネジャーに対するガイドラインを示している。

3. サーバント・リーダー

　グリーンリーフ（Greenleaf, Rovert K.）は、サーバント（servant：召使い）としてのリーダーの役割について述べている。サーバント・リーダーは、他人に奉仕することが最も重要な役目であると認識しながら、相手が最も必要としているものを与えるために相手の立場で考え、相手の気持ちを推し測る。

　リーダーは必ずしも上司を意味するものではなく、組織に何らかの変革を及ぼす影響力を持っていれば誰でもなれる。サーバントとしてのリーダーシップは、自然な感情として湧き上がり、人に奉仕したいと思わせるものであり、権力、影響力、名声、富を欲するものではなく、その本質は**奉仕（serving）**と**癒し（healing）**である。これらは完璧な境地に至ることがほとんど不可能で

あるため、常に求められ続けるものである（Greenleaf:1997,pp.49-50,邦訳pp.87-88）。

　現代社会において、組織の内部でマネジャーを手助けしながら、メンバーを動機づけるというミクロ的レベルよりも、むしろ組織が社会のなかで如何に責任を果たすべきか、またトップ・マネジャーがどのように組織を導いていくべきかというマクロ的レベルのリーダーシップが求められている。

　そこでグリーンリーフは、組織学習協会がリーダーシップを「人間社会の未来を方向づける、人間社会の能力」と定義したことを紹介しながら、個人の資質や傑出した特徴などの個人的な現象というよりも、共同生活体、即ちコミュニティの重要な変革のプロセスを支えている人の能力としてのリーダーシップが極めて重要であることを強調している（Greenleaf:1997,pp.358-359,邦訳pp.548-549）。このような捉え方では、自分には英知があり、未来について何かできる気がして、自分たちの未来にいくらかでも影響を与えられると信じて社会的に活躍すれば、その人はサーバント・リーダーになれる。

　より良い社会（即ち、より公正で愛情深く、より創造的な機会を人々に与えてくれる社会）を作るには、既存の組織が社会に奉仕する能力を高め、サーバントとしての役割を果たすことが必要である。そのためには、様々な組織の役員や理事などのトップの人々が自分を、他人の財産および管理を受託された者（trustee）と認識しながら、サーバント・リーダーとしての社会的責任を果たさなければならない。それが、政治家や公務員が国民や住民の公僕（public servant）といわれる所以である。

第4節　リーダーに求められる能力

　リーダーシップの現代的研究方法には、第2節で紹介した伝統的理論とは異なるいくつかの特徴がある。フォロワーの視点が組み込まれている点、フォロワーの能力開発や創造性発揮を促している点、フォロワーとリーダーの間の認知および相互関係が考慮されている点などである（十川:2006,p.95）。本節では、フォロワーに対する理解の重要性を指摘した上で、現代のリーダーに求め

られる本質的な能力に関する理論を取り上げる。

1.　フォロワーに対する理解

　現代の組織では、階層の少ないネットワーク型構造が多く、知識労働者がチーム横断的に仕事を進めるため、誰がリーダーであり誰がフォロワーなのかを簡単に区別できない。なぜなら、リーダーとフォロワーは階層的地位よりも、役割の仕事内容によって分けられる場合が多いからである。

　「権限受容説」で述べたように、上司の権限は受け入れる側から受容されないと成り立たない。リーダーシップにおいても、フォロワーがいなければリーダーも存在しない。両者は一方的関係ではなく、持ちつ持たれつの双方的関係、即ち相互影響関係（interactive relationship）にある。従って、フォロワーに対する理解なくしてフォロワーとの良い関係づくりはできず、効果的なリーダーシップは期待できない。以下で、リーダーシップの一環として行われているフォロワーシップに関する研究を 2 つ取り上げる。

(1)　ケリーの研究

　ケリー（Kelly Robert E.）は、フォロワーが独自的・批判的思考能力を持っているか否か、そしてリーダーの行動に積極的に関与するか否かにより、フォロワーの類型を分類している。独自的・批判的思考とは自分で考えること、建設的に批判すること、革新的かつ創造的であることを指しており、積極的関与とは主導権（initiative）を握って行動力を見せることを指す。

　以下では、類型別フォロワーが形成される原因と、フォロワーに求められる行動について説明する（Kelly:1992,ch.3）。

①疎外型（alienated）

・形成原因：有能なフォロワーがいる場合、リーダーは敵意を持ってフォロワーを利用したり、フォロワーの意見を無視したりする。

・求められる行動：フォロワーがリーダーの敵意に立ち向かって、より積極的に行動する。そのとき、リーダーではなくフォロワーとしての役割を果たすことを忘れてはならない。フォロワーは、自分のどこに問題があるかをリーダーに直接聞いたり、自分の信頼できる部分があればリー

〈図表 5-5〉　フォロワーの類型

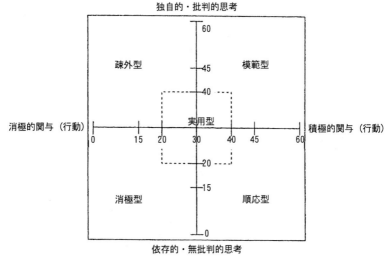

出所：Kelly(1992),p.97.

ダーに積極的にアピールしたりする。

②順応型（conformist）

・形成原因：ルールや厳格な手順を重視する組織（例：博愛主義的組織、
官僚制組織、宗教組織）でよく見られる。また独裁的リーダーが、自分
のパワーをフォロワーに強く発揮し、それに服従しない人を直ちに処罰
するときに現れる。

・求められる行動：フォロワーが人の意見の良し悪しを評価する反面、自
分の意見を述べるように努力する。問題が起きたときは、その本質を把
握し、柔軟に考えて代替案を示すなど、コンフリクトを恐れず立ち向か
う。

③消極型（passive）

・形成原因：リーダーがフォロワーに対して「新しいことができず、失敗
する恐れがあるため、試すことや責任を取らせることができない」と判
断し、ヒツジのように取り扱う。そのとき、フォロワーは自分たちの役
割を果たすことすら嫌っている。

・求められる行動：フォロワーとしてのスキル（即ち、followership）を
　学ぶ。さらに、正しく従う行動は、無意味な消極的行動とは違って、自
　分自身を正しく使うことであり、組織活動に直接関わる重要な意味をも
　つことであると自覚する。

④実用型（pragmatist）

・形成原因：フォロワーが政治的計略家のように、有力者に対して自分の
　強い立場を明示せず、コンフリクトを最小限にし、いつも弁解できるよ
　うに用意する。特に、組織が不安定なとき、リーダーが人々と取引関係
　を持ちながら仕返しをするとき、フォロワーは合理的、かつ安全な選択
　を好む。

・求められる行動：フォロワーが目的を見つけて、否定的認識を乗り越え
　る信頼感や確実性を築く。自分の試みが他人の目的達成に役立てること
　を考えながら、同僚やリーダーが達成したがるのは何かを理解し、自分
　の潜在的才能を人のために発揮する。

⑤模範型（exemplary）

・形成原因：模範型フォロワーが他の人々に対する影響力を持っているた
　め、リーダーはその人と積極的に取り組んで自分の影響力を増大してい
　く。模範型フォロワーが増えることは極めて理想的である。

・求められる行動：フォロワーが模範型になるためには、以下のようなス
　キルが求められる（Kelly:1992,p.129）。

　a）職務スキル（job skill）……価値を付加する能力
　　・予め決めておいた目的に焦点を合わせて積極的に関与する。
　　・最適活動（critical path activities）に求められる核心的能力を持
　　　つ。
　　・自分の価値を組織の価値へ発展させることに主導権を発揮する。

　b）組織的スキル（organizational skill）……組織的関係を構築し、活
　　　　　　　　　　　　　　　　　　　　　　用する能力
　　・チームメンバー同士で協働関係を構築する。
　　・組織内にネットワークを構築する。
　　・リーダーとの協働関係を構築する。

　　　c）価値要素（values component）……自分の職務と組織的関係を導く
　　　　　　　　　　　　　　　　　　　　　勇ましい良心

　　　　・フォロワーはリーダーの決定に従うか否かをめぐって、良心を押し
　　　　　付ける過重な負担になるため、道徳的問題に悩むことが多い。その
　　　　　とき、フォロワーは**勇ましい良心（courageous conscience）**を
　　　　　持って行動しなければならない。それは間違ったことと正しいこと
　　　　　を判別して、正しいと信じていることへ向かって毅然と進む不屈の
　　　　　精神を意味する。
　　　　・模範型フォロワーは、従う義務と独自的・積極的行動をとる義務と
　　　　　の両者間のジレンマに置かれている。その時、次のように自問自答
　　　　　しながら対応すればよい。「何が組織のためであるか」、「自分が失
　　　　　敗すれば何が起きるか」、「リーダーの命令が専門的技術と合法的権
　　　　　限に相応する正当なものか」、「人的費用と社会的価値が見落とされ
　　　　　ていないか」、「自分に求められる役割は何か」、「何が自分個人のた
　　　　　めであるか」などである。

　以上のように、模範型フォロワーは、高い能力を持って自らが慎重に思考
し、適切であると判断したら積極的に行動するため、他のフォロワーに大きな
影響力を及ぼす。特に、リーダーの試みや意図がメンバー全体に十分に伝わっ
ていないときや、リーダーに追従したくても勇気や確信がまだ形成されていな
いときに、模範型フォロワーが先頭に立ってリーダーに従えば、他のメンバー
たちもついでに勢いよく動くようになる。その時、先頭に立つフォロワーを
「**first follower**」と呼ぶ。これは、動物の世界でもよく見られる。ペンギン
は餌をとるため群れを作って海に集まるが、いざ海に飛び込もうとするときに
不安を感じて一斉に止まってしまう。そのとき、群れの中から海へ飛び込む
リーダー格のペンギンと、直ちにその後ろを継ぐ勇敢なペンギンが現れると、
残りのペンギンたちも一斉に飛び込むようになる。

⑵　ケラマンの研究

　ケラマン（Kellerman, Barbara）は、関与（engagement）の程度に基づ
いてフォロワーを分類している。それは「何もしない」から「情熱的にコミッ

トメントし、主体的に深く関与する」までの両端を軸として分類する方法である。関与の程度を基準にした理由は、部下の積極的関与（involvement）の大きさによって上司と部下の関係が左右されるからである。現代組織においてこのような傾向が強いのは、多くの人々が給料、肩書、福利厚生などの外発的要因だけでなく、上司との関係、企業ミッションへの共感といった内発的要因に強く動機づけられているからである（Kellerman:2007,pp.86-90）。

　フォロワーは組織やリーダーとの関与の程度の差異により、次の 5 つのタイプに分類できる。

　①孤立者（isolates）：完全に引き離されている。

　　何も知ろうとしないばかりか、表立った反応すら示さないタイプである。組織の死角に身を潜めていて、何も吸収せず、何の仕事もせずにいる。この場合、公式的、または非公式的な会話を通じて、孤立者に関する情報を組織の全体範囲から集めて対応する必要がある。

　②傍観者（bystanders）：見ているものの、参加はしない。

　　自分にとって得だと思えば素直に追従するが、身を粉にしてまで働くという気持ちはないタイプである。このように半身の構えで現状にしがみつこうとする人々に対して、周囲から浮き上がった原因を突き止め、意欲、ひいては生産性を押し上げるための動機を引き出す対策が必要である。

　③参加者（participants）：ほどよく関与する。

　　リーダーにとって最も歓迎されるタイプである。リーダーの指示よりもむしろ、己の情熱、野心、イノベーションや創造への意欲を持っているため、自らの時間や資金など、資源を投じて何らかの影響力を行使しようとする。

　④活動家（activists）：自分のリーダーや組織について強く感知し、それに従って行動する。

　　熱い思いをたぎらせ、とことん頑張りぬくタイプである。行動も両極端に振れやすいため、信じるリーダーなら粉骨砕身するが、気に入らないリーダーなら足を引っ張ったり、追い出したりする。

　⑤頑固な行動派（diehards）：個人であろうが、理想であろうが、大義のため抵抗する。

リーダーと大義のどちらに突き動かされているにせよ、あくまで己の動機
にこだわるタイプである。一旦、相手にほれ込んだり、大義に心を動かさ
れたりしたら、全身全霊をもって尽くす。このタイプは、きわめて少数派
であり、組織が絶体絶命の状態に置かれている場合（例：国を守るために
自分の命を願みず敵と戦う兵士）、また、自分たちの大胆な行動に高い代
償を支払う場合（例：組織の不正を外に公開する内部告発者）によく見ら
れる。

　要するに、関与度の高いフォロワーが関与度の低いフォロワーに比べて大き
な影響力を及ぼしているため、リーダーは、フォロワーがどれほど高い関与度
を持って賛成、または反対の立場にいるかを見極めてから適切に対応すること
が大切である。

2.　上司との関係づくり

　部下が自分の上司と相互影響関係をうまく構築するには、上司に対して何ら
かの影響力を持たなければならない。いわば上司をコントロールするという
「boss management」の能力である。ガバロたち（Gabarro, John J. and
Kotter, John P.）は、有能な管理者やリーダーは部下との関係づくりだけで
なく、自分の上司との関係づくりにも相当な時間と努力を割いていることを明
らかにしている（Gabarro and Kotter:1980,pp.94-100）。

　部下が自分の上司を効果的にコントロールする方法として、次の2つがあげ
られる。

　第1に、上司のことや自分のことについて正確に理解する。

　まず、上司、または上司の置かれた状況（context）について理解する。そ
のためには、組織から上司に課された目標だけでなく、上司の個人的目標まで
も把握する必要がある。いま、上司に課される圧力は何か、上司の強みや弱
み、盲点などを調べてから、上司が好むワーク・スタイル（例：長期成果指向
的かそれとも短期成果指向的か、また公式的・形式的趣向かそれとも非公式
的・直観的趣向か）を知っておく。

　次に、自分自身、または自分のニーズを評価する。自分ならではの強みと弱
みは何か、自分のパーソナリティはどんなタイプなのかを理解し、権限への依

存傾向を把握する。即ち、自分の行動や選択肢が上司によって妨げられたとき、反感を抱いて行動する（counterdependent）か、それとも過剰依存的に追従する（overdependent）かなどを分析して上司との調和を保つ。

第2に、上司との良き関係を構築し、維持する。

まず、上司のワーク・スタイルに合わせる。上司に情報を伝えるとき、上司が「読むタイプ」なのか、それとも「聞くタイプ」なのかを判断して、前者なら簡単に口頭で報告してから正式な文書で詳細に補足するが、後者ならメモや報告書を用いて重要な項目や提案に触れてから、正式な口頭報告のときに上司の質問を直接受ける。

次に、上司に情報を絶えず提供する関係を構築する。上司が不機嫌にならないように朗報だけを選別して伝えることは止めて、良いニュースであれ悪いニュースであれ、潜在的な問題を見つけたら、すぐ報告する。

その他にも、普段の誠実な態度から上司に信頼され、期待される関係を維持することや、上司から権限を委譲してもらって時間や資源を使い分ける関係を築くことが望ましい。

3. EI と SI
⑴ EI とリーダーシップ

心理学者であるゴルマン（Goleman, Daniel）は、高い業績を生むリーダーに求められる資質として、専門的技術（technical skill：会計、計画立案）、認知能力（cognitive abilities：IQ、分析能力）、EI（Emotional Intelligence：感情知能）をあげている。このうち EI は、自己や他者の感情を知覚し、自分の感情をコントロールする知能を指しており、EI を測定する指標を EQ（Emotional Intelligence Quotient：感情知能指数）という。EI はリーダーに欠かせない能力であり、その構成要素として次の5つがあげられる（Goleman:1998,pp.95-102）。

①自己認識（self-awareness）：自分の気分、感情、欲動（drives）を理解する能力。これらが他者に与える影響を認識し理解する能力。
（例：自信、現実的な自己評価、自嘲できるユーモア感覚）
・自己認識できる人は、仕事の結果もついてくる。その理由は、自分の置

かれている状況を把握しているので、余裕を持って期限内に仕事を完了
することができると共に、自分の価値観や目標意識を明確に持っている
ので、状況変化による心の動揺が少なく安定的な仕事遂行ができるから
である。

- ・自己認識ができるかどうかは、「正直さ」と「自分を現実的に評価する
  能力」により判別される。自分の能力が正確に把握できれば、「自信」
  がついて自分の冒すべきリスクも計算できるし、自分の長所だけでな
  く、限界や失敗談を気軽に話すことができる。

②自己統制（self-regulation）：破壊的な衝動や気分を統制あるいは方向転
　換する能力。行動する前によく考えるなど、判断を一時見合わせる性向。
　（例：信頼性と誠実さ、不確実なことへの適応性、変化に対する開放性）

- ・自分の心と対話ができる人は自己統制ができる。人間にとって感情的衝
  動は排除できないが、そのかなりの部分が心のうちの会話によりコント
  ロールできる。
- ・自分の感情や衝動がコントロールできる人は、他者と信頼し合える公正
  な環境を作り出すことができ、政略や内紛が大幅に減る。また、急激な
  環境の変化にも寛容さを見せ、不確実な事態によく適応できる。
- ・自己管理できる人は企業の不正を防止する。衝動に対してコントロール
  できない人は、偶然の機会が訪れると不正を引き起こしやすい。

③動機づけ（motivation）：金銭や地位以上の何かを目的に仕事をしようと
　する情熱。精力的に粘り強く目標を達成しようとする性向。
　（例：強い達成意欲、失敗時にも楽観的、組織に強いコミットメント）

- ・達成感に動機づけられる人は、創造的であり学習能力が高い。達成感は
  内的動機づけ要因であるため、外的動機づけ要因よりも強く機能する。
  達成意欲の強い人は、自ら創造力を必要とする課題を求めることや、仕
  事を上手くやり遂げることに大きな誇りを感じる。
- ・達成感に動機づけられる人は、業績基準を絶えず引き上げていく。ま
  た、仕事そのものに愛着を感じるので、仕事を与えてくれる組織に強く
  コミットメントする傾向がある。

④共感（empathy）：他者の感情の構造を理解する能力。他者の感情的な反

応に対処するスキル。

（例：人材を育成・保持する能力、異文化に対する感性、顧客へのサービス精神）

・共感とは、決定を下す際に他の様々な要因と一緒に他者の感情を思いやることである。共感は異文化に対する適応能力を高めるだけでなく、顧客へのサービス精神を向上するのに役立つ。

・優秀なコーチやメンターには共感が不可欠である。その人たちは共感を通して相手の思考まで理解できるため、成果をあげるフィードバック効果を用いる。

⑤社会的技術（social skill）：人間関係をマネジメントし、ネットワークを構築する技術。合意点を見出し、調和を築く能力。

（例：変化をリードする能力、説得力、チームを構築・引っ張る能力）

・社会的技術は、チームを構築して引っ張っていく能力であり、変化をリードする能力である。仕事の内容が複雑化・複合化されるにつれ、部署間またはチーム間の協力が多く求められる。そこで人的ネットワークは、ヨコとのつながりを構築する能力として、仕事遂行および課題達成に欠かせない。

・社会的技術に長けた人は説得の名人である。他者を説得することは、自己認識、自己管理、共感を総合的に発現することである。また、強い達成意欲に動機づけられる人は、仕事への情熱が他者にも伝染して他者を解決に向かって突き動かすため、立派な共同作業者にもなれる。このように社会的技術は、EI の他の要素がもたらす結果から得られる場合が多いため、EI のなかで最も重要な要素として位置づけられる。

(2)　SI とリーダーシップ

EI を中心とするリーダーシップ理論を展開してきたゴルマンたち（Goleman, Daniel and Boyatzis, Richard）は、「優れたリーダーの脳には、SI（Social Intelligence：社会的知能）に関連する社会的回路（social circuits）が発達している」という行動神経科学の研究成果を借用しながら、リーダーシップにおける SI の重要性を強調している（Goleman and Boyatzis:

2008,p.76)。

　私たちは、相手のしぐさから感情の動きを察知すると、私たちの心の中にも相手と同じ感情が湧き上がってくる。それは、脳の中の鏡神経細胞（mirror neurons）が一斉に働き、相手と同じ経験をしたかのような感覚を順次に生み出すからである。例えば、リーダーの心の動きや振る舞いをみて、フォロワーも同じような感情を抱き、同じような行動をとるという、いわば共鳴（resonance）のようなものである。

　人々の心や行動を調和させる鏡神経細胞は、SI と深い関係がある。SI は、人々を効果的に鼓舞する**人間関係の能力（interpersonal competence）**を指す。この能力は、EI 要素のうち、他者との人間関係に重大な影響を及ぼす「共感」と「社会的スキル」に似ているが、EI よりも成果との相関が高い。そこで、リーダーが SI を高めるためには、次のような要素を備える必要がある（Goleman and Boyatzis:2008,pp.78-80）。

　①共感力（empathy）：自分の経歴と異なる人たちの動機づけ要因を理解する。
　②思いやり（attunement）：相手の言葉に熱心に耳を傾け、その胸の内を想像する。
　③組織的認識（organizational awareness）：グループや組織に関する文化や理念を重んじる。
　④影響力（influence）：相手を議論に巻き込み、相手の利害に訴えかけることにより、相手を説得する。
　⑤人材育成（developing others）：相手の能力を開発する。
　⑥霊感（inspiration）：心揺さぶるビジョンを描き、グループとしての自信を高めて前向きな感情を育む。
　⑦チームワーク（teamwork）：メンバー全員に意見や提案を求めながら協力する。

4.　相反する役割の調和

　リーダーに求められる役割と能力は複雑かつ多様であるが、成功するリーダーになるためには、それらの全体的な調和を保つことが極めて重要である。前節の「リーダーとマネージャーの役割比較」で述べたように一見、相容れら

れないような役割を合わせ持つこと、即ち、相反する役割を兼ね備えて調和する能力を身につけることが必要とされる。

(1)　リーダーの類型別特性

　ゴルマン（Goleman, Daniel）は、経営者に見られるリーダーシップのスタイルを一定の基準によって6種類に分け、それぞれの特徴を比較している（Goleman:2000,pp.82-87）。

　まず、意思決定の方法の差によって、トップ・ダウン方式を好む**威圧型（coercive）**とボトム・アップ方式を好む**民主主義型（democratic）**が区別される。次に、リーダーが志す性向の差によって、目標達成や課業を志向する**権威主義型（authoritative）**と人間関係や連帯感を志向する**親和型（affiliative）**が区別される。最後に、追求する目標の差によって、短期目標を追求する**先導型（pacesetting）**と長期目標や人材育成を追求する**コーチ型（coaching）**が区別される。これらのリーダーのスタイル別特性を比較したものが〈図表5-6〉である。

　研究の結果、成果をあげているリーダーは、特定のスタイルに拘らず、複数のスタイルを兼ね備えながら、様々な状況に応じて多様な役割を切れ目なく柔軟に発揮していることが解明された（Goleman:2000,pp.87-89）。例えば、民主主義型、権威主義型、親和型、コーチ型の特性を身に付けているリーダーは、組織風土づくりや業績達成に最高の結果を出していることが判明した。

　特に、相反すると思われる類型（例えば、威圧型と民主主義型、権威主義型と親和型、先導型とコーチ型）の特性を併せ持ちながら、多様な状況に対応できる能力を持っているリーダーが、片方に偏る能力しか持っていないリーダーに比べて、著しい成果をあげている。

〈図表 5-6〉　リーダーの類型別特性

	威圧型	民主主義型	権威主義型	親和型	先導型	コーチ型
リーダーの手法	即座に服従させること を要求	参加を通じて合意 を生み出す	ビジョンに向けて 人々を動かす	調和を生み出し、 感情的な絆を深め る	高い業績基準を設 ける	将来に備えて人を 開発する
宣伝文句	僕の言うとおり にしろ	皆の意見はどうか	僕の後ろについて 来い	人間が第一	僕の通りにしろ	これを試してみろ
根底にある EQ能力	自己管理 （達成志向、イ ニシアティブ）	社会的技術 （協同作業、チー ム・リーダーシッ プ、コミュニケー ション）	自己認識（自信） 社会的認識（共感） 社会的技術（変革 の触媒）	社会的認識（共感） 社会的技術（絆の 構築、コミュニ ケーション）	自己管理 （良心、達成志向、 イニシアティブ）	自己認識 社会的認識（共感） 社会的技術（他者 の育成）
最も有効な時	緊急事態に方向 転換する時、 問題を起こす人 に対処する時	賛同や合意を得よ うとする時、 有能な人の意見を 引き出す時	変革が新たなビ ジョンを求める 時、明確な方向づけが 必要な時	不和解決時、 ストレス中に動機 づけさせる時	高度に動機づけさ れた有能なチーム から早急に成果を 引き出す時	人々の業績向上、 または長期的能力 開発を助ける時
組織風土への影響	消極的	積極的 （決定的）	ほとんどの状況で かなり積極的	積極的	消極的	積極的

出所：Goleman (2000),pp.82-83 を一部修正して作成。

(2)　実践的リーダーシップ

様々な業界で著しく活躍しているリーダーたちは、リーダーシップをどのよ

うに捉え、どのように実践しているのであろうか。以下で、そのリーダーたち
の所見の一部を紹介する（NHK:2007、職名は当時のものである）。

①坂本　幸雄（大手半導体メーカーの経営者）

・社長は部下と対等な立場である：社長と呼ぶことで既に上下関係が成り
立っているので、社長ではなく、坂本さんと呼ぶようにしている。

・自分に誤りがあれば認めると共に、部下からのネガティブな意見（直言
など）も喜んで引き受ける。

・部下を公正に扱う：部下と一緒に飲み会に行かない。飲み会をきっかけ
に私情が入ってしまい、公正性を失う恐れがあるからである。

・リーダーは部下に夢を与える存在：部下の持っている欠点を補おうとす
るのではなく、持っているプラス（長所）をもっとプラスに伸ばすよう
に支援する。マイナス（短所）を補うことだけでは、全体として個性を
生かせなくなる。

②鈴木　敏夫（宮崎駿アニメ製作のプロデューサー）

・仕事を忘れさせる：いろんな分野のメンバーが参加するチーム仕事の場
合、自分の立場を強調し過ぎないようにし、仕事を祭りのように捉える
ことが重要である。

・全員参加型を重視する：組織の中にいる問題児を無理やりに排除しよう
としない。仮にその人を排除したとしても、新たな問題児が現れるから
である。全員参加で組織力を出すことが大切である。

③佐藤　章（清涼飲料会社の商品企画部長）

・正反合の原理で物事を進化させる：正しいと思っている「正」に対し、
わざと「反」をぶつけて、新しい「合」を産み出す。新しい「合」は、
しばらく正しいものとして位置づけられるが、ある時点でまた新たな
「反」を見つけて、新たな考え方や価値を深掘りする。正反合のプロセ
スは、人材教育や革新的知識創造に欠かせない。

④南場　智子（IT ベンチャー企業の経営者）

・トップは能力において組織の最高ではないが、元気度においては組織で
最高でなければならない。そのために、トップは弱さを見せず、前のめ
りでなければならない。

- ・自分の弱さを見せない：たとえ、内向的性格であっても、人の前ではより積極的に行動する。

⑤新浪　剛史（大手コンビニエンスチェーンの経営者）
- ・トップはぶれないことが大切：部下を動かすには、同じことを繰り返して熱く語ることが大切である。計画を進める途中で自分の間違いに気づいても、簡単にやり方を変えることはできる限り避ける。
- ・トップ・ダウン式経営は間違っていない：方向性や戦略は、トップが決めて下に伝えることが望ましい。注意すべき点は、そのように決まった理由を部下に正確に説明すること、やり方を部下に任せることである。

⑥星野　佳路（ホテルの経営者、リゾート再生請負人）
- ・人を動かすのは共感である：正しいコンセプトよりも、共感できるコンセプトを見つけることが大切である。やることが正しいかどうかは、やってみないと分からない。皆が意見を交わしながら共感できるコンセプトを作ることができれば、成功する確率も高い。
- ・ビジョンを示して共感を得る：リーダーは明確なビジョンを示し、正確に説明して、メンバーから共感を得ることが大切である。
- ・決めるのは社長ではなく、社員：壁にぶつかる度に、社長は部下に「どうしますか？」と口癖のように問いかける。社員は自らが決めたことであれば、もっと頑張るようになる。社員が決めたことについて、社長は正しいか否かを判断せず、決め方やプロセスが論理的であれば認める。

⑦エリック・シュミット（Google の最高経営責任者）
- ・部下の話を聞いて学ぶ：議論するとき、トップが話すよりも部下から聞く方が効果的である。トップの重要な役割は、部下に話しやすい環境を作ること、部下から出た話の内容を結びつけて支援することである。
- ・部下の間違いを許す：「20%ルール」を設けて、勤務時間のうち20%は社員のやりたいことができるような環境を与える。そこで、失敗を恐れず挑戦する姿勢が生まれ、革新的な部下が育つようになる。

以上の7人のリーダーが置かれている状況（業界および業務など）の相違により、リーダーシップに対する捉え方に違いがあるように見える。特に、

「トップダウン式経営は間違っていない」と「決めるのは社長ではなく社員」、また「部下と一緒に飲み会に行かない」と「人を動かすのは共感である」などは相反するようにも見える。この場合、重要なのは、言葉を短絡的意味で捉えるのではなく、話のコンテキスト（文脈）と話者の本意を正確に把握することである。

　以上のリーダーたちの所見から、リーダーシップに関する捉え方に共通した特徴が見える。それは、① リーダーが部下とのコミュニケーションを何よりも大切にしていること、② 部下のモチベーションを高めるために、リーダーが部下自ら意思決定できるような環境を提供していること、③ マネジャー能力とか専門技術的能力よりも、感情知能や社会的知能に基づいたリーダーシップを重視していることである。

第 5 節　コーチング

　コーチング（coaching）は、個人の能力を可能な限り引き出して問題を解決し、スキル向上の実現を可能にする人材開発技法の 1 つである。それ故に、コーチングはリーダーシップを行使する際に欠かせないものである。本節では、日本の MBA 専門職大学院の 1 つである神戸大学ビジネススクールがコーチング科目のテキスト（伊藤ほか:2010）で用いている内容の一部を取り上げる。

1.　コーチングの概念

　コーチングとは、「クライアント（即ち、コーチを受ける対象者）と対話を重ねることを通して、目標達成に必要なスキル、知識、考え方を備えさせて行動することを支援し、成果を出させるプロセス」と定義される（伊藤ほか:2010, p.50）。

　コーチングの語源である「coach」には、「目的地に人を連れていく馬車において、人が乗るところ」の意味がある。一方、ティーチング（teaching）の語源である「educere」には、「引き出す」、「引っ張る」の意味と、「鋳型に

はめる」、「型をしっかり教える」という意味合いもある。ティーチングが個人
差をあまり尊重せず、統一的なやり方で画一的な人間像を作る傾向があるのに
対して、コーチングは個人を尊重し、個人の考える力を育てて目標達成を手助
けすることを強調する。

　不得意な自分ができなかったことも、相手にうまく指導できる人がいる。ス
ポーツ世界において、自分は世界一になれなかったが、弟子を世界一まで成長
させたコーチも多くいる。相手を指導する際に、ティーチングでは自分の持っ
ている能力が100%伝授されない限り、能力の縮小再生産にしかならないが、
コーチングのやり方をうまく用いれば、能力の拡大再生産はいくらでも可能と
なる。

　ティーチングとコーチングの根本的な相違点は、相手との会話の中心が教え
ること（tell）にあるか、それとも問うこと（ask）にあるかである（伊藤ほ
か:2010,pp.61-63）。

　①教えること：ティーチング、コンサルティング
　　・相手に直接的な影響力を発揮する。
　　・問題の解決を目指す。
　　・相手に答えを与えるか、それともアドバイスを提供する。
　②問うこと：コーチング、カウンセリング
　　・相手に間接的な影響力を発揮する。
　　・問題の共有（共感）を目指す。
　　・相手から問題発見および問題解決の力を引き出す。

2.　コーチングの仕組み

　コーチングの仕組みは、〈図表5-7〉で示されている。図表は、激変するビ
ジネス環境の下で「変化する方向・目的」へ向けて、コーチングの「マイン
ド」を持っているコーチが「3原則」に基づき、さまざまな「スキル」を駆使
するプロセスを意味する。そこで、コーチングの基本的条件は、相手との「信
頼に基づく関係性」を維持することであるが、それが満たされれば、相手に
「学習」を促し、自ら「考える」ことや「自律性」を習得することが可能とな
り、良い成果にもつながる（伊藤ほか:2010,pp.76-80）。

〈図表 5-7〉　コーチングの全体像

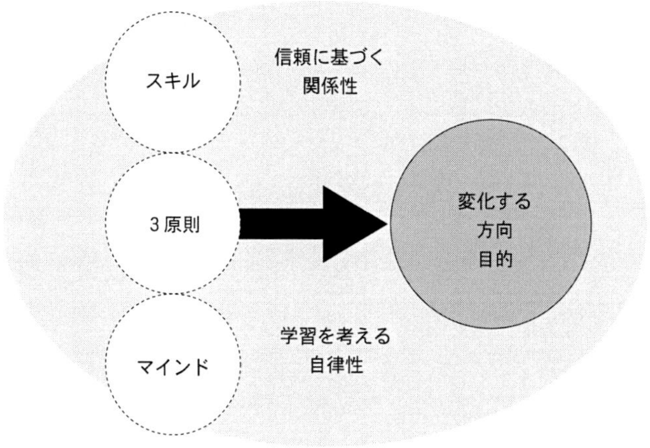

出所：伊藤ほか(2010),p.77.

(1)　コーチングのマインド

　コーチングは、自分の直接的な利害とは関係なく、純粋に相手のためになることが何かを常に考えながら、相手の成長を支援するマインドを持たなければならない。コーチングのマインドを持つためには、次のようなものが必要とされる（伊藤ほか:2010,p.84）。

　①ビジョンの提示：仕事とのつながりを持つ、会社のビジョンを提示する。

　②信頼の基盤：率先して問題を追及し、解決策を探すと共に、誰に対しても公平に振る舞う。

　③専門的能力：物事を進めるスピードを上げる。

　④関係能力：メンバーの成功や成長を支援する。

(2)　コーチングの原則

　コーチングのマインドを持っているリーダーに対して、さらに守るべき3つの原則がある（伊藤ほか:2010,pp.84-92）。

　①双方向性（interactive）：一方通行のコミュニケーションにならないようにする。そのために、相手のいうことをよく聞く必要がある。相手の能力

や可能性を発揮させるためには、相手に話す機会を多く与えて、相手のアウトプットをなるべく多くしていくことが大切である。

②現在進行形（ongoing）：外部的な刺激で行動を強いるのではなく、相手に権限を委譲しながら、その人が最も早く目標に近づけるように導く。コーチングは、即戦力や短期的解決よりも、持続的・長期的な観点での人材育成に適している。まず、権限委譲を通じて人材育成を実践してみて、その結果についてコーチングを行い、再びそれを実践してみる、というフィードバックを繰り返すことで、コーチングの効果は高まる。

③個別対応（tailormade）：コーチングは、個別的に対応するのが基本である。個別的に対応するためには、相手に関する情報やデータベース（例：ビジョン、課業、スキル、パーソナリティ）を予め手に入れる必要がある。

(3) コーチングのスキル

コーチングのプロセスのなかで用いられるスタイルは多々あるが、特に重要視されるのは、「質問」、「聞く」、「承認」に関するスキルである（伊藤ほか:2010,pp.104-136）。

①質問

質問には2つの種類がある。それはイエスかノーで回答が終わる「closed question」と、what、howなどの疑問符のついた「open question」である。前者の狙いが事実や意見を明確にさせることや迅速なやり取りができることにあるのに対して、後者の狙いは相手からさまざまな答えを引き出しながら、広く情報を収集することにある。このうち「open question」は、相手に考えさせ、相手の自発性を引き出しながら自由な発想や意見を聞く際に有効であるため、コーチングに適切な質問方法といえる。

②聞く

相手の話をよく聞くことは、話のつながりを保つために不可欠であるが、その他にも重要な意味を持つ。話を聞いてくれないと、相手は「自分が言っていることはどうも重要ではないらしい」、「自分は大切な存在では

ないらしい」など後ろ向きの思考へと転じていくため、次第に自分のこと
を言い表せなくなる。そのとき、相手に波長を合わせることや同調するこ
と、即ちペーシング（**pacing**）が重要である。ペーシングとは歩調を合
わせることである。例えば、話すスピードや声のトーン、呼吸のリズム、
使う言葉、話の内容などを相手に合わせて話す方法もあれば、視線を合わ
せることや、うなずくことなどの非言語的な方法もある。

③承認

　物事の因果関係は、何かのきっかけがあって（Antecedent：先行要
因）、行動を起こし（Behavior：行動）、行動の結果がさらに未来の行動
を決めていく（Consequence：後発要因）という「**ABCモデル**」で説明
できる。ここで注目したいのは、AがBに影響を与える度合いよりも、C
がAに影響を与える度合いがはるかに大きいという点である。言い換え
ると、Cが未来の行動に大きな影響を与えるということである。それにも
かかわらず、上司はCよりもAに力を入れる傾向が多い。中期計画を発
表し、スローガンを作って行動を起こすためのきっかけづくりには注力す
るが、その後に続く実際の行動に関しては、特に反応せずに、やって当た
り前のものと見なしてしまう。一方、上司がCに対して反応するときは、
その後の行動が強化される場合と、弱化される場合がある。例えば、部下
の行動に対する上司の反応により、部下はその後の行動を強化、または弱
化する。特に、コーチングでは、部下に対する承認による行動強化が主に
活用される。コーチングの3原則の1つである「現在進行形」はABCモ
デルを継続的に回していくプロセスを意味する。

3.　コーチングの実践技術

　コーチングを行う際に常に心掛けるべき実践技術がある。ここではコーチン
グ実務者のために作られた教材から、いくつかを取り上げる（伊東:2006）。

(1)　会話のスキル

　会話は、コーチングにおいて最も重要視されるスキルである。そこでは、何
かを教えるのではなく、なるべく相手の話を導き出すことが基本である。

- **自分が話すよりも、相手の話をよく聞く。**答えは相手のなかにあることを信じ、相手に答えを見つけさせるために、自分の話をできるだけ控える。自分と相手との話す割合を3：7、または4：6程度になるように心懸ける。
- **自分が一方的に話すよりも、相手を会話に引き込む。**相手に多彩な質問をする。そのために、イエスかノーで答えが終わってしまう「closed question」よりも、相手の意見を引き出す「open question」が望ましい。
- **相手の弱みを指摘するよりも、強みを認める。**一般的に、相手に対して、よくやっていることは当たり前と感じる半面、ときおり起こした失敗やミスは辛く非難する傾向が強い。相手の問題のみを指摘するのではなく、強みや努力を認めたうえで問題を指摘する。
- **相手のミスを叱るよりも、成長の機会につなげる。**叱るべきことは毅然として叱るが、その後、前向きに導くことを忘れてはならない。
- **せかすよりも、待つ。**相手が話すときは、最後までよく聞く。一般的に、相手の話すスピードよりも自分の考えが早く進む傾向があるので、相手の話の腰を折らないようにする。
- **答えを与えるよりも、ヒントを与える。**自分が知っていることに関しても知らないふりをして我慢する。「こうだ」ではなく、「こうだったらどうなるんだろう」、「ああだったらどうなるんだろう」などのヒントを与える。
- **相手のことを自分が評価するよりも、相手に自己評価させる。**相手自らが評価することで、結果に対する責任感を持たせ、自己評価を納得するように導く。
- **好ましくない状況に置かれたときに、youよりもweで考える。**問題が起きたとき、原因究明を徹底的にやらなければならない。但し、担当者に過重な責任を負わせたり、担当者だけを責めたりするのではなく、皆で問題解決に取り組む。
- **言葉だけで終わるよりも、行動日程を提案する。**相手の言いっぱなしにしないで、行動日程を具体的に管理する。そのとき、中間目標を決めて途中経過を確認しながら、日程を調整していく。
- **会議の際に、しらけているよりも、ワクワクしている。**「なるほど」、「素晴らしい」など、相手の意見に対して相槌を打つことにより、相手のエネ

ルギーを膨らませる。

(2)　相手に対応するスキル

コーチングには、相手を問わず一般的に適用できるスキルもあれば、相手の
スタイルや状況に合わせて対応すべきスキルもある。このうち、相手に対応す
るスキルの例を取り上げる。

- *能動的でない相手なら、小さいことでも褒めてやる。*自分の基準や自分の
  ペースで考えると、相手の物足りなさを感じてしまう。自分より経験の足
  りない相手に対して、やる気を持たせるためには、賞賛することを惜しま
  ない。
- *答えを持っていない相手なら、基本的なことをティーチングしてから、*
  フォローする。 1人で解決し難い問題に直面した時にはヒントを与える。
  また、新入社員には基本的な部分までを確実に教えてから、その後の動向
  を支える。
- *不満ばかり言う相手なら、視点を変えて考えるようにする。*自分の立場で
  物事を考え、自分の都合だけを言う人には、「あなたが上司の立場、また
  は会社の立場ならどうする」などの質問をし、相手の立場や視点で考えて
  みるようにアドバイスする。
- *実行力のない相手なら、やらない理由を自分で認めさせる。*「なぜやらな
  いのか」、「どこまでならできるのか」を具体的に聞き、相手も納得できる
  ところまで徹底的に追い求めて、行動への第一歩を踏み込ませる。
- *反抗的な相手なら、相手の意見を聞いてみる。*反抗的な人は、無反応（ま
  たは無関心）な人よりも期待できる存在である。反抗には何らかの理由が
  あるので、その理由を聞いてあげることが大切である。
- *落ち込んでいる相手なら、話をよく聞いてから共感してやる。*失敗した話
  をよく聞いてから、失敗は決して無駄ではなく、そこから学べたことが何
  かを気づかせる。また、今の気持ちを共感しながら、失敗した経験をこれ
  からどのように生かせるかを考えてもらう。

以上のようなコーチングの実践技術は、あくまで参考に止めるものであっ

て、マニュアルのような型や枠に当てはめ過ぎると、逆効果が起こり得る。重要なのは、相手に学習を促し、考えさせて、その反応を見ながら相手を自律的な行動へ導くように、柔軟に対応することである。

第6章

コミュニケーション

　人間の協働活動は、コミュニケーションを通じて行われている。コミュニケーションは、組織が目的を達成していくプロセスの中で、個人や集団、そして組織レベルで形成される。本章では、組織におけるコミュニケーションの重要性とその活性化について述べる。まず、コミュニケーションの仕組みと機能について検討する（第1節）。次に、対話と行動のコミュニケーションが実際に行われている場の本質と機能を説明し（第2節）、場において知識が創造されるプロセスと知識創造モデルを取り上げる（第3節）。最後に、コミュニケーションの場を活性化するためのメカニズムを明らかにする（第4節）。

第1節　コミュニケーションの機能

　一般的にコミュニケーションは、社会生活を営む人間が互いに意思や感情、思考を伝達し合うことと言われている。しかし、組織におけるコミュニケーションは、人々の意思や感情を伝える単なる意思疎通の手段としてだけでなく、共通目的を効果的に達成するために人々を統制したり、動機づけたりする調整のプロセスとして用いられる場合が多い。本節では、コミュニケーションの仕組みと機能について検討したうえで、対人関係コミュニケーションのモデルを取り上げる。

1.　コミュニケーションの仕組み
　本章でいうコミュニケーションは、新聞、ラジオ、テレビなどの不特定多数の受け手に送られるマスコミ（正式名は、mass communication）とは区別

して、組織の協働活動の中で行われるプロセスとして捉える。その場合、コミュニケーションは「送り手と受け手の間で情報を移転ないし交換すること」、または「情報およびメッセージを伝達するプロセスやその内容に対して解読するプロセス」と定義できる（原岡:1993,p.9）。

　コミュニケーションは、少なくとも次の4つの要素（SMCR）を中心に展開される（原岡:1993,pp.9-10）。

①Sender（送り手）：ある目的を持ってメッセージを送る人

②Message（伝達内容）：送り手の目的や意思を表現したもの
　　　　　　　　　　　（例：感情、指示、報告、情報、事実、仮説）

③Channel（伝達経路）：メッセージを伝達する媒体
　　　　　　　　　　　（例：口頭、文書、図表、映像、音、感覚器官）

④Receiver（受け手）：メッセージを受け取る人

コミュニケーションの基本的な仕組みは、〈図表6-1〉のように示される。
・送り手は自己の役割と動機に基づいて協働活動を行う。
・他の人に送りたいメッセージを創る。
・メッセージを言語的および非言語的記号に移し換える（記号化；encoding）。
・記号化されたメッセージが口頭や文書、感覚器官などの伝達経路を通じて

〈図表 6-1〉　コミュニケーションの仕組み

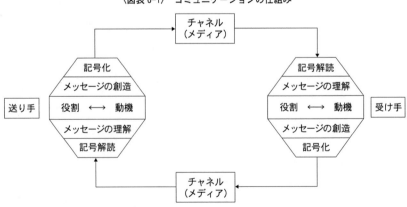

出所：原岡(1993), p.10 を一部修正して作成。

受け手に送られる。

- 受け手は記号として受け取ったメッセージを解読する（記号解読；decoding）。
- 解読したメッセージを理解する。
- 自己の役割と動機に基づいて、受け取ったメッセージに対する応答として自分のメッセージを創る。
- 創ったメッセージを記号化して送り手に返す。

このような仕組みから、次のようなコミュニケーションの特徴が指摘できる（原岡:1993,pp.9-10）。

第1に、コミュニケーションは創造的プロセスである。送り手はメッセージの内容を独自の概念やデザインに記号化して送り、受け手もそれを独自に解読して、自分の判断で理解することになるため、送り手と受け手の創造的活動が含まれる。

第2に、コミュニケーションが創造的活動であるため、メッセージが伝達されるプロセスにおいて、送られたメッセージと受け取られたメッセージが必ずしも同じ意味を持っているとは限らない。メッセージを理解する段階で、意味の添削や歪曲、理解不能の事態が起こり得る。コミュニケーションを通じて伝達できるのは真の意味ではなく、メッセージのみであるため、自分の意思が如何に相手に解釈・理解されているのかに十分な注意を払わなければならない。

第3に、受け手のフィードバック機能が重要である。送り手が受け手にメッセージを一度送るだけで、コミュニケーションが取れたとはいえない。メッセージが送り手から受け手へ一方的に流れるだけでは受け手の理解状態が送り手に確認できないため、受け手が送り手にメッセージを返す双方的なやり取りになって初めて、コミュニケーションがとれたといえる。相手のメッセージを注意深く解読し、相手の意図を正確に理解しようとする努力、そして、それを踏まえて自分の意図を相手に正確に伝えようとする努力が必要である。

2. コミュニケーションの機能

人々が協働活動を通じて共通目的を達成しようとする場合、様々な考え方や活動をお互いに調整し続けなければならない。この調整のプロセスにおいてコ

ミュニケーションが不可欠となる。協働活動において、コミュニケーションは
次のような機能を持っている。

①統制の機能：公式権限による命令や指針などの統制もあれば、いじめや嫌
　がらせなどの非公式的な統制もある。

②モチベーションの機能：メンバーが話し合いで目標を設定してその進捗状
　況を点検し、最後の結果を評価し合って、その結果がフィードバックされ
　るという一連のコミュニケーションが保てれば、メンバーのモチベーショ
　ンは高まる。

③感情表現の機能：単純にメッセージを伝える手段だけではなく、仕事関係
　や人間関係から生じる様々な人々の感情をも伝える手段である。

④意思決定の機能：コミュニケーションを通じて、意思決定に必要とされる
　情報の交換と収集ができる。

　一方、バーナード（Barnard, Chester I.）の組織論においても、コミュニ
ケーションの重要性が強調されている（Barnard:1938,pp.83-95,邦訳 pp.87-
99）。

　まず、組織の成立要素として、共通目的、貢献意欲と共に、コミュニケー
ションがあげられている。協働活動とは、共通の目的を達成するために、貢献
意欲を持っている人々がコミュニケーションを交わしながら、調整するプロセ
スに他ならない。これら3つの成立要素のうち、1つでも欠けると協働活動は
成り立たない。共通目的が明確で、なお人々の貢献意欲も強いときに、メン
バー間の調整は少なくて済むかも知れないが、時間の経過や様々な状況の変化
により共通目的が部分的に変わったり、貢献への熱意が変わったりすると、メ
ンバー間に調整の必要性が高くなる。その調整のプロセスにコミュニケーショ
ンが用いられるので、コミュニケーションは最も重要な成立要素といえる。

　次に、組織の存続条件として、組織目的の達成度合いを意味する有効性（ef-
fectiveness）と、協働に参加する参加者の満足度合いを意味する能率（effi-
ciency）があげられている。有効性は組織の目的に関わっている点で組織側
の論理であり、能率は協働に参加している参加者に関わっている点で個人側の
論理である。そもそも組織と個人との間には立場や利害関係にギャップが生じ
やすく、場合によって相殺関係（trade-off）が生じることもよくある。この

両者間のギャップや相殺関係を調整しながら組織を存続させる機能を果たすのがコミュニケーションである。

3.　対人関係コミュニケーション

　ジョセフ・ハリー（Joseph, Luft and Harry, Ingham）が発表した対人関係コミュニケーションのモデルは、「ジョハリの窓」と呼ばれる。ジョハリの窓は、自分が自分について分かっているか否か、また他人が自分について分かっているか否かという二軸を基準として 4 つの領域に区分される（Joseph and Harry:1955）。

①開放の窓（Area of Free Activity）
　自分も他人も分かっている領域
②盲目の窓（Blind Area）
　自分は分からないが、他人が分かっている領域
③秘密の窓（Avoided or Hidden Area）
　自分は分かっているが、他人が分からない領域
④未知の窓（Area of Unknown Activity）
　自分も他人も分からない領域

〈図表 6-2〉　ジョハリの窓

	自分が自分について 分かっている	分かっていない
他人が自分について 分かっている	開放の窓	盲目の窓
分かっていない	秘密の窓	未知の窓

出所：Joseph and Harry（1955）を一部修正して作成。

　人にはそれぞれ自分の窓があり、その窓がどれほど開かれていて、どれほど閉じられているかにより、他人とのコミュニケーションが変わってくる。
　開放の窓が大きいほど、自分のことについて、自分だけでなく他人もよく分かっているので、コミュニケーションが円滑に進み、お互いの成長に繋る。それに対して、未知の窓が大きいほど、自分のことについて、自分も他人も分か

らないまま気づいていないので、コミュニケーションの接点が見つからない。

　そこで、如何にして開放の窓を大きくし、未知の窓を小さくするかが円滑なコミュニケーションのためのカギになる。その具体的な方法について説明する。

　第1に、自分が自分について分からない領域を狭める方法である。

　そのために、他人から自分のことを教えてもらう。例えば、自分ってどういう人かを聞いてみる「他己分析」の機会を設ける方がよい。自分の良いところと直した方が良いところの両方を聞くことにより、これまで気付かずにいた自分の能力や才能だけでなく、短所が発見できる。

　そのとき、自分に対する他人の意見を素直に受け入れる態度が大切である。つまり、他人から肯定的評価だけでなく、辛い評価や耳の痛いアドバイスを大切に受け入れることである（いわば、良薬は口に苦し）。そのためには、他人が自分のことについて正直に言ってくれる雰囲気を作ること、また対話の中で自分が話す時間よりも他人の話す時間を多くする（即ち、聞き上手になる）ことなどを心掛ける必要がある。

　第2に、他人が自分について分からない領域を狭める方法である。

　そのために、自分のことをなるべく開放する。特に、自分に不利なことや知られたくないことを正直に話すには勇気が要るが、秘密の窓を破ったとたん、これまで抑圧されていたことから解放感が得られる。また、これまで隠されていたことを聞いた他人は、話してくれた人を見下すどころか、以前より親しみを感じるようになり、他人からも秘密の窓を破るような話が返ってくる。

　情報という字は、「情け」に対して「報いる」ことを意味する。仮に、相手から貴重な情報を受けとると、それに見合った自分の貴重な情報も相手に与えようとする。つまりお互いに心が通じ合い、信頼感が築かれれば、情報は自ずと入ってくる。特に、役立つ情報を交換するには、心が通じ合うこと、相手を信じ合うことが前提条件となっている。そのためにも、秘密の窓を取り払いつつ、相手と真心をこめたコミュニケーションを取ることが重要である。

第2節　コミュニケーションと場

　コミュニケーションは、人々の意思や感情を伝える単なる意思疎通の手段だけではなく、組織に起きる公式的および非公式的相互活動を調整するプロセスを指す。コミュニケーションの効果は、人々が同一の時間と同一の空間で直接に対話および行動をするときに極めて大きい。ここで、直接に対話と行動をする同一の時間と空間を「**場（ば）**」という。

　日本語の場は、場所だけではなく、その場所の中で起きる状況までを含む意味である。場と類似する概念である「場所」、「所・処」を含めて、その辞書上の意味を比較してみよう（新村編:2008）。

(1)場所：① ところ。位置。② いどころ。場席。

(2)所・処：① 一区画の場所。② 人が居り、住み、または所有する場所。
　　　　　③ 役所。④ 話題として取り立てる部分。

(3)場：① 物事の行われる広いところ。② 物事の行われる時機・局面。ばあい。③ ［心］心的過程や社会現象の生起する状況を全体構造としてとらえ、動的な過程としてそれを記述または説明するための用語。

　このように、場所と所・処が物事の存在や位置を表す静的概念であるのに対して、場には、静的概念はもちろん、ある場所やところで生起する状況、即ち物事の動きや働きを表す動的概念までも含まれている。

　以下では、マネジメントにおける場に関する先行研究から、場の本質とその主な機能を取り上げる。

1.　場に関する先行研究

　経営学において、場の定義を初め、場が組織のなかで果たす機能に関する先行研究（伊丹ほか:2000）がある。ここでは、伊丹敬之と野中郁次郎の研究を中心に場の概念および本質について述べる。

(1) 伊丹敬之の研究

　伊丹（2005,2010）は、組織のマネジメントにおいてメンバー間の「**ヨコの相互作用**」の大切さを強調しながら、ヨコの相互作用を円滑にするのが場であるという。これまでの組織では、上が下を統制・支配する「タテの影響力」が強調され過ぎたので、「ヨコの相互作用」の重要性が疎かになってきた。しかしながら、これからの組織では、メンバー同士の間に自然発生的な共通理解や心理的エネルギーを生み出すヨコの相互作用を起こすための環境づくりが必要になってくる。そのとき、ヨコの相互関係の容れもの、あるいは舞台となるのが場である。

　伊丹は、場を「人々がそこに参加し、意識・無意識のうちに相互に観察し、コミュニケーションを行い、相互に理解し、相互に働きかけ合い、相互に心理的刺激をする、その状況の枠組み」と定義し、場を構成する基本要素として次の4つをあげている（伊丹:2005,pp.103-107、伊丹編:2010,pp.78-80）。

　①アジェンダ（agenda）

　人々が何に関して相互作用を行うのかを示したものである。それはごく詳細なものでも、あるいは一種の方向性のような大まかなものでも構わず、何についてコミュニケーションを取りたいのかを示すものであればよい。会議を開いてもアジェンダが不明確なときは、言葉が飛び交うばかりで人々のコミュニケーションはほとんど成立しない。

　②解釈コード

　メンバーが発信する様々なメッセージが、相手にどのような意味で受け入れられるかに関する解釈ルールを指す。メンバーの間に解釈ルールが共有されないと、コミュニケーションは取れない。ある状況での人の発言、表情、仕草などの意味を理解するためには、その状況に至るまでの経緯や、社会および組織における慣習を正確に把握しなければならない。メンバー同士が一緒に行動や経験を繰り返し、解釈コードが共有できるようになれば、メッセージに関する解釈のギャップは少なくなる。

　③情報のキャリアー（運び手、媒体）

　会議での言葉、図面、データのようなものを含め、人の表情や口調、仕草などのように情報を伝える媒体を指す。その他に、会議の出席状態が分かる様子

や、仕事場で人々が動き回る様子などの映像も一種の情報を伝えるキャリアーといえる。

④連帯欲求

人々と何らかの繋がりを持ちたいという欲求は、社会的な存在としての人が持っている根源的な願望から起因するものである。連帯欲求は、相互作用を活性化し、心理的共振（共感）を生み出すため、場が形成される際に欠かせない要素になっている。

補足資料　場の機能、場のマネジメントの条件（pp. 212-215）

(2)　野中郁次郎の研究

野中は、場を「人々が相互作用を通じて、他者と文脈を共有し、その文脈を変化させることにより意味を創出する時空間」と定義している。この定義の背景には、場の本質に関する 2 つの基本的な捉え方がある（野中ほか:2010b,pp. 60-61）。

第 1 に、場を「共有された動的文脈（shared context in motion）」として捉えている。場は、特定の時間や場所、他者との関係性や状況、即ち文脈において動的に生成される。従って場は、可視的な「物理的場」（例：オフィス、業務空間などの場所）だけでなく、不可視的な「実存的場」（例：プロジェクト・チーム）と「仮想的場」（例：電子メール、テレビ会議）までが含まれる。

第 2 に、場を「知識創造の基盤」として捉えている。知識は真空の状態では創造されず、人間の対話と実践の相互作用が起こる心理的・物理的・仮想的空間で創造される。場に参加する人は、他者、物事、あるいは状況に意図的に自己関与することにより、他者との関係の中で、個人の主観の限界を超越することができる。つまり知識創造は、個人ごとに異なる主観が相互作用（即ち、**相互主観：intersubjectivity**）によって共有され、綜合される「社会的プロセス」の中で起こる。

このような場が形成されると、次のような効果が期待できる（野中:2006,pp. 12-16）。

・共通感覚：人々の間で文脈が共有されると、情報（形式知）だけではなく、暗黙知までも共有され、他者との共感が形成されやすくなる。

・自己超越：個人が物事を自己中心的に見るのではなく、他者との全体的な関係性のなかで自己を捉え直す機会が増える。

・自己組織性：構成員の多様性を保持しつつ相互の関係性を密にすることにより、環境の如何なる変化にも俊敏に対応できる創造性と効率性を両立させる。

さらに野中は、互いに重なり合う多種多様な場の重要性を強調している。指示・命令系統を意味する組織構造の下では、知識がほんの一部しか交換されないのに対して、場が形成されると、場の内部、あるいは場と場の関係性の中で様々な非公式的な社会的相互作用が起こり、それが知識の創造や活用にまで発展する。言い換えると、知識創造は、公式的な組織構造と非公式的な場の両方を活用しながら、組織内外に場を有機的に配置して、それぞれの状況に適応している場を連結し、活性化することによって可能となる。

(3) その他の研究

その他の研究のうち、ここでは場の定義に関する内容のみを取り上げることにしよう（伊丹ほか:2000,p.97,126,157）。

場について、西口敏宏は「物理的・組織的な諸条件のもとに、限られたメンバーが相互作用するとき、共通して認識される関係性のプラットフォーム」、山下裕子は「そこに参加する個々の主体間の相互作用を促し、その相互作用を共通のマクロなコンテクストにおいて成立する方に導くような拘束条件」、額田春華は「人々が空間を共有し、意識的にまたは無意識のうちに情報的相互作用するとき、自己が外部と出会い、つながりを持つ、その共有空間の有する特有の状況」と定義している。

このように、研究者によって場の定義に用いられる言葉は異なるものの、場の本質に対する基本的捉え方には、次のような共通点が見られる。

・場は物理的場所だけでなく、そこで共有された空間や状況までを意味する。

・場には、常に人々の相互作用が起きている。

・場は、組織の協働活動に前向きの機能を果たしている。

2.　場の本質

(1)　場の定義

　以上の先行研究を踏まえて、本書では場を「**人々の相互作用が生ずる特定の時空間**」と定義する。この定義には次のような意味が含まれている。

　第 1 に、場の相互作用には、意識的な活動だけでなく、無意識的な活動もある。バーナードの公式組織は「2 人以上の人々の意識的に調整された諸力および諸活動のシステム」と定義されており、意識的に調整されたというところに核心的意味がある（Barnard:1938,p.73,邦訳 p.76）。それに対して、場には意識的な調整（即ち、公式的活動）に限らず、無意識的な調整（即ち、非公式的活動）も含む、人々の相互作用が起きる。

　第 2 に、相互作用（interaction）は、一方性ではなく双方性を意味する。辞書（新村編:2008）によれば、「相互作用」は、① 互いに働きかけること、② 2 つまたは 2 つ以上の事物・現象が相互に作用しあって原因となり、結果となること、③（力学では）物質または場の相互間に生ずる各種の影響力を意味する。厳密に言うと、相互作用は、あるものと他のものとの関わり、またはその間柄のみを意味する関係（relationship）とは異なる。つまり関係が、あるもの同士が結び付いている状態（例：血縁関係、取引関係）を意味する静的概念であるのに対して、相互作用は、あるもの同士が互いに及ぼし合う影響力（例：協働活動、調整活動）を意味する動的概念である。

　また、相互作用は顕在的なものだけでなく、潜在的なものもあるため、必ずしも行動に現れるとは限らない。例えば、上司が在室するだけでも潜在的な影響力が働くので、事務室の空気（雰囲気）が外出中とは異なる。

　第 3 に、場は特定の時空間、即ち同一の時空間を意味する。「空間」は、① 理学では「自然現象の生起する場所」と定義され、それに対する捉え方も「物質の存在から独立した空虚な容器」から「時間と不可分であり、物質の存在の仕方により変化するもの」へと発展していて、② 哲学では「時間と共に物質界を成立させる基礎形式」と定義され、それに対する捉え方も「個々の物が占有する場所」から「物体とは独立に存在する実体」へ、さらに「物体間の関係」へと発展している（新村編:2008）。

　要するに、人々の相互作用が起きている場において、特定の空間と場所は切

り離せない。人々の相互作用は、「いま、ここで」という限定された特定の時間と空間に生起するため、時間と空間は不可分のものである。そもそも空間の概念には時間の意味が含まれているからである。

(2)　場の成立と存続

　バーナードは公式組織の本質を究明する際に、組織の概念設定に続いて成立要素と存続条件を用いた（Barnard:1938,pp.65-95,邦訳 pp.67-99）。本書でも場の本質を理解するために、場の成立要素と存続条件について検討してみる。

　①場の成立要素

　1つは、「**2人以上の相互作用**」である。前述したように、上司と部下の関係や同僚との関係など、人々の関わりや間柄を意味する静的概念である関係（relationship）だけでは、場が成立しない。意識的であろうが無意識的であろうが、少なくとも2人以上の間に影響力を及ぼし合う相互作用（interaction）が起きて初めて場が成立する。

　もう1つは、「**特定の時空間**」である。場には時間と空間の要素が含まれているため、空間だけを意味する場所とは明らかに異なる。同じ教室であっても、時間ごとに先生と学生が入れ替わることで、場は変わる。また、同じ教室で同じ先生と学生の授業であっても、第1回目の授業に比べて最終回の授業は慣れ親しんだ雰囲気（即ち、相互作用）が形成されるので、場は異なる。

　②場の存続条件

　前節で述べたように、バーナードは公式組織の存続条件として有効性（effectiveness）と能率（efficiency）をあげている。前者は共通目的の達成度合い（即ち、組織側が求める条件）であり、後者は参加者の満足度合い（即ち、参加者側が求める条件）である。組織が存続するためには、組織側に一定以上の有効性が満たされることと、参加者側に一定以上の能率が満たされることが条件となる。

　一方、場が存続して発展するためには、少なくとも2つの条件、即ち、「**情報の共有・蓄積**」と「**共感・信頼感の形成**」が必要である。参加者たちが互いに情報を伝達することにより、場には情報が共有・蓄積され、結果的に参加者たちの間に相互理解が高まり、共感・信頼感が形成される。このように、場に

情報が共有・蓄積されることと、参加者に共感・信頼感が得られること、言い換えると、場と参加者の両方にとってメリットが保障されることが、場の存続条件になる。

　ここで、2つの存続条件が、互いに相乗効果（synergy）を有する関係にあることに注目したい。公式組織においては、組織の目的達成（即ち、有効性）が必ずしも参加者の満足（即ち、能率）をもたらすとは限らない。同じく、参加者の満足が必ずしも組織の目的達成につながるとは言えない。参加者の犠牲を伴う組織目的の達成や、組織目的とかけ離れた参加者の欲求充足がその例である。このように、有効性と能率は、互いに相殺効果（trade-off）を有する関係にある場合が多い。一方、場に情報が共有・蓄積されると、参加者の間に相互理解が高まり、共感と信頼感が形成される。共感と信頼感が形成されると、情報の伝達および共有がさらに活発に行われ、必要な情報が場に蓄積されやすくなり、その結果、参加者の共感と信頼感がさらに高まるという相乗効果が生じ、好循環が続くことになる。

3.　場の機能

　伊丹は、場を「情報的相互作用と心理的相互作用の容れもの」と捉えている（伊丹:2005,p.41）。情報的相互作用とは、人々が相互に影響力を及ぼしながら情報を集め、交換、処理、蓄積するプロセスを指し、心理的相互作用とは、情報的相互作用が起きるとき、情報の流れと共に人々の感情も盛り込まれるプロセスを指す。人々が情報をやり取りするとき、それに付随して心理的交流が生じるのは、デジタル情報を扱っている機械装置では起こり得ないことである。

　本書では、組織における場が果たしている主な機能として、次の3つを取り上げる。

⑴　不確実性の軽減

　厳しい競争や激しい変化の中で十分な情報を持たないまま意思決定するとき、誰もが不安や危機を感じる。この不安と危機を、「意思決定における不確実性（uncertainty）」という。それは、意思決定するときに必要とされる情報の質・量と、意思決定者が手元に持っている情報の質・量とのギャップから

生じるものであり、そのギャップが大きいほど不確実性は高く、小さいほど不確実性は低いといえる。

　そもそも情報は2つの属性を持っている（今井ほか:1988,pp.173-179）。1つは、数値データ、メモ、マニュアルなどの一定の表現形態として固定された状態を表す静的属性であり、もう1つは、伝達する人々の相互解釈のなかで情報の意味が加減される動的属性である。前者を「**形式的情報**」、後者を「**意味的情報**」という。この2つの属性は個別・独立的なものではない。一定の表現形態として固定された形式的情報は、人々の相互作用のプロセスのなかで各々の解釈が加わった意味的情報に変わり、その意味的情報は、人々の相互作用を経て一段落して一定の意味が定まったときに再び形式的情報に変わる。このように情報は、伝達され解釈されるプロセスのなかで変わり得るものであり、そのプロセスから不確実性が生じる。

　不確実性が生じる原因は、情報そのもの（質・量）と情報に関する理解にある。つまり不確実性は、必要とする情報が意思決定者の手元に足りないときと、情報の内容が十分に理解・確認できないときに生じる。このような不確実性を軽減してくれるのが場である。場が形成されると、情報的および心理的相互作用を繰り返すことによって、必要とされる情報を収集・伝達することができると共に、情報に関する意味およびその解釈に対する理解と確認を容易に行うことができる。

(2)　連帯感の高揚

　人々の相互作用には、自然に情報が流れると共に感情も流れる。特に、場という「時空間的な容れもの」のような境界が区切られ、人々の相互作用が続くと、濃度の濃い連帯感が形成されやすくなる。まるで水をやかんといった容れものに入れて加熱するとき、熱対流という現象が起きやすいのに似ている（伊丹:2005,p.44）。

　場という区切り、いわゆる協働の空間が持続的に保たれると、場を共有している人々の間に心理的共振が起きやすくなり、連帯感が高まる。それは場を通じて、形式的情報だけでなく、意味的情報が共有されることにより共通理解が得られ、その結果、人々の間に共感と信頼感が形成されるからである。

(3) 知識の創造

野中は、知識の創造は自己組織的特性を持っている場に起因するという（野中ほか:2010a,pp.269-272）。場は自律的な振る舞いを持った構成要素が集まり、相互作用を媒介にして混沌の中からそれぞれの総和より質的に高度で複雑な秩序を創発していく組織、即ち自己組織（self organization）である。自己組織における構成メンバーは、管理−被管理の関係ではなく、自らを動機づけながら積極的にコミットメントし、自律性から生まれた独自のアイデアが全体のアイデアに広まって、新たな知を生み出していく。

知識は、単なるデータや情報を集積したものと区別される。それはデータや情報の背後にある意味を読み取る主観的価値判断により得られるものである。情報のやり取りにおいて、情報に対する主観的解釈や意味付与を行うことはあまり望ましくないが、知識は情報に新しい意味や価値を付け加えることから生まれる。つまり情報が、取り扱われる内容の客観性を重要視するのに対して、知識は、取り扱う人の主観性により大きな意味を持つ。そのとき、知識が客観性を無視する独善的、あるいは独断的なものであってはならない。相手の持っている意見や価値を無視するのではなく、互いに認めるプロセス、即ち主観と客観を綜合するプロセスによって、新しい知識が創造される。

次の節では、場により知識が創造される仕組みについて考察する。

第3節　場と知識創造

一般的に、経営資源としてモノ、ヒト、カネの他に、知識（情報）が加わる。社会の発展と共に、資源の相対的重要性はモノからヒト、ヒトからカネへ変わってきており、今日のようなIT産業を中心とする価値競争の時代には、知識が最も重要視される資源であるといえよう。そこで、組織が知識という資源をどのように効率よく活用し、管理するかが重要な課題となる。

本節では、対話と行動のコミュニケーションが行われる場において、知識がどのように創造されるのかを、野中の「知識創造理論」に基づいて説明する（野中：1990,1996,2010b）。経営資源として活用されている知識はどのような

特性を持っているのかを初め、知識はどのようなプロセスを経て創造されるの
か、また知識創造のためにはどのような組織的取り組みが必要であるかについ
て述べる。

1. 知識の特性

⑴　データ、情報、知識

　一般的にデータ、情報、知識の違いは、相対的特性によって次のように区別
される。

　　①データ：文字、記号、数値のように、それ自体は何の意味を持たない
　　　　　　　「素」の状態。
　　②情報：データの集合、断片的なデータを体系化したもの。データが利用者
　　　　　　の意図や目的に合わせて、正確かつ客観的に整理・編集された状
　　　　　　態。
　　③知識：物事や事象の本質に対する理解、またはそれを理解しようとする信
　　　　　　条。情報を主観的に分析し、それについて意味を加えたもの。

　同じデータや情報を持っていても、それに対する捉え方は人によって異な
る。データや情報を集めて、比較・分析し、それらを主観的に解釈して何らか
の意味を付与したものが知識（knowledge）である。知識は、情報に対する
真偽を自らが直接的に、または文献などを通じて間接的に確認することによっ
て得られる。知識の中でも、実質経験や生活経験などから直接得られたもの、
即ち実践的英知を知恵（wisdom）という。

　知識は、データや情報、それに伴う状況などを考慮した上で、自分が正しい
と信じて初めて得られる。つまり知識は、情報や状況を正しく認識し、行動に
至らしめる秩序を意味するなど、主観的な性格の強い「正当化された真なる信
念」と言われる。データや情報は、客観的なものなので、他者に伝達しやすい
だけに真似されたり盗用されたりすることがよくある。それに対して知識は、
主観的なものであり、利用する側が価値を付け加えるものなので、知識を他者
に伝達するのは容易ではなく、真似や盗用も困難なのである。

　コミュニケーションにおいて重要な課題は、組織の中の個人および集団が
持っているデータや情報を他の人や集団または組織全体に正しく伝えること、

さらにそのデータや情報に基づき、個人、集団、そして組織全体が正しいと思われる知識を創り出し、それを共有しながら、実践的に行動することである。

⑵　知識の本質的特性

野中は、知識は「意味ある情報」であり、その最大の特性は、「**人々の関係性の中で創られる資源**」であると強調している（野中ほか:2010b,p.6）。それによれば、知識は天然資源のように、誰かに発見されて回収されるのを待っている自己充足的な物的資源ではなく、人が他者あるいは環境との関係性の中で創り出すものであり、そのときの状況や知識を使う人の特質（例：思い、理想、主観、感情）によって、その意味や価値が異なってくる資源である。

このように、人々の関係性から創られる知識は、「**個人の信念が真実へと正当化されるダイナミックな社会的プロセス**；a dynamic social process of justifying personal belief towards the truth」と定義される（野中:2010b,p.7）。この定義では、知識の本質が絶対的な真実（truth）ではなく、対話と実践を通して信念を正当化するものとして捉えられている。

このような知識の捉え方に基づいて、知識の本質的特性として次の4つがあげられる（野中ほか:2010b,pp.8-20）。

①主観性

知識は個人が現実をどう受け止め、自らの中でどのように位置づけるかに関するものである。それ故に、自らが経験を能動的に統合していく中で、新たな知識を生み出し、これに意味を与え、その使用を制御する。客観性や正確性が重視されるデータや情報と違って、知識は主観性を重視しており、この主観性が知識創造に重要な役割を果たす。情報処理プロセスにおいては、情報の送り手や受け手が誰であっても主観性の介入は望ましくないため、同じ意味が正確に伝えられるようにシステムを設計しなければならないが、知識創造プロセスにおいて、主観性は新たな価値を創り出す源である。

②関係性

知識は、客観的情報や人々に認められている一般的知識を基にしながら、他者や環境との相互関係から生まれるものである。社会は、人々の相互関係から様々な出来事や経験が生まれる仕組みになっており、知識は、社会のあらゆる

関係性から生まれる。知識の特徴として主観性があげられるのは、客観性を無視するという意味ではない。客観性が無視される主観は独断や偏見を生み出す原因となるため、他者や外部環境との相互関係を築くことが真の主観性を保つことへつながる。それは、客観は主観から生み出されるが、主観は客観によって変化していくという「主観と客観の弁証法的論理」に起因するものである。

　③審美性

　知識を「正当化された真なる信念」としてとらえることは、知識が理想的価値である真・善・美を追い求めていることを意味する。知識は真・善・美という価値基準に適合しているか否かで評価され、創造される。どのような知識を創造すべきかを判断するときに、組織やメンバーのための善ではなく、社会全体のための**共通善（common good）**になるものでなければならない。このように、組織は審美性の追求を目指して、社会における自分の存在意味が何か、それを如何に実現していくかを問い続けながら、知識を創造していくことが求められる。

　④実践性

　知識は観念的なプロセスのなかで生まれるだけではなく、むしろ変化する個体同士の関係性の中から生まれるものが多い。これは知識が、実践的プロセスの中で生成されることを意味する。統計的分析や論理的思考を重視し過ぎると、形式知は得られるものの、暗黙知が疎かになりがちである。そのため、現場での直接体験、とりわけ共同で体験する共体験が重要視される。ここでいう実践とは、単純な行為を指すのではなく、熟慮しながら行動し、行動しながら熟慮するという、考えることと行動することの同時進行を意味する。

2.　SECI モデル

　野中は、個人レベルの知識が集団レベルへ、集団レベルの知識が組織レベルへと創造・発展していく知識創造のプロセスを「SECI（セキ）モデル」で説明している。そのプロセスでは、2つの異なる知識である暗黙知と形式知が継続的に相互変換することによって、新たな知識が創造され、変化し続ける。暗黙知は、特定の状況に関する個人的・経験的な知識であり、具体的な形に表現して他人に伝えることが難しい。それに対して形式知は、明示的な知識であ

り、言葉や文章、絵や数値などにより表現が可能なので、他人に伝えることが
容易である。〈図表6-3〉は、両者の主な特徴を比較したものである。

〈図表6-3〉　暗黙知と形式知の比較

暗黙知	形式知
思い、信念、身体に染み込んだスキル・勘	データベース、マニュアル、理論
言葉や文章で表現し難い	言葉や文章で表現しやすい
経験や五感から直接的に得られる	体系的・間接的に得られる
主観的・個人的な知識	客観的・組織的（社会的）な知識
特定の人間・場所・対象により限定される	情報システムにより補完・移動・再利用が可能
共同の経験を通じて共有・発展・増殖が可能	言語的媒介を通じて共有・編集が可能

出所：野中ほか(2007),p.72を一部修正して作成。

　SECIは、知識創造の4つの局面を表す共同化（Socialization）、表出化
（Externalization）、連結化（Combination）、内面化（Internalization）の
頭文字をとったものである。〈図表6-4〉は各々の局面の特性と、暗黙知と形
式知の転換を表したものである（野中:2010,pp.31-41）。
　①共同化（暗黙知　→　暗黙知）
　共同経験や共同体験を通じて共感を得る段階である。環境との相互作用や他
人との共通の時間・空間を過ごす体験を通じて、個人の暗黙知がメンバーの間
で共有されたり、異質な暗黙知がメンバー間の相互作用から新たに創発された
りするプロセスである。
　例えば、親方が詳細なところまで説明しなくても、弟子は観察や真似だけで
親方のスキルが伝わる。また、緊急課題解決のために結成されたプロジェク
ト・チームのメンバーが、日常の業務環境から隔離された合宿に参加すること
で、状況の危機感や課題の重要性などを共感する。そして、新製品開発メン
バーが、顧客の立場で物事を考えるため、顧客と一緒に共同体験することによ
り、以心伝心で思わぬことに気づく。

〈図表6-4〉　SECIモデル

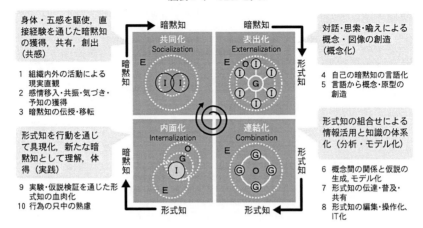

I＝個人（Individual）　G＝集団（Group）　O＝組織（Organization）　E＝環境（Environment）

出所：野中ほか(2010b),p.29。

②表出化（暗黙知　→　形式知）

　共同化で個人の内部に蓄積された暗黙知を、言語や対話、コンセプトなどの具体的な形にする段階である。個人が持っているイメージを、コンセプトや試作品（prototype）に表したり、図表やモデルなどで見える形にする。暗黙知が形式知へ変換されることにより、多くの人々に効率的に伝えることが可能となり、個人の知識が集団の知識へ発展していく。暗黙知の本質は、対話により言語化され概念化されていく。例えば、トヨタが何らかのトラブルを起こす度に「なぜを五回繰り返して対話する」ことは、問題の本質を明らかにし、原因よりも真因を究明するためである。

　この段階でよく用いられるのがメタファー（metaphor）である。メタファーは、言葉で表現し難いものを分かりやすく、イメージしやすいものに比喩して言語化したものである。ホンダはワゴン車「アコード」を開発するとき、スピード感ある翼と、積載能力や丈夫さを感じさせるボディをイメージするために、「ハヤブサ」を製品コンセプトとして用いた。

③連結化（形式知　→　形式知）

　表出化によって集団レベルの形式知になった言語やコンセプトに、概念を操

作したり他の形式知を添削するなど、知識を編集・結合して組織レベルの形式知に体系化する段階である。表出化で創られたコンセプトは、まだ抽象的で、曖昧な形態のものが多いので、製品のスペックとか具体的な事業システムまで操作し、転換する必要がある。

　形式知は、互いに結合することでシステム化へ発展させられる。製品の場合は、部品間の相互関係を保ちながら全体として有効に機能できるような仕組みを作るが、事業の場合は、コンセプトとコンセプトとの関係から仮説を立ててそれを検証し、モデル化していく。形式知や情報を収集し、それらを編集・再結合するプロセスで新たな知識が創出される。

　④内面化（形式知 → 暗黙知）

　組織レベルの形式知が、行動を通じて自覚的に暗黙知へ変換される段階である。実習による学習（learning by doing）を通じて、体を動かして試行錯誤を経ながら新たな暗黙知が体得されるプロセスである。その時、連結化により組織に共有された形式知は、行動や実践を通じて具現化されることで、個人、集団、そして組織レベルに内在される。

　例えば、新製品開発において、A社は、積極的に取り組んで相当の資源とエネルギーを注いだものの、失敗しており、B社は、製品開発の必要性は感じているものの、時期尚早だと判断し、情報を集めながら市場を慎重に分析しているとしよう。この場合、両社とも新製品開発までには至らなかったが、B社が連結化の段階で止まったのに対して、A社では、失敗という実践プロセスから学習された経験（暗黙知）が個人と集団、そして組織に蓄積され、内面化されたといえる。

　最後に、SECIモデルを知識創造に適用する際に考慮すべき点について述べる。

　第1に、4局面の継続性についてである。SECIのプロセスが一度のサイクルで終わることよりも、スパイラル（spiral）のように繰り返されることによって、知識は増幅され、拡大していく。

　第2に、4局面の区分についてである。4局面はハッキリ区別できない場合が多い。例えば、会議で対話するときは表出化と連結化が、OJT教育を行う

ときは共同化と内面化が同時に起きる。それは、そもそも暗黙知と形式知がコインの表裏のような一体のものであるため、両者を明確に区別・分離することが難しいからである。人が言葉で話すときは形式知だけでなく、その人の感情（暗黙知）も伝わる。同じように、人が一緒に行動するときも、他人に伝わる形式知と本人に体得される暗黙知が同時に存在する。

　第3に、4局面の順序についてである。共同化から始まって内面化で終わるという順序は、一般的傾向を表すものであって、全てがこの通りに進行するとは限らない。例えば、表出化で生まれた形式知が不明瞭な場合、それを確かめるために再び共同化へ戻ることもあり得る。また既存の情報や形式知に触れるうちに新たな問題意識を感じて更なる暗黙知を得るため現場を体験するなら、知識創造は連結化から始まり、進行方向も一時的に逆戻りすることになる。

　第4に、SECIモデルの適用範囲についてである。このモデルは、個人の暗黙知から集団の形式知へ、集団の形式知から組織の形式知および暗黙知へ転換していくプロセス、即ち組織レベルを適用対象としている。しかしながら、このモデルは個人レベルや組織間レベルにおいても適用可能である。ただし、個人レベルに適用すると、他の人との相互作用を通じて新たに生まれる知識は得られ難い。それとは反対に、このモデルを1つの組織に止めずに外部組織、即ち組織間関係にまで拡大適用すれば、知識創造の幅はさらに膨らむことが可能になる。

3.　知識創造の動態モデル

　野中は、SECIプロセスが中心的役割を果たしながら、組織の持続的成長を可能にする「知識創造の動態モデル」を示している。SECIモデルが主に組織の内部や個別組織に適用されるミクロモデルというならば、動態モデルは組織の外部、または組織同士に適用されるマクロモデルといえる。知識創造の動態モデルは、組織が明らかな方向性を示して知識創造に原動力を持たせ、外部環境と関係性（即ち、相互作用）を築きながら、知識を創造している仕組みを示したものである。

　動態モデルは、知識創造を促進する7つの要素で構成されている（野中ほか:2010b,pp.43-94）。

〈図表 6-5〉　知識創造の動態モデル

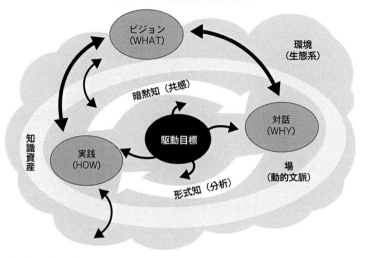

出所：野中ほか(2010b),p.44。

①ビジョン

　人を動かし、未来へと向かわせるためには、行動の方向性を示し、行動の真
の意味を考えさせる何らかの原動力が必要とされる。それは、組織が「なぜ存
在するのか」、「どのような存在でありたいか」、「なぜそれをやるのか」とい
う、存在意義および生き方に対する本質的な問いかけである。つまり、現在の
ある状態の延長ではなく、こうなりたいという未来を描き、そこから現在「何
をすべきか」を規定するものである。

　新たな知が創出されるためには、個人（および組織）の知が他者（および他
組織）の知と総合され、正当化されなければならない。そのとき、新たな知の
社会的存在意義、即ち社会的価値が問われる。ビジョンは、何を「真・善・
美」とするかについての一貫した価値基準をもたらすものであるが、相対価値
ではなく、絶対価値の追求から実現される。相対価値は、相手との比較から生
まれ、競争相手に勝つことを究極的な目標にするため、競争に勝った時点でそ
の価値は消える可能性が高い反面、絶対価値は、理想に近い目標なので、完全
には達成されることなく、永遠に追い求められるものである。

②駆動目標

駆動目標はビジョンと同じく、人を動かすもう１つの原動力であり、組織目的を達成するために人々を駆動する、知識創造プロセスのエンジンともいえる。ビジョンが方向性を示すものであるなら、駆動目標はビジョンへ近づける具体的な行動指標である。それは、組織がどのような価値をどのように提供するかについて、具体的かつ挑戦的な概念や数値目標、行動規範で示される。

駆動目標は一定不変のものではない。具体的な行動目標やその目標を達成する行動に関する仮説を立て、実施してみて、それが正しかったのかどうかを検証する一連のサイクルを繰り返すなかで、駆動目標は修正されていく。駆動目標が矛盾を作り出すことにより、矛盾に直面した組織メンバーが、知識を総動員し、深く考え抜いて本質を追求し、矛盾を綜合して一段レベルの高い知識を創造することもあり得る。

③対話、④実践

ビジョンに導かれ、駆動目標を実現しようとすれば、ビジョンと駆動目標との間に生じる二面性の壁にぶつかるのが現実である。そのとき、主観と客観の相互作用を通じて矛盾を綜合し、「どちらか：either or」の二項対立を乗り越えて、矛盾を克服しながら「どちらも：both and」を実現する、新たな知識創造へと辿り着くプロセスが求められる。そこで、対話と実践を繰り返す弁証法的方法が用いられる。

知識創造において求められる弁証法的方法は、目標を実現していく過程で生じる、相反する矛盾や二面性を否定するのではなく、両方を受け入れて綜合するプロセスである。それには、ヘーゲル（Hegel, G.W.F）の「正・反・合：thesis, antithesis, synthesis」のプロセスのように片方を否定しながら発展させていく方法（即ち、ハードな弁証法：二項対立的）と、矛盾や対立する立場を容認し、相互に関係するプロセスとして取り組む方法（即ち、ソフトな弁証法：二項同体的）がある。ソフトな弁証法によれば、両方の対立は、陰陽の原理のように一体化した姿であり、いずれも独立して存在することはできず、正でも絶対でもない。つまり、陰と陽はどちらも他方の存在なしには成り立たず、完全でもない。また両方は、対立ではなく互いに補完しつつ共存しており、片方だけが真実であることはあり得ないという論理である（野中ほか：

2010b,pp.53-54)。

　対話は、SECI プロセスにおいて、そのままでは言語化が困難な暗黙知を形式知に変換する「表出化」と、さまざまな形式知を結びつけて深め、洗練して新たな形式知を作り出す「連結化」で効果的に用いられる方法である。対話は、**「思考の弁証法的プロセス」**といえる。それは、各個人が自らのかけがえのない体験・信念・価値観に基づいて語り合うことから始まる。弁証法的思考を持つことで、形式的には矛盾し対立しているように見える事柄でも、その本質を追究し、対話により他者の視点を取り入れて新たな文脈におくことにより、無意識のうちに前提としていた先入観を捨てて、新たな解を見出すことができる。

　一方、実践は、SECI プロセスにおいて、共体験により暗黙知を共有する「共同化」と、形式知を特定の文脈に再結合し、新たな暗黙知として身体化する「内面化」で効果的に用いられる方法である。実践は、**「行為の弁証法的プロセス」**といえる。それは、社会的な関係性の中で複雑な形態を持ちつつも一貫した行為であって、個人的で一時的な単純行為である「動作」とは異なる。言い換えれば、実践は行動する中で、その行動と結果の本質的な意味を深く考え、そこからの反省を踏まえて行動を修正していくプロセスである。知識創造には、行為の只中の熟慮が欠かせないため、徹底的な論理分析を踏まえたうえで、仮説を立てて行動し、その結果を見つつ、行動が正しかったのか間違っていたのかを徹底的に考えなければならない。

　⑤場

　場は物理的な空間を意味する場所とは異なり、人間の対話と実践という相互作用が起こる、人々の関係の空間を意味する。知識は対話と実践により創られるが、そうした「人間の相互作用が起こる心理的・物理的・仮想的空間」を場と呼ぶ。それ故に場は、対話と実践により暗黙知と形式知を転換し合いながら知識を創造し続ける**「SECI プロセスが行われる実存空間」**ともいえる。

　要するに場は、「知識創造活動の基盤であり、知識が共有され創造され、活用される、共有された動的文脈」である。知識は、個人ごとに異なる主観が相互作用によって、共有され、綜合される社会的なプロセスの中で創造される。場に参加する人々は、他者との関係の中で個人の主観的限界を超え、「いま・

ここ」を他者との共感を通じて直接的に経験することができる。

⑥知識資産

　場を通じて創り出された知識は、組織に蓄えられる資産の一部となる。SECIプロセスを通じて得られる知識資産は、次のように分類できる。

　　S：感覚知識資産……共体験を通して共有された暗黙知

　　　　例：経験知、感情知（信頼、安心感、情熱）、共感知

　　E：コンセプト知識資産……イメージ、シンボル、言語により明確にされた
　　　　　　　　　　　　　　　形式知

　　　　例：製品およびサービスのコンセプト、デザイン、ブランド、意匠文字
　　　　　　（logo）

　　C：システム知識資産……システム化・パッケージ化された形式知

　　　　例：ドキュメント、データベース、特許、ライセンス、ビジネスシステ
　　　　　　ム

　　Ｉ：ルーティン知識資産……ルーティン化された行動に埋め込まれた暗黙知

　　　　例：型、日常業務上のノウハウ、共有・伝承されている組織文化

　　　＊「型」は、日本における優れた「知の作法」の文化であり、当該領域での達人や優れた組
　　　　織が理想とする思考・行動様式の本質を凝縮したものを指す。

　知識資産は、価値創造に欠かせない内的資産である。特許の使用権を得ることや、M&Aなどで既存の知識資産を外部から獲得することは可能であるが、実際にそれらを充分に使いこなせるとは限らない。継続的に知識を創造・活用するためには、外部からの形式知を多く獲得するだけでなく、独自的な暗黙知を組織内部で効果的に管理・運営することが大切である。

⑦環境

　組織を取り巻いている環境は「**知の生態系**」のようなものである。知の生態系とは、生物における食物連鎖や棲み分けのように、様々な場所に多様な形で存在する知識が、相互に有機的な関係を構成している状態を指す。

　組織自身を含め、その生態系を構成する要素の間には、絶え間ない相互作用が存在する。例えば、企業と市場の関係において、企業は市場を「競争の場」として捉えるのではなく、パートナー（例：供給業者、生産業者、顧客）と共に知識を創造する「共創の場」として捉える。組織が知識創造を続けていくた

めには、組織の境界を越えて、環境を「潜在的な知の貯水池」として認識し、互いに重なり合う多種多様な場（即ち、重層的な場）を有機的に結合しながら、他の組織との共生社会を築いていくことが大事である。

このように、知識創造の動態モデルは、SECIプロセスに方向性を与えてそれを動かす力の源泉となる「ビジョン」と「駆動目標」、暗黙知（共感）と形式知（分析）を創造する「実践」と「対話」、SECIプロセスが行われる実存空間としての「場」、SECIプロセスのインプットでありアウトプットである「知識資産」、そして場の重層的な集積であり知識が相互に有機的関係で結ばれている、知の生態系としての「環境」という7つの要素が1つの知識創造システムとして機能する仕組みを示したものである。このうち、SECIプロセスの実存空間である場は、対話と実践という、人々のコミュニケーションを通じて知識を創造するので、最も重要な機能を果たしているといえる。

第4節　場の活性化

　前節で述べたように、知識創造において場の役割は極めて重要である。組織に場が形成され効果的に機能すると、組織はより活動的となり、組織目的の達成にも大いに貢献できる。そこで、場を活性化し、その機能を高めることが求められる。以下では、第2節で考察した場の3つの機能を活性化するための具体的なメカニズムを検討したうえで、場の活性化の仕組みを明らかにする。

1.　情報媒体システムの構築

　組織は、状況変化への対応と不確実性の軽減のために、情報を迅速かつ正確に収集・伝達できるような媒体システムを構築する必要がある。情報の媒体は、やり取りの対象と通信ネットワークの利用方法により、〈図表6-6〉のように分類できる。

　まず、情報をやり取りする対象が人対情報か、人対人かによる区分である。前者の場合に、形式的情報（データ、文書など）は伝わるものの、暗黙的情報

〈図表6-6〉　情報媒体の形態

やり取りの対象

	人対人	人対情報
オフライン	直接対面型 （面談、会議、打合せ）	文書型 （書類、メモ、印刷物）
オンライン	電信通話型 （無線通話、画像通話）	データベース型 （電子メール、ウェブサイト、 電子掲示板）

通信ネット
ワーク

出所：野村総合研究所(1999)p.102を一部修正して作成。

（伝達者の感情、態度など）が伝わり難いのに対し、後者の場合は、人と人が直接やり取りするので、形式的情報だけでなく暗黙的情報までも正確に伝わる。次に、通信ネットワークを利用しないオフラインか、利用するオンラインかによる区分である。前者の場合に、情報のやり取りに時間的・空間的制約が多いのに対し、後者の場合はその制約がほとんど無くなる。

　最近、ICTやSNSなどの発展によるオンライン化が進み、相手と同じ場所にいなくても対話ができる「電信通話型」と、必要なときに必要な場所で情報のやり取りができる「データベース型」が急増している。特に「データベース型」は、時間的・空間的制約もなく、迅速かつ広範囲までやり取りができるため最も使われているものの、送り手と受け手の間に形式的情報に対する解釈の違いが生じ得ることにも注意しなければならない。

　要するに、オンライン通信を用いて形式的情報を効率的に伝達・共有する方法と、関係者たちがリアルタイムで対面できる場を設けて互いの暗黙的情報が伝わる方法を併せてとるのが望ましいといえる。

2.　協働空間の構築

　上述したように、直接対面による情報のやり取りは、時間的・空間的制約が最も多いものの、形式的情報および意味的情報を最も正確に伝えることができる。さらに、人々が同じ場所で対話しながら行動することを繰り返せば、相互

理解が得られ、共感や信頼感が形成される。そこで、人々が直接的に接触しながら、対話と行動を共にする協働空間をどのように構築するかがカギとなる。

　協働空間は、対話の量と、行動の範囲によって〈図表6-7〉のように分類できる。

〈図表6-7〉　協働空間の形態

行動の範囲

		狭い	広い
対話の量	少ない	巣箱型 （部署別オフィス、コンベヤー作業場、セル生産作業場）	ノン・テリトリアルオフィス型 （大部屋、フリーアドレス、ノマド）
	多い	集会型 （ブレインストーミング、ワイガヤ合宿、YWT発表会）	プラットフォーム型 （アゴラ、試作工房、つむぎ商館）

出所：著者作成。

①巣箱型

　人々が巣箱のように囲まれた空間の中で仕事をする形態である。部署別に隔離・独立されている従来のオフィスを初め、コンベヤー（conveyor）作業場やセル生産（cell production）作業場では、行動領域の限られた反復的な作業が多いため、他人との対話や議論よりもむしろ、1人ひとりの個別行動が求められる。

②集会型

　様々な課題解決のために人々が一堂に集まって議論する形態である。ブレインストーミング（brain storming）は、難しい課題を解決するために集団で奇想天外なアイデアを出し合う方法である。ホンダの「ワイガヤ合宿」では、解決すべき課題を持つプロジェクト・チームのメンバーが3日間泊まり込みで、プロジェクトの本質や目的を徹底的に議論し、課題とそこに含まれる相互の矛盾点を洗い出し、その解決策を見出す。また、「YWT発表会」は日本能率協会が開発した、場を効果的に活用する実践技術の1つであり、組織の中で場を作って活動している様々なチームが、実際にやったこと（Y）、わかった

こと（W）、つぎにやること（T）を定期的に発表する集会を指す（伊丹ほか：
2010,pp.105-108）。

③ノン・テリトリアルオフィス（nonterritorial office）型

　オフィス空間をより効率的に使うために、行動の制約を招くような区域を設け
ないことを原則とする。同じフロアの壁や個室をなくした大部屋型、個人専用の
机や椅子をなくして自由席にしたフリーアドレス（free address）型、おおよそ
の区域を保ちながら必要に応じて区域ごと移動するノマド（nomad：放牧）型
がある。

　NTT 東日本はオフィスを、通常の業務を行う「office zone」、人々と意見
を交わしながら創造的業務を行う「creative zone」、個別に集中して考える業
務を行う「concentration zone」に分けて自由席化を実現すると共に、オ
フィス内にファイル・キャビネットの装備はもちろん、観葉植物コーナーや喫
煙コーナー、ドリンクコーナーなどを備えるなど、オフィス空間を効率的に運
用している（妹尾ほか：2001,pp.119-129）。

　ノン・テリトリアルオフィスにすれば、施設の管理費や維持費などの経費が
節約できること、メンバー間に濃密なコミュニケーションを交わせる機会が増
えることなどのメリットはあるが、実行する際に検討すべき点もある。例え
ば、他者との不必要な接触を調整すること（privacy の問題）、個人および集
団のアイデンティティを維持すること（personalization の問題）、そして組
織にとって真の成果があるか否かを慎重に検討すること（performance の問
題）などである（稲水：2013,p.6）。

④プラットフォーム（platform）型

　ノン・テリトリアルオフィス型よりもさらに対話の量を増やしながら、広範
囲にかけて積極的に行動する形態である。駅のプラットフォームで電車を乗り
換えれば、様々な目的地へ行けるのと同じく、組織の様々な分野および異なる
階層の人々との相互関係やつながりが展開できる仕組みになっている。

　アゴラ（agora；劇場）は、建物全体が円形闘技場（arena）のように階層
ごとの障害物をなくして吹き抜け形式に作られており、他の階層で何が起きて
いるかが一目で見える構造になっている。他部署の人々の動きが見られるた
め、仕事空間の全体的な様子が把握できるだけでなく、他部署の人々と身近な

距離で直接的にコミュニケーションをとりながら、より協力的な業務体制へ取り組むことができる。

　日産先進技術開発センター（NATC）のオフィス棟は、階下を見下ろせるユニークな階段状の建築構造になっている。実車での作業が可能なカーリフト付きの広いスペースであるコラボガレージがあり、そのすぐ傍にコラボレーション・ルームもあって、実車と仮想の開発（CAD）を同じ空間で行うことができる。また、各フロアに「試作工房」を設けて、同じ空間で同時にプロトタイプ（試作品）を見ること、考えること、作ること、確かめることが可能となり、イノベーションのサイクルを短縮している〈http://www.nikkeibp.co.jp/style/biz/office/080125_10th/〉（2016/05/30）。

　また、再春館製薬所の「つむぎ商館」は、社員同士はいうまでもなく、社員と顧客を繋いでタテとヨコの相互作用を紡ぐような協働空間を指す。2階建て構造のオフィスは、どこからでも全体が見渡せるようになっていて、1階から2階にあがる通路も、通る人々の動きが一時的にも止まることなく流れるように、階段ではなく螺旋状のスロープでつながっている。特に、顧客と直接かかわる業務に携わっているコミュニケーター（電話応答者）たちが、いつでも集まって目標や課題を共有するミーティング場所を近くに設けており、その隣に研究開発室がある。それ故に、顧客の苦情やトラブルの対応に専門的知識が求められるときに迅速に対応することはもちろん、顧客の声をダイレクトに製品開発の現場に伝えるような工夫もされている〈http://business.nikkeibp.co.jp/article/manage/20070405/122255/〉（2016/05/30）。

補足資料　仕事場の改革（pp. 216-220）

3.　共生社会の構築

　プラットフォーム型の協働空間は、組織内部の階層構造を超えて、職能横断的に形成される場である。さらに組織は内部の協働空間にこだわらず、外部との協働空間づくりに積極的に取り組む必要がある。共生社会の構築とは、組織の境界を越えて、外部の様々な組織と相互に有機的な関係を保ちながら共生できる社会的システムを構築することを意味する。まるで、生物体が生態系のなかで互いに連鎖して棲み分けすることと同じように、場にも自然界のような生

態系を構築することが求められる。

　場は、生物体のように自生能力を持っている。それは、内部的に秩序を維持する能力と、外部的に変化する環境に適応・対応する能力である。場で起きる人間行動のプロセスは、強制的でも誘導的でもなく、自然発生的に生まれてくる。それは自由・自律への欲求、他者との信頼への欲求、他者との情報共有の欲求などから成る人間の本源的欲求に起因する。人間の体が数えきれないほどの細胞で構成されており、細胞それぞれが自分の役割を適切に果たしながら、体全体の秩序を維持しつつ整然と体の機能を保っていくのと同じく、場は常に自己組織化を保とうとする傾向が強い。例えば、指揮者のいない交響楽団では、個々の演奏者がそれぞれの楽器の音を明確に出しながらも、全体との和音を保てる自発的な能力を持ってその役割を果たしている。それは、1つのメロディーという大きな枠を共有しながら、演奏者たちが即興演奏を繰り広げるジャズ楽団に似ている（伊丹:2005,p.58）。

　そして、場は外部社会に適応するだけでなく、積極的に働きかけながら良き関係を保たなければならない。前川製作所（以下、マエカワと記す）は、場の社会的共生関係を効果的に用いている代表的な例として知られている（前川:2004,2010）。マエカワの経営方式は「場所マネジメント」と呼ばれている。それは、マエカワが顧客と共に生かされている場所を深掘りし、そこからしか出てこないオンリーワンの商品・サービスを創造し提供していく方式である。つまり、顧客に関わっている本質的な課題やニーズのある問題領域を、顧客との共創を通じて発見し、創造的なソリューションを見出していくものである。

　「場所マネジメント」で言われている場所は、通常のような物理的な場所を指すのではなく、本章で述べられてきた場に類似する概念である。それ故に場所マネジメントは、企業が自己中心的に周りをコントロールする世界観を否定し、自分たちが生かされている場所の中に身を委ね、場所の変化と共に自然体で進化する経営を追求するという、マエカワの経営理念ともいえる「企業の生物的世界観」に起因するものである（前川:2010,pp.95-98）。

　マエカワは共生社会を構築するにあたり、最も重要視する企業活動のキー・コンセプトとして、次の3つをあげている（前川:2010,pp.160-214）。

①共同体

　　共同体は、ただの人間集団を意味するものではなく、個々人が感覚知で理解し合える関係で成り立つ人間集団を指す。共同体それぞれは、固有の場所（活動領域）を中心に活動しているが、そこに接する全ての場所から情報、人、モノなど、あらゆるものが流入、流出し、非常にオープンになっている。そうした流れが、常に変化をもたらし、共同体にいろいろなインパクトを与え、変化をもたらす。

②場所

　　場所は、共同体の活動領域を指す。それは自分固有に閉じられるのではなく、広い世界に開かれていることを目指している。企業は生産、営業、開発などの部門に限らず企業活動全般にわたって、自分の専門性の枠を取り外し、もっと広く深い世界に対応しなくては生きていけない。

③すり合わせ

　　すり合わせは、開かれた共同体として活動するために、異なる視点や経験を持つ人々と直接的に調整することを指す。そこでは職人同士だけでなく、チーム同士および企業同士のすり合わせ、または、企業と顧客とのすり合わせが重視される。

　マエカワは、このような企業活動を通じて、さまざまなレベルの場、いわゆる「重層的な場」を作り、共生社会を構築することによって「知識の創造」を活性化している（前川:2004,pp.200-208）。

　まず、社内に「小さな場」を作って、理想的な生産の場をイメージしながら、生産技術者と作業者が一緒になって製造ラインを改善している。そのために、自らが顧客と接触できる場を作って顧客のニーズを把握する。それから、資本財メーカーとして、消費財の生産メーカーのニーズに応えながら工作機械や生産設備の改良改善を加えていく段階で、市場の潜在的ニーズを含めた市場の全体像をつかむことによって、ハイテク化に応えている。

　次に、社外との「大きな場」を作って、市場との共同化を実現している。国内外の産業用冷却市場の変化に合わせて、これまでのコア事業であった冷却から脱する戦略に出た。そこで、マエカワは食品加工、熱リサイクル・システム、エネルギー・システムなど、主事業の冷却システムと接している周辺市場

へ拡大したが、単に多角化しただけではなく、顧客と一体になり新しいシステムを構築したり、熱のムダを省いたりする中で、新しい市場を切り拓いていった。具体的にいえば、コンプレッサー製造開発技術を核として、新しい化学工業分野、超低温分野へと新しい提案を行い、産冷技術をベースに、産冷とは異なるコンプレッサーの開発、製造、販売を手掛けるようになった。異質な技術を受け入れるたびに市場が広がり、新分野を次々と開拓し、それぞれのシステムを提供するまでに至り、その結果、世界唯一のトータル・システムとしての産冷メーカーとなった。

　要するに、マエカワの主な成功要因は、自社に都合のいいところだけを切り取った人工的な市場を対象とせず、階層的構造になっている市場ごとに100社を超える独立法人の集合体（即ち、重層的な場）を設けたことにある（前川:2004,pp.210-213）。言い換えれば、マエカワは重層的な共生社会を構築することによって場を活性化させ、その結果、新しい知識（価値）を創り出したのである。

　本章ではコミュニケーションを、人々の意思や感情を伝える単なる意思疎通の手段としてだけでなく、組織における公式的および非公式的相互活動を調整するプロセスとして捉えてきた。組織が目的を効果的に達成するためには、組織の内部および外部でコミュニケーションを最大限に機能させることが必要とされる。同一の時空間で直接に対話と行動をする場が形成される場合、コミュニケーションはより効果的に機能するようになる。

　〈図表 6-8〉は、コミュニケーションの機能を高めるために、場を活性化する仕組みを示したモデルである。

　場を活性化するためには、まず、場の成立要素（2人以上の相互作用、特定の時空間）を用いて場を形成し、存続するための条件（情報の共有・蓄積、共感・信頼感の形成）を保つことが求められる。そして場が存続することによって、場の機能（不確実性の軽減、連帯感の高揚、知識の創造）が発揮されるが、これらの機能ごとに働きかけるメカニズム（情報媒体システム、協働空間、共生社会）を構築すると、場はさらに活性化されていく。

　場の活性化は、内部的メカニズム（情報媒体システム、協働空間）だけでな

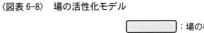

〈図表 6-8〉　場の活性化モデル

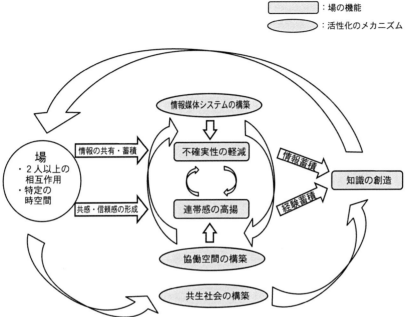

出所：著者作成。

く、外部的メカニズム（共生社会）を築きながら知識を創造するプロセスに
なっており、そのプロセスは、場の更なる発展へフィードバックされる仕組み
になっている。

補足資料

場の機能、場のマネジメントの条件

　伊丹敬之は、場の機能と、場のマネジメントの条件について究明し、解説している（伊丹：2005, pp.48-52, 183-193、伊丹編：2010, pp.80-88）。以下では、その主な内容をまとめて紹介する。

1. 場の機能

　場が果たしている主な機能として、メンバーに協働的活動を促すことと、組織に情報を蓄積することがあげられる。このような場の機能を、〈図表6-9〉では「協働的な組織行動」と「組織的情報蓄積」に表し、それに至る二つのルートで説明している。

　まず、協働的な組織行動につながるルートには、「**情報の流れ**」を表す情報ルートと、「**感情の流れ**」を表す心理ルートがある。情報の流れにおいて、場を通して個人間に情報のやり取りが活性化され濃密になると、個人間に共通理解が形成される。その結果、組織内の意思決定に整合性がとれるので、組織的な協働活動へつながる。一方、感情の流れにおいて、場で個々人が共に対話と行動をしながら心を通わせると、心理的共振（共感）が生み出される。その結果、協働への決断と努力を高めようとする心理的エネルギーを誘発し、積極的な組織活動へと奮い立たせる。

　次に、組織的情報蓄積につながるルートにおいて、場を通して情報的相互作用が起きると、獲得される情報や学習される内容が増えるので不確実性が少なくなり、個人間の共通理解が深まると共に、場に参加した個々人に情報が蓄積される。その結果、組織レベルに情報が蓄積されることになる。

　さらに、この図表は場の機能における重要な特徴をも示している。それは二つのルートが、互いに影響を及ぼす関係を築いているということである。情報の流れから感情の流れへの影響は、情報のやり取りにより心理的信頼関係が築かれることと、個人間の共通理解により心理的共振が得られることから説明で

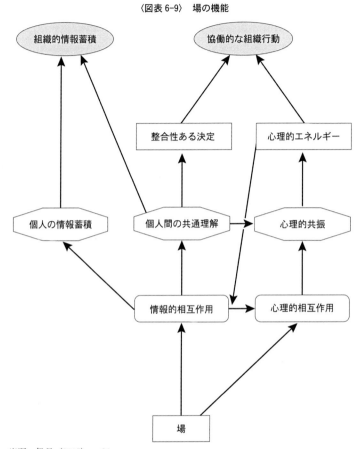

〈図表 6-9〉　場の機能

出所：伊丹（2005）、p.81。

きる。一方、心理的エネルギーが高まると、より積極的に情報的相互作用へ取り組むようになり、それが更なる心理的相互作用へ働きかけるという好循環を生み出す。要するに、場を効果的に機能させるためには、情報の流れと感情の流れの間にバランスをとり、シナジー効果を生み出すことが欠かせないのである。

2. 場のマネジメントの条件

　場が形成されると、個人および組織に情報が蓄積されると共に、協働的な組織行動が生み出されるので、組織の効果的な目的達成が可能となる。組織には、公式的に認められた場もあるが、非公式的に作られる場も多い。そこで、組織が場をどのように形成し、コントロールするかが重要な課題になってくる。〈図表 6-10〉は、場をマネジメントするための基礎条件を示したものである。

　組織において場が効果的に機能するためには、組織メンバーが場に参加して相互作用へ積極的に取り組まなければならない。つまり場のマネジメントにおいて「場の相互作用への参加意欲」は必須要件であり、その要件を満たすためには個人側と組織側が備えるべき条件がある。

　まず、個人側の条件である。個人の相互作用への参加意欲を高めるためには、他の人々と組みたいという連帯欲望を強く持たなければならない。次に、組織側の条件である。組織が個人の相互作用への参加意欲を高めるには、個人の裁量を正当なものとして認めること、個人の間で共通理解が築かれること、アジェンダへの信認が得られることの3つに対して積極的に取り組まなければならない。そこで組織は、次のような基礎条件を備える必要がある。

　①自由

　組織は、分権化された範囲内で個人に自由裁量の余地を与えている。組織で個人の自由が保障されなければ、相互作用への参加意欲は期待できなくなるので、組織は個人で行動できる自由と、他の人と相互活動できる自由を与えるべきである。個人に自由が与えられることで、個人の裁量が認められるようになり、共通理解の可能性も高まる。

　②信頼

　組織が場を活性化する際には、信頼を最も重視しなければならない。個人に自由を与えてもそれを濫用することはないだろうと、組織が個人を信頼することが重要である。また、個人同士が信頼できる環境、さらには個人がリーダーを信頼する職場環境を創る必要がある。このような信頼関係が築かれると、相互作用への参加意欲を高めるすべての要素に取り組むことができる。

　③基礎的情報共有

〈図表6-10〉　場のマネジメントの基礎条件

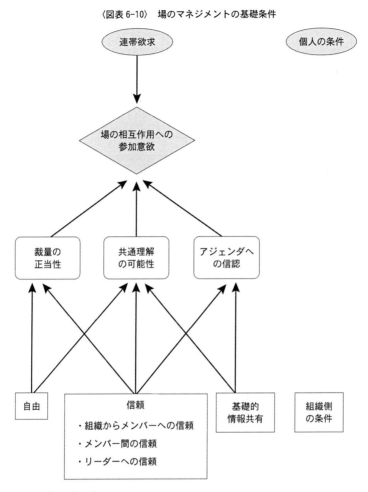

出所：伊丹（2005）、p.84。

　そもそも情報源の異なる個々人から、共通した理解が得られるのは容易なことではない。また、目指しているアジェンダが組織および個人にとって意義のあるものであるか否かの判断も、持っている情報の量や質によって異なる。そこで組織に、基礎的情報を公平かつ迅速に提供するための通信ネットワークシステムの構築と、人々が一緒に対話しながら行動できる協働空間の構築が必要とされる。

補足資料

仕事場の改革

1. ノンテリトリアル・オフィス（nonterritorial office）

　ノンテリトリアル・オフィスは、事業のために使用する施設の維持・運営・管理費（facility cost）を削減する目的で管理されるオフィスを指す。ノンテリトリアル・オフィスに関する研究は 1970 年代初めから始まっており、アレンら（Allen T.J.et.al.:1973）によれば、「壁やパーティションを極力なくす**オープン化**と、個人専用スペースを共有スペースにする**自由席化**の二つを達成したオフィス」と定義されている。日本では 1980 年代末から、誰でも好きなときに予約なしで共有のデスクを利用できる、自由席化したオフィスの意味で「フリーアドレス・オフィス：free address office」という言葉が使われた。当初、ファシリティ・コスト削減を目的として提唱されたフリーアドレス・オフィスは、1990 年代末から知識創造を目的として導入されるようになった（稲水：2008, pp.559-560）。

　ノンテリトリアル・オフィスを導入すれば、空間利用の効率化だけでなく、コミュニケーションの活性化が得られる。特に、活動空間の制約がなくなることで、意図せざるコミュニケーションが自然発生し、知識の創造をもたらす機会がかなり増える。しかしながら、このようなオフィスの導入には賛否両論があるので、次の 3P を慎重に考えなければならない（Allen T.J.et.al.:1973、稲水:2013, pp.5-6,p.12）。

(1) **Privacy**

　オフィスが個室や壁・パーティションのない開放的空間になると、集中力が切れることや他者との緊密な対話ができなくなることも増えるが、個人のプライバシーが守られる空間になると、満足感が得られ、職務成果をもたらす場合が多い。ところが、プライバシーが徹底的に守られた閉鎖的空間は、寂しさや孤独を感じさせ、新たな問題を引き起こす。そもそもプライバシーを「他者と

の最適な相互作用が保たれている状態」の意味で捉える場合、他者との最適な相互作用とは如何なるものかについて十分に検討する必要がある。

　プライバシーの問題は、人の性格やおかれている状況（例えば、地位・職種、仕事の負荷、オフィスの密度、オフィスへの適応期間など）によって異なるので、一律に取り扱うには注意する必要がある。その一つの対策として、オフィス内に多様なスペースを備えることが考えられる。例えば、一人で業務に集中できるスペースから、少人数で打ち合わせができるスペース、大人数で会議ができるスペースまで、使用人数および用途別に使い分けができるようにすることである。

(2)　**Personalization**

　人には自分が日頃仕事している空間を居心地の良い場所に改変し、そこに何かを飾り立てる一種の「縄張り」を作りたがる傾向がある（例えば、机の上に家族写真や好きな小物を置いたり、壁にポスターや絵画を飾ったりする）。自分の存在がアピールできる仕事空間を作ることが認められると、人は自分らしいアイデンティティを保つことができ、それが職務満足につながる。また、オフィスの物理的特性（例えば、オフィス内の位置、個室の有無、スペースの広さ、オフィス家具の調度など）も個人ないし集団の「弁別性」と「地位」を表象する場合が多く、不在中でもその人の存在感や地位は容易に変えられず、ブレのないメッセージを発信し続けるので、オフィスのレイアウトや物品の扱いには注意を払う必要がある。

　したがって、自由席や共有席が広まったとき、個人や集団のアイデンティティを保障することが大切になる。その効果的な対策として、仕事の内容に応じて固定席と自由席を併用したり、部局単位で大まかに区域を設けたり、グループごとにローカル・ルールを設けたりするなどして、フリーアドレスを柔軟に運用することが考えられる。

(3)　**Performance**

　オフィスの形態を変えることで、どのような成果があるのかを分析する必要がある。オフィスの自由席化によって、コミュニケーションの活性化、部門間

対立の解決、知識の創造などの成果が期待できるが、それらに関する明確な検証はされていない。日本でもフリーアドレス化を導入する企業は増えているが、失敗したケースも多いのでメリットだけを考えて安易に導入するのは慎むべきである。

　このような形態のオフィスが成果を出すためには、広いオフィスに多様な空間を作り込むこと（**多様性**）、フリーアドレスを状況に応じて柔軟に運用すること（**柔軟性**）、情報技術を用いて様々なコミュニケーション手段を統合すること（**統合性**）が保障されなければならない。

2.　オフィス改革の要件

　フリーアドレス・オフィスのようなオフィスの改革は、人々の対話および行動を通して相互作用を活性化するので、知識を生み出す場合が多い。しかしながら、ただ単にオフィスの空間やレイアウトを変えるだけでは期待するほどの効果は得られないので、オフィスの改革に付随する設備器具を整えたり、人々の相互作用を活性化する行動パターンを取ったりする必要がある。

(1)　付随する設備器具

　オフィスの改革が効果を発揮するためには、次のような設備器具を整える必要がある（潮田:2007,pp.63-70）。

・キャスター付きの机と椅子：キャスター付きのものは位置関係を変えながら機動的に使いやすい。4人がけ正方形机なら、様々な用途に合わせて柔軟に対応することもできる。机を斜めに置くだけで視界が新鮮になり、オフィス内の人の動線も変わる。話す内容に合わせて、座り方を決める方法もある。例えば、相手に強い意向を表明し威圧感を与えたいときは「正対座り」、相手から共感を得たいときは「横座り」、リラックスしつつ集中もしながら相手と共に新しいアイデアを出したいときは「90度座り」が効果的である。最近は、座り過ぎによって体重増加、肥満、血行不良など様々な健康リスクが高まるデスクワーク中心の人々のために「立つ・座るの自由化」が始まっており、自由に立ち座りができる可動式机も多く使われている。

・ノートパソコン、キャビネット：コンピュータをデスクトップ型からノート

型に変えると、開放的空間と移動性が確保でき、フリーアドレス・オフィス
へ転換しやすくなる。フリーアドレス・オフィスに変える際には、机の上に
私物を置かないという原則が守られるように、私物や書類などが収納できる
キャビネットを備えなければならない。

・ディスプレイ・モニター、ウェブカメラ：会議中にパソコンと連動し、その
場で資料の提示・修正ができるようにする。モニターは通常、ウェブカメラ
の画面や案内掲示板などにも活用される。オフィスにカメラを設置する理由
は、人々を監視するためではなく、異なるフロアの全景や他のオフィスの様
子などを大型モニターと連動して映し出すことで、全社員が状況を共有する
ためである。

・溜まり場：人が頻繁に集まる空間（例：コピー機、自販機、雑誌コーナーな
ど）をオフィスの中央に設けておけば、不特定多数の人々が接触しやすくな
り、自然にコミュニケーションがとれる溜まり場として活用できる。

・常に動く造形物：仕事に行き詰まった時に何か動いているものをみると、新
たなインスピレーションが感じられる。そのためオフィスの目立つ場所に、
熱帯魚水槽、永久運動するニュートン振り子、揺りかごバランスボールなど
を常備しておく。

　このようにオフィスのレイアウトや設備を工夫して仕事場の環境を変えるこ
とで、人の思考および行動パターンが変わり、コミュニケーションの活性化、
モチベーションの向上、職務向上、知識創造へつながる。つまり、「人間がオ
フィスを変え、オフィスが人間を変える」という相互関係が成り立つことを意
味する。

⑵　知識創造を生み出す行動パターン

　オフィス改革と合わせて、人が次のような行動パターンを取ることで相互
作用を活性化し、知識を創造することができる（潮田:2007, pp.40-56）。

①第一ステップ（一人のレベル）：知動説

　一人で積極的にオフィスを歩き廻りながら、他の人から情報を吸収したり、
偶然の出会いを増やしたりする。新しいアイデアは、一人で考え込むときより
も、対話の相手を求めて社内外を積極的に歩き廻って異質な知と出会うときに

生じやすい。日立総合研究所はオフィスの机をハニカム（ハチの巣）状に配置して、人がデスクの間をジグザグの動線で移動するようにし、偶発的な出会いやコミュニケーションの機会を意図的に増やしている。

　②第二ステップ（二人のレベル）：転知創造

　異質的な知を持つ相手と濃密な対話や行動をすることで、互いに知を触発し、新たな発見が生まれる（知の転換）。異質的な（例えば、地位別、世代別、部門別、性別に異なる）人々と交わる機会を増やして多様な知を組み合わせた「知の化学反応」を起こし、新たな知を生み出すことが大切である。

　③第三ステップ（三人以上のレベル）：展知創造

　二人で話が行き詰まったときに第三者の視点を入れることで、新たな視界が開ける（いわば、三人寄れば文殊の知恵）。周囲の人々を積極的に巻き込めば、知が創造・拡大し、職場を活性化する（知の展開）。また自分のアイデアを周囲に拡大するときは、完璧なレベルまで仕上げて動き出すよりも、アイデアが少し固まった時点で、不完全なままでも文書化し、周囲の意見を聞きながら膨らませていく漸進的な修正方法が効果的である。

第Ⅲ部

個人と組織の役割

　現代社会の特徴を、ICT（Information and Communication Technology）、SNS（Social Networking Service）、AI（Artificial Intelligence）、Robotics（ロボット工学）などが代弁するほど、科学技術は過去に類を見ない勢いで発展している。しかしながら、このような技術の革新は私たちの生活を豊かにする反面、様々な社会的な課題も引き起こしている。

　そもそも「イノベーション」には、新しい技術の発明による「技術革新」だけでなく、新しいアイデアから新たな価値を創造し、社会的に大きな変化をもたらす「社会的革新（social innovation）」の意味も含まれている。ところが、技術革新が日常生活に多大な影響を及ぼしていることもあって、社会的革新の必要性や関心は疎かにされてきた。それ故に、社会的革新と社会的事業（social business）が、今日の経営学や組織論において重要な研究課題にもなっている。

　野中は、社会的革新を「社会の様々な問題や課題に対して、より善い社会の実現を目指し、人々が知識や知恵を出し合い、新たな方法で社会の仕組みを刷新していくこと」と定義し、現代社会の組織に課された重大な課題として捉えている（野中ほか：2014, p.20）。一方、日本経済通産省は、社会的事業を「環境や貧困問題など様々な社会的課題に向き合い、ビジネスを通じて解決していこうとする活動」と定義し、その特徴として「社会性」、「事業性」、「革新性」を取り上げている（経済通産省：2008, pp.1-3）。このように、今日の組織は営利・非営利という境界を問わず、事業を通して社会的革新に取り組むようになった。

　第Ⅰ部と第Ⅱ部で取り上げた、個人と組織が共に発展するための「個人と組

織」のあり方は、組織が社会を構成する一員であるため、「組織と社会」においても本質的に変わるものではない。今日の組織社会においては、各々の組織が競争する中でも協力関係を築き、共生しながら目的を達成することが、社会の発展につながり、社会的役割を果たすことにもなる。そこで第Ⅲ部では、イノベーションが求められている現代社会において、個人と組織が果たすべき役割とは何かを考察し、その役割を果たすための効果的な取り組み方を提示する。

第7章

知の創造と共通価値の創造

　本章においては、現代の組織社会における個人と組織の主な役割を、「知の創造」と「共通価値の創造」の観点で考察する。

　第1節では「知の創造」を個人の役割として捉える。まず、イノベーションに成功した事例を取り上げ、成功要因とリーダーの役割を分析したうえで、創造的リーダーに求められる能力を明らかにする。そして、知の創造における基本原理と仕組みに関する理論を解説し、その内容を図で表す。

　第2節では、「共通価値の創造」を組織の役割として捉える。まず、企業の社会的責任に関する考え方やパラダイムが転換された経緯を説明する。そして、企業が社会と相互依存関係を築きながら価値を提供することの意義について述べる。さらには、企業活動による価値提供のモデルについて解説したうえで、組織が共通価値を創造するための効果的な取り組み方を明示する。

第1節　知の創造

　本節は、野中・勝見がイノベーションと題するシリーズの本『イノベーションの本質』、『イノベーションの作法』、『イノベーションの知恵』に基づいて考察を行ったものである（野中ほか：2004, 2007, 2010a）。まず諸事例から、成功要因とリーダーの役割を分析し、その内容を踏まえて創造的リーダーに求められる能力を究明する。さらに、知が創造される仕組みについて解説し、その内容を図に表すことで、知の創造に取り組む人々が目指すべき方向性を提示する。

1. 創造的リーダーの役割と能力

(1) リーダーの役割

　ここでは、上記の本で紹介された 35 の事例から 5 つを取り上げ、イノベーションを引き起こした創造的リーダーが「目的意識」、「行動力」、「協働の場」を中心に果たしていた役割について解説する（紙面の制約上、詳細な引用箇所は割愛するので、原書を参照して頂きたい）。

事例 1　サントリー伊右衛門：社内史上最悪の失敗から業界史上最大の成功へ

（野中ほか：2007, pp.53-77）

　緑茶飲料「伊右衛門」は、2004 年 3 月の発売と同時に大ヒットし、清涼飲料の発売初年度販売記録を樹立、シェア 2 位に躍り出た。続く 2005 年は伊藤園「お～いお茶」の首位の座を脅かす一大ブランドへ成長した。成功の主な要因は、社内史上最悪の大失敗を喫した開発チームの経験が活かされたことと、寛政 2 年（1790 年）に福井伊右衛門によって京都に創業された茶舗「福寿園」と共同開発に取り組んだことにある。「伊右衛門」は、福寿園の茶匠が厳選した日本茶葉を 100%使用した本格緑茶であり、「心安らぐ甘香ばしい香りと、心地よい爽やかな余韻を楽しめる日本茶」への革新を世界に発信し続けているサントリーの代表的な緑茶飲料である（https://www.suntory.co.jp/softdrink/iyemon/）。

　①目的意識

　当時の市場には、顧客の飲用気分をそのままコンセプトにしたエンターテインメント性の高い飲料が多かったので、食品事業部の開発チームは「お茶の葉にこだわる飲料」を開発しようと考えた。そこで、中国のお茶の発祥地とされる雲南省に行って、緑茶やウーロン茶とは異なる特殊製法で作られたプーアール茶が、まろやかな旨味を生み出すことが分かった。帰国後、「プーアール茶ベースの熟茶」を開発したがほとんど売れず、社内史上最悪の失敗を味わった。失敗の原因は、**顧客不在の分析的差別化戦略**にあった。開発チームは当初、競合する緑茶が「旨み大で渋みあり」なら、うちは優れた中国茶葉を使って「旨み大で渋みなし」で差別化すれば必ず成功するだろうと思った。しかしそれは、製品コンセプトを「顧客の飲用気分」ではなく「お茶の素材」にした

ものに過ぎなかった。競合との差別化を図り、競合に勝つという**相対価値**を追求する分析的な競争戦略であって、顧客のニーズに応えるものではなかった。

　その後、会社が緑茶飲料開発に動き出すとき、熟茶開発に失敗したメンバーたちが名誉挽回のため進んで集まった。まず日本人におけるお茶の本質を掘り下げるため消費者アンケート調査をウェブ形式で行い、日本人の「DNA に刻まれた記憶から生まれる安心感」を製品コンセプトとし、その安心感を提供するという**絶対価値**を実現する飲料開発へ踏み込んだ。

　②行動力

　開発チームは熟茶開発のとき、発祥地である中国雲南省を訪れたのと同じく、開発に先立って **concept trip**（コンセプトの気づきを得るための現地訪問）を行った。日本の茶事発祥の地である京都の宇治を訪れ、一般の旅行客に交じって茶舗を何軒も回り、座禅を組むなど日本茶の歴史と伝統が残る地の空気を吸い込み、夜はホテルで勉強会を開いてその日に見て感じたことを語り合った。

　注目すべきは、消費者調査の方法を見直したことである。単にニーズの平均値を出すような市場分析的な調査は行わず、インタビュー調査も相手の顔が見えるため本音が出にくい日本人に向かないと判断したので、**ウェブ調査**を通して顧客の潜在的意識を探り、お茶にまつわる暗黙知を掘り起こした。ウェブ調査の質問内容も metaphor（隠喩）や場面設定を使うなど工夫し、答える側も自身の原体験や潜在意識をあぶり出さないと答えられないようにした。例えば、「急須で入れたお茶は、あなたにとってどんな存在ですか。人・モノ・動物等に喩えてください」、「お茶を飲んだことのない外国人に急須で入れたお茶の味を誉めるとしたら、どのようにいいますか」、「今日から一年間、急須で入れたお茶をいっさい飲んではいけないという法案が可決されそうです。あなたは国民の代表として、緑茶を飲み続けることができるように反論しなければなりません。どのように反論しますか」のような設問である。調査の結果、ペットボトルのお茶であっても、急須で入れたお茶のように日本人の「DNA に刻まれた記憶から生まれる安心感」を提供するお茶づくりへ踏み切った。

　また開発チームは、目標達成を貫くためには**清濁併せ呑む政治力**を発揮し、手段を選ばないマキアヴェリ的な方法論（権謀術数）を駆使する行動力をみせ

た。企画のプレゼンは行ってもハンコ（決裁）の数はほとんどゼロに近い形に
持っていった。通常は、経営陣がハンコを押す際、存在意義を示そうと何か注
文をつけ、プランの原型がどんどん失われてしまう。それを避け、妥協を排除
するため、担当役員を同志として巻き込んで決裁の手続きを実質的に省いても
らって、企画はほぼ原型どおりに最後まで貫徹することができた。

　③協働の場

　まず、開発チームは共同開発者に決めた福寿園との**共感づくり**に全力を尽く
した。サントリーは、ウーロン茶やウィスキーメーカーとして知られているた
め、「自社ブランドで緑茶飲料を開発しても生き残りが厳しい市場では通用し
ない」といった社内での反対意見が多かった。そこで、1790年創業の歴史を
誇り、お茶文化の普及にも力を入れている京都製茶メーカー「福寿園」との共
同開発を図った。福寿園も初めは、リスクの高い飲料事業に乗れなかった。し
かしながら、サントリー開発チームが示した意志と技術力をはじめ、「百年品
質、上質緑茶」という**極上のコンセプト**が、「お茶のおいしさを広く気さくに」
という精神で日本のお茶文化浸透の一翼を担ってきた福寿園に共感を呼び起こ
した。

　そして、社内経営陣との**共感づくり**にも成功した。日本初の国産ウィスキー
を作った会社の誇りを呼び覚まし、お茶は日本の生活文化に触れる唯一の飲み
物であるが故に、本物の緑茶飲料を創りたいことを経営陣に強くアピールし
た。茶の最高の旨みを生み出すのに100億円規模の設備投資が必要であること
を説得するために、顧客の本音ベースの声を伝える調査結果を添えて福寿園の
茶匠が選び抜いた最適のブレンドを直接飲ませた。新規投資に抵抗を示す役員
がいたら、チャレンジ精神を高く評価するサントリーの**企業理念を錦の御旗に**
して脅しをかけた。サントリーには社員に対して、過去にどこもやっていない
ことへの挑戦を認める「やってみなはれ」の組織文化があったから、30代の
一開発リーダーの立場で、役員層に「舟に乗るのか乗らないのか」と迫ること
ができた。

　さらに、他の部門との協力関係が功を奏した。製造部門は、開発チームから
示された製品コンセプトを実現するため100億円の設備投資リスクを負ってで
も新製造技術を導入することを決断した。デザイナーは、おにぎりを包む竹の

皮に本質的な価値を直観したことから、握り部分に絶妙なカーブを持った竹筒の形を発案した。宣伝部門は、ターゲットの顧客層がお茶飲料や缶コーヒーを飲むときの心理を掘り下げて探り出した「大人の哺乳瓶」というメタファーを足掛かりにした。そこから「働く男が帰りたくなる家」というテーマを浮かび上がらせ、独特の雰囲気を醸し出せる当時の人気俳優を広告モデルに選定した。TV コマーシャルでは、パッケージに福寿園の創業者である伊右衛門の名前を使った。心安らぐ旋律をバックに、伊右衛門とその妻が演じる映像シリーズは、「CM が貢献したヒット Brand 大賞」を二年連続受賞した。

事例2　旭川市旭山動物園：「目的×手段×行動」が実現した日本一

（野中ほか：2010a, pp.33-54）

　北海道旭川市にある旭山動物園は、国内だけでなく海外からも数多くの観光客が訪れる。2004 年 8 月に日本一の月間入園者数 32 万 1,500 人を記録するほか、2006 年度は 300 万人を超え、上野動物園に次いで国内 2 位になるなど、世界レベルでも上位の入場者数を記録している。集客力を上げている大きな要因は、他の動物園が動物の姿形を見せる「形態展示」に主眼を置くのに対して、行動や生活を見せる「行動展示」を導入したことにある。動物たちが動き、泳ぎ、飛ぶ姿を間近で見られるように工夫された施設が数多いことも集客要因の一つである（https://ja.wikipedia.org/wiki/旭川市旭山動物園）。

　①目的意識

　変革のリーダーは、獣医師として飼育係長を経て園長になるまで長年勤めていた小菅正夫である。入園者数が 1983 年をピークに減少の一途をたどっており、施設の老朽化が進むなか、市から特別な予算は回ってこない危機的状況に置かれた。そのとき、単なる観客数を増やすための目先の対策ではなく、「動物園とは何なのか」、「何のために存在し、人々はなぜやってくるのか」など、そもそもの動物園の**存在意義**を問い直した。

　小菅は、動物園が存在する意義は「動物が動物らしく生きている姿をありのままに伝えることで人々を元気づける」ことにあると認識し、そのために「動物たちが訓練された芸ではなく、自分の意思で動き、固有の能力を発揮できるような環境を作る」ことを目指した。そこで「**命を伝える動物園**」を目標と

し、それを達成するために、動物の固有の行動を見ることでその種の肉体的な特徴が分かる「**行動展示**」を実現するという改革のコンセプトが生まれた。

②行動力

　ある日、小菅が園内を廻っているとき、檻のなかで寝転んでいるライオンを見ながら「お前たちは可哀想だな、本当はもっと平原を走り回りたいだろうに……」とつぶやく観客の声が聞こえた。これまで「お前たちはいいな、寝てエサをもらえるんだから」と耳にしたことが多く、自分が真面目に世話をしているこの子たちは幸せだと思っていた飼育係にとって、大きな衝撃の一言であった。そこから、動物にとって幸せとは何か、いまの動物たちに生きていく喜びがあるのだろうかという疑問が生じた。この出来事が、これまで飼育する人の立場で、または動物を見て楽しむ観客の立場で考えてきた小菅を、動物の立場で動物が喜べる動物園とは何かと考えさせる意識転換のきっかけになった。

　変革を起こすには、「**実践的三段論法**」が効果的である。それは、「目指すべき目的がある」→「目的を実現するにはこんな手段がある」→「ならば、実現に向け行動を起こすべきである」と結論を導き出すものである。つまり、「目的→手段→行動」を徹底的に実践することである。「命を伝える動物園づくり」を目指して、それを実現するための独自的方法として「行動展示」を見出し、その実践に向けて成すべきことを見える化し、具体的な行動へと進んだ。変革が実現できないのは、目指すべき目的が不明確か、目的が明確でも手段が見出せないか、手段は分かっていても行動を起こせないか、あるいは目的が不明確なまま手段が目的化しているか、あるいは目的も手段も不明確なままやみくもに行動しているだけか、のいずれかである。変革には、実践的三段論法をやり抜く力が求められる。

　改革は一度の行動で実現されたのではなく、一つ一つの地道な**努力の積み重ね**で成し遂げられた。1994年夏に感染病で動物が死んだこともあって一時閉園したが、再開後も入園者数は戻らず、1996年には過去最低を記録し、閉園の危機におかれた。園長になった小菅は市長や市議員たちを訪ねて、巨額の建設費用を要請せざるを得なくなった。命を伝える動物園づくりを目的とする新しい施設の必要性を説明するとき、理想の動物園像を**見える化**してまとめた

20 枚のスケッチを用いて、具体的な行動計画を提示した。その結果、億円単位の予算が与えられたが、一度限りの巨大な施設拡充ではなく、10 年以上かけて、もうじゅう館、さる山、ペンギン館、ほっきょくぐま、あざらし館、エゾシカの森などを一つ一つ完成して成果を積み重ねていった。

　③協働の場

　まず、**観客との共感づくり**に力を入れた。スタッフたちは、勉強会を開いて議論を重ね、自分たちが目指す理想の動物園像をスケッチして見える化すると共に、一人ひとりのアイデアを実践していった。飼育係が自分の担当する動物について日々の身近な話題を織り交ぜ自分の言葉で説明する「ワンポイントガイド」、費用のかかる説明板の代わりに飼育係が伝えたいことを自分で工夫して作った「手書きポップ」、給餌風景を見せる「もぐもぐタイム」、その他「夜の動物園」、「親子動物教室」などが行われた。スタッフは観客とダイレクトに接する時間が増えたことで観客のニーズが分かり、適切に対応するので強く共感できるようになった。観客との共感から得られた暗黙知と、命を伝える動物園づくりという暗黙知が、スケッチという形式知に転換することで協働活動に拍車をかけた。

　さらに重要なのは、**人間と動物の間に関係性を見出した**ことである。行動展示ができる理想の動物園を創ることにより、動物は自然のなかで自由に生きるという最高欲求が満たされる。このことでスタッフは、自分の存在感や達成感が得られるようになり、観客にとっても自然体の動物行動が見られるという満足に繋がる。言い換えると、理想の動物園という場が創られたことで、動物やスタッフの自己実現欲求だけでなく、観客の欲求も満たされたということである。場を通して関係性が生まれ、新しい価値が生み出されたのである。

事例3　社会福祉法人むそう：知的障害者の能力を地域再生に活かす

（野中ほか：2010a, pp.162-182）

　愛知県に本部がある社会福祉法人むそうは、ホームヘルプやデイサービスなどの「生活支援事業」と、障害者に仕事の場を提供する「障害者支援事業」を行っている。障害者支援の本拠地である「アートスクエア」は、洒落たつくりの授産施設であり、喫茶なちゅ、中華茶房うんぷう、アート雑貨、出張屋台な

どの店を持っている。むそうは「誕生から看取りまで生涯寄り添える存在でありたい」というミッションを課して、たとえ家族がいなくなっても障害のある本人が「自分らしい暮らしを、暮らしたい地域で継続できること」を目指している（http://musou.or.jp/place/60、

　　　http://www.yuki-enishi.com/challenger-d/challenger-d20.html）。

　①目的意識

　むそう理事長の戸枝陽基は、幼い頃に障害者の子供と後ろ指されたことや、社会福祉のあり方に問題を感じていたこともあって、福祉系大学に進学し、卒業後は福祉施設で知的障害者の介助仕事に勤めた経験がある。彼は、既存の障害者福祉施設では障害者の就労を目的として作業訓練を行うが、いざ企業の現場に入って場所が変わると適応できなくなることに強い問題意識を持っていた。そこで、施設での疑似体験ではなく、実際の仕事場で働きながら学べる本物の環境を用意することが何より重要であると考えた。

　むそうの社会的ミッションは、「障害者が体験しながら学べる本物の環境を用意し、そこを障害者の可能性の展示場にする」ことである。そのような環境では、普通の店のスピードに障害者が合わせるのではなく、適応力のある人がない人に適応して、どちらも同じ満足感が得られ、障害者と健常者の間に「**対等な関係性**」が築かれる。そこで戸枝は、重い障害を持った人たちも地域で働きながら暮らせる店を作った。それは、障害のある人が健常者と同等に生活し、ともに生き生きと活動できる社会を目指す「**normalization**」を実現することである。

　授産施設「アートスクエア」は、障害者たちに仕事ができる機会を提供する複数の店を持つ商店街である。店では大きい声で注文を受けたり、配膳するスープがこぼれたりすることもよく見られる。他の所では障害者に対する思いやりや過剰配慮のため、何もやらせないか、最初からやることを制限する傾向が多いが、ここでは障害者を一人前の大人として普通の人と同等に取り扱う。また、他の福祉施設で行われる訓練指導では、障害者が苦手な部分を克服しなければ社会参加できないという管理する側の論理が支配的であるが、アートスクエアでは、障害者側に立って障害者の個性に合った働き方が保障できる社会参加を基本に考えている。

②行動力

むそうでは、障害者が少人数単位（5人）で活動することを原則とする。大人数が同じ場所で一緒に動くと、周りから「障害者のみなさん」と呼ばれるので、一人ずつ名前を覚えてもらうことができないからである。人は仕事を通じて他人に認めてもらうとき、やりがいを感じ、自己表現ができる。障害者も健常者と同等な立場で働いて共に生きることが実現できる。

むそうでは、障害者が疑似体験ではなく、本当の体験をしながら学べる環境を用意している。「**可能性の展示場**」というコンセプトを用いて、障害者が普通の店で働いて社会参加できる場を設けたのである。そこで障害者には、自分が社会で認められたという承認欲求や、やりたいことが実際の現場でやれるという自己実現欲求が満たされる。一方、一般の来店者は、障害者が笑顔で提供するサービス（仕事ぶり）を直接経験することで、強く感銘を受けるようになる。

むそうの活動は高く評価され、地域病院のなかに出店する機会も得られた。脳卒中や交通事故の後遺症で落ち込みがちな入院患者にとって、重度の障害を持ちながら生き生きと働く障害者と接することは、大きな励ましになり、前向きに生きる意欲を取り戻すきっかけになった（socialbusiness-net.com>contents>news1376）。

③協働の場

むそうの成功ポイントは、「**逆転の発想**」による福祉システムの立て直しである。一般的に、障害者は健常者に比べて思考力や行動力などが劣るという先入観があって仕事場で敬遠されがちであるが、むそうは、障害者しか生み出せない価値に着目し、それを活用した。障害者のハンディキャップを健常者のレベルまで無理に引き上げて克服しようとするのではなく、障害者に合った働き方とは何かを考えたのである。

その際、「**人間の生産性**」とは何かについて深い内省が行われた。健常者が1時間でできることが、障害者なら何倍もかかることを見て、我々は普段、障害者は生産的でないとか、能力が落ちるという。そのとき生産的か否かを判断する基準になるのは、行動の結果として生み出される、目に見えるアウトプット（モノ）である。はたして、このような判断は正しいのであろうか。

　人間にとって生産性は、作られるモノそれ自体ではなく、人の行動から何かがひらめいたり、変わったりして影響する、目に見えないアウトプット（コト）も判断すべきではないか。我々は作家や音楽家、画家などのアーティストの活動から感動や満足感をうける。人間は生きている限り、人との関わりにおいて生産的活動を行っており、障害者も人との関わり合いのなかで存在の意味を持ち、社会的役割を担っている。障害者が店で真面目に働く姿や懸命に生きていく姿勢は、それを見る健常者に感動を与える。むそうでは、障害者しか生み出せないアウトプットを通常の生産性と区別して「内的生産性」と呼んで、その意義に新たな価値を付与している。

　むそうは、障害者と地域活性化という、一見相容れないようなもの同士を結び付けて新しい価値を生み出した。環境と交通の便が良い商店街に障害者が働く店を設けることで、観光客や定年退職者たちが来店し、障害者から元気をもらって帰る。このような町の人気スポットの誕生により、商店街全体の集客力が高まり、地域社会の活性化の効果も高まった。これまでの一般的な認識を反転して、障害者を地域再生の主役として位置付けることによって、両者間の違いを探してボーダーを作るのではなく、違いを受け入れてボーダーレスに生きる地域社会が実現できたのである。

事例4　株式会社いろどり：葉っぱがお金に化けた！

（野中ほか：2014, pp.94-129、2010a, pp.223-244）

　人口1,525名　770世帯（2019.7.1現在）徳島県上勝町は、過疎化と高齢化が進む町である。1999年株式会社いろどりを設立し、農商工連携の取り組みで「葉っぱビジネス」を展開するなど、町ぐるみで地域再生を成し遂げて2018年「SDGs未来都市」に選定された。葉っぱビジネスとは、日本料理を美しく彩る季節の葉や花、山菜などをつまものとして栽培・出荷・販売する農業ビジネスを指しており、商品が軽量で綺麗であるため女性や高齢者でも取り組みやすい。おばあさん達はパソコンやタブレット端末を駆使しながら、「上勝情報ネットワーク」から入る全国の市場情報を分析して自らマーケティングを行い、栽培した葉っぱを全国に出荷する。ビジネス成功の軌跡は映画『人生、いろどり』（2012）でも紹介された（https://www.irodori.co.jp/asp/）。

①目的意識

　1979年、少子高齢化が進み、人口の流出により沈んでいく町に20歳の横石知二が農協の営農指導員としてやってきた。1986年秋、大阪へ野菜納品に行った帰りに、料理店に立ち寄った。斜め前に座った若い女性たちが料理の脇についてきた紅いモミジの葉を見て、「かわいい、持って帰ろうよ」とハンカチに挟んでバックに入れるのを目にし、上勝にはいくらでもあるのに何が珍しいんだろうと思った。店の人に聞くと、モミジ（つまもの）は市場に出ていないので、自分で探しに山へ行っているという。

　これまで高齢者や女性でも山でできる仕事はないかと長い間考えてきた横石は、そのとき「葉っぱを売ろう」とひらめいた。都会で手に入らないものが山にはある。ビルの大阪と山の上勝、環境の違いが意味を持つことに初めて気づいたとき、大阪駅の前で見上げたビル群が上勝の山並みと重なって見えた。必要な商品を必要な時に買えるコンビニの商品棚を連想すると、上勝の山の斜面が浮かびあがった。

　横石のように、日頃から強い問題意識や目的意識を持っていれば、アイデアのネタが引っかかり、まったくの偶然から予想外の重大な発明や発見がもたらされるのである。

②行動力

　変革は、現場体験での気づきから始まることが多い。一見関係のないモノが、ジグソーパズルのように結びつくことで、これまでなかった新しいコトが生まれる。横石は、何の関係性もないような物事の間に、**連想ゲーム**のように次々と関係性を見抜いた。料理店での紅いモミジとの出会い → ビルの大阪と山の上勝町の環境の違いが葉っぱの価値を生む → 自分たちの住む町の価値の再発見 → コンビニの商品棚（必要な商品を必要な時に必要なだけ揃える）→ 上勝の山の斜面 → ビジネスモデルの共通性、ということである。

　当初は、どうすれば葉っぱが売れるか分からず、葉っぱを直接持って行って出しても料理人に門前払いされた。自分が客になるしかないと思って、自腹を切って料亭に通い、料理に添えられた葉っぱや花をメモして独力で勉強を重ねた。その熱意が料理人に伝わってつまものの使い方を教えてもらったのは、料亭通いを始めて2年後のことであった。葉っぱの商品レベルを高めるため、山

で葉っぱを採ってくるのではなく、斜面を利用して自分で栽培を始める、いわば「**採集から栽培へ**」と積極的な行動へ踏み込んだ。さらに横石は、生産者であるおばあさん達を都会の料亭へ連れて行って、店で使われる場面と自分たちの葉っぱがかみ合えば「商品」になるが、かみ合わなければ「ゴミ」になる厳しい現実を見せて、葉っぱが使われる場面を読み、その場面を作り出せることが大切であることを気づかせた。

　1999 年には、ファックスとパソコンでネットワークが使える情報網を構築し、POS（Point of Sale；販売時点管理）システムを導入した。セブンイレブンの各店舗は、本部スタッフのアドバイスと、明日の天気、地域の行事予定などの「先行情報」をもとに明日は何が売れるかと「仮説」を立て、発注し、本部から送られるデータにより結果を「検証」する。コンビニと同じく、料理店で使われるつまものも季節、曜日、天気、行事など、さまざまな要素で需要が変わるため、会社側から品目別の市況や需要動向などが毎日発信され、町の生産者たちはその情報をもとに、どれをどれだけ出荷するかを決め、それがどこでどれくらい売れたかが翌日には確認できるようになった。生産者たちは、どんな時にどんなつまものを使うかという場面を想定し、最適な出荷のタイミングを読んで**仮説を立てて、その結果を検証する**など積極的に取り組んだ。

　③協働の場

　成功のポイントは、日本料理とモミジという関係のないように見えるモノ同士を結びつけ、新たな価値を生み出したこと、すなわち通常は見えない文脈を見抜いたことにある。モノ自体（葉っぱ）の価値は 5 ％で、残り 95 ％はコトづくりで決まる。つまり、**葉っぱを売るのではなく、葉っぱが使われる場面を売る**という意味である。生産者自らは、つまものが使われる現場を踏査し、料理人の技に触れ、触発されて自分たちが蓄えた豊かな山の経験知を投じた。その結果、葉っぱが脇役として料理を引き立てるコトが生まれた。

　横石が役場に転職してから農家の売り上げが激減したこともあって、「株式会社いろどり」は彼を実質的責任者として迎えた。その後も町の人々が引き続き横石の力を借りようとしたので、彼は生産者一人ひとりが自律的に活動する仕組み（**自己組織**）を作る必要性を強く感じた。そこで、先頭に立ってメンバーを引っ張るトップダウン型リーダーから、メンバーをサポートするボトム

アップ型のプロデューサーへと自己変身することを決めた。要するに、人づくりとマネジメントにおいて「**居場所と出番**」の重要性を改めて認識したのである。変革を望む組織のメンバーならだれもがリーダーになれるという認識をもって、各自がその時々の居場所と出番を自主的に決めて積極的に取り組むことが大切である。

　自己組織化された生産者たちは、自分が店長のような自覚を持って一日に何度もパソコンを見て情報を読み取る。売り上げの成績を匿名で全員に公表して、負けん気の強い田舎人たちの競争心理を煽り、個々人が頑張って成果を上げるようになった。その結果、高質のブランド力を高め、個の利益が全体の利益につながる「**個が光れば全体が光る**」の仕組みが生み出された。

事例5　*黒川温泉観光旅館協同組合：*
「個と全体」のバランスをとり、独特の世界を醸し出す

（野中ほか：2004, pp.185-204、OBT 協会：2007）

　黒川温泉は、九州の北部中央の阿蘇山麓の自然豊かな山間にたたずむ南小国温泉郷に属しており、1964 年に「国民保養温泉地」に指定された。高度経済成長期を迎え、同じ九州内の阿蘇や別府に温泉ブームが到来する中にあっても、黒川温泉の観光客が増えることはなかった。黒川温泉に転機が訪れたのは、1980 年代後半、3 軒の露天風呂巡りを楽しめる「入湯手形」で観光客が増え始めたときである。黒川温泉観光旅館協同組合（以下、組合と略す）が目指すのは、温泉街全体での共存である。それは旅館の風呂を単体で考えるのではなく、一つの旅館内で湯巡りを楽しむように、旅館という垣根を超えて温泉を満喫してほしいという考え方に基づいている（https://www.kurokawaonsen.or.jp/）。

　①目的意識
　旅館「新明館」を経営する後藤哲也は、黒川温泉のお客さんが減り続けているとき、温泉旅館が目指す癒しとは何かを問いかけた。それは体の治療よりも、心や頭の治療の場を提供することだと思い、「日本の故郷の風景づくり」をイメージしながら、露天風呂をつくることと、四季の変化が楽しめるような雑木を植えることを唱え続けた。各旅館に対して、露天風呂を作って、それを

売り物にしてお客さんを呼ぼうと一生懸命に言い続けたが、無視された。当時、団体旅行で発展した熱海や別府の温泉街に憧れていたこともあって、団体客を受け入れられるホテルにする方がよいとの意見が多かったからである。

周りに賛同者もいないまま、後藤は一人でやるべきことを続けた。雑木を植え続けながら、宿の裏手に切り立った岩場の岩を金槌とノミで三年半掘り続けて、洞門さながらの洞窟風呂を完成させた。それが売り物になって、黒川温泉のお客さんが減っていく中でも、後藤の旅館だけはお客さんで混んでいた（後藤は、内閣府及び国土交通省が選定する「観光カリスマ百選」に選ばれた）。

後藤の業績と人間的な真面目さに惹かれ、その精神を引き継いだ次世代の若い経営者たちが、温泉再生へ取り組み始めた。後藤の趣旨に従い、露天風呂を作ったり、雑木を植えたりして、昭和60年代頃には、ほとんどの旅館に露天風呂ができた。同じ時期に組合の班長に任命された若手たちが企画したのが「**入湯手形**」である。入湯手形は、同じ地域の旅館の露天風呂を3つまで自由に巡れるように作られたものである。他地域温泉では共同浴場を回る外湯めぐりが一般的だということで当初は反対されたが、組合長の決断の下で昭和61年から始まった。

入湯手形の売れ行きは初年度約6,000枚、2年目に約20,000枚、5年目に約50,000枚と伸び続けて、組合売り上げ収入の8割〜9割を占めるほど大成功を成し遂げた。お客さんもどんどん増えたが、これまでの成功に慢心せず原点に立ち戻り、更なる発展を目指して、旅館全体が共感して一つに結束できるようなビジョンを作ることにした。そこで皆の共感を呼び起こしたコンセプト「**黒川温泉一旅館**」が生まれた。旅館は部屋で道は廊下、地域全体が一つの旅館というコンセプトである。

②行動力

露天風呂巡りの観光客が増えるにつれ、次は黒川全体の雰囲気を良くすべきとの意見が出たことで、温泉の情緒や四季の風情を感じられるよう雑木を植えることに拍車をかけた。県から予算を獲得し、雑木を買い付けて空地や公園など公共の土地に植え始めた。そして、全体を自分の庭とするイメージで旅館と旅館の間にあったブロック塀を壊して雑木を植えると、旅館と旅館がつながって旅館から見る風景も良くなった。

街の環境整備でいえば、これまで 300 本ほど乱立していた、一畳も二畳もある大きな赤や緑の個人看板をすべて撤去し、景観に合うような共同看板を作った。消火栓やカーブミラー、ガードレールといった公共物まで徹底して黒く塗った。外から新しい業者が入店する場合も、景観法に基づいて必ず「街並み環境整備委員会」に相談しなければならない。平成 14 年から、自治体主体の環境整備事業の一環として、家を建てるときに守るべきルール（例えば、建物の高さ、屋根の勾配や壁の色などに関する内容）が住民協定に定められた。

　マスコミ対策にも力を入れた。費用が掛かる広告の代わりに黒川で話題づくりのイベントや事業を行い、それをマスコミに流して報道してもらった。また、露天風呂を改修したり、雑木を植えたりする仕事を業者に頼むことはせず、若手リーダーたちが親の代の抵抗に負けず**地道な変革への実践を積み重ね**て町の一体感を醸成していったことも成功の原動力になった。

　③協働の場

　成功の根源は、**共創と競創（個と全体）のバランス**にある。共創は旅館同士の一体感や共同体意識から生まれる。入湯手形を作った目的の一つは、敷地の都合でどうしても露天風呂が作れない旅館 2 軒に対する配慮にある。露天風呂を売り物にしていくことに応じられない 2 軒が仲間外れになると、温泉全体の改革にならないと判断したからである。また、入湯手形の販売においても、単に売り上げを伸ばすのではなく、旅館全体が顧客サービスの質を落とさないことを徹底した。旅行会社が企画した商品「湯布院の散策と黒川温泉の露天風呂巡り」で団体客が急増するにつれ、小規模の旅館が多い黒川温泉は、サービスの質を保ち宿泊客の苦情が出ないようにするため、団体客による入湯手形のまとめ買いを禁止することにした。

　組合は**自己組織化**され、率先して積極的、かつ自主的に活動した。それが可能であったのは組合員の積極的なコミットメントと、入湯手形から堅実に得られる財源があったからである。組合が特に力を入れたのは、地域の人々と一丸となって景観に統一性を持たせ、他にない雰囲気を創り出すことであった。雑木を植えて一年中の景色の空白を埋める傍らで、旅館の屋根を黒に、壁も土色に変え、民芸調の外観を生み出した。旅館が個別に目立った看板を使うことを止めて道案内板のような共同看板にする、外部への宣伝も共同広告手段を最大

限に活用する、組合が熊本など近隣都市間の直行バスを運営する、旅館で使われる備品（風呂場の石鹸、シャンプーなど）を黒川温泉ブランドに統一して使用することが実現された。

　組合活動の馴れ合い的な体質を排除するため、組合員会議を一新して**情報の共有化**を図った。会議の定刻開始を厳守し、規律を正すとともに会議録をまとめて旅館に即日配信した。組合員の会議への出席率や共同作業への参加率などを全員に公表した。さらに、派手な宣伝よりも環境整備や従業員教育に予算を優先的に使い、他の温泉地の成功例を真剣に調査研究すること、接客や電話対応に関する講習会を開催すること、長期勤続者を表彰することなども行った。

　このように各々の旅館は、一丸となって共に価値を創りながら、個別に競争して独自の特徴を売り物にしている。他の旅館の浴衣を着た人が自分の露天風呂に来るので、他旅館に負けないように競争意識が芽生えて、差別化（例えば、お風呂、浴衣、館内風情、スタッフのサービスなど）で勝負をかける。最近では、複数の酒場を巡る「はしご酒札」、温泉街で連泊する人を対象に旅館同士が荷物を運んでくれる「転泊サービス」など新しい活動に取り組みながら、黒川温泉は進化し続けている。

(2)　リーダーに求められる能力

　以上で取り上げた5つを含む諸事例を分析した結果、成功の背景には、創造的リーダーが成功要因といえる「目的意識」、「行動力」、「協働の場」に積極的に取り組んでいたことが明らかになった。それ故に、イノベーションを目指す創造的リーダーには次のような能力が求められるといえる。

①強い目的意識

　目的意識は、マクロ的構想を立たせるものであり、手先の細々しいことに揺れ流されず、高い位置から俯瞰的に全体を見回る「鳥の目」を持たせる。目的意識がなければ、変革どころか、行動への動機も誘発しない。変革のリーダーにとって、目的意識は後述する他の諸能力の根源となり、強い目的意識は「知の創造」への原動力になる。

　目的意識があれば、逆境におかれても、自分の存在意義を問い質して逆転の機会を見出す。また、強い目的意識を持っている人は絶対価値の実現に向け

て、知の創造を続ける。企業が**相対価値**を追求する場合、競争相手（の製品）に比べて相対的な優位を得て競争に勝ち抜くことが目的となり、仮にそれを達成して競争相手がいなくなると、追求する目的がなくなってしまう。一方、**絶対価値**を追求する場合、世のため、人のため成し遂げるべき目的が自分の存在意義と一致するため、仮にそれを達成しても次なる目的が現れ、新たな動機を誘発する。

　しかしながら、目的達成への考え方や視野が偏ったり、狭くなったりしないように注意すべきである。「**トヨタ自動車プリウス**」の例（野中ほか：2007, pp.274-298）において、開発者たちは、高性能自動車に求められる厳しい数値条件（燃費、走行性能、環境性能など）の達成に技術者のプライドをかけて夢中で取り組んだ。技術者は環境性能の高いハイブリッド車を免罪符にして、他の車種に比べて高い価格でも、一般的な機能を装着しなくても許されると過信していた。しかし、このような数値目標の達成は技術者の満足であって、顧客の満足とは異なる。顧客は車を買うとき、データや数値を分析するよりも、総合的な直観や体感で選ぶ場合が多い。それで開発リーダーは、顧客の立場になって、乗る楽しさ（体感）を優先する車づくりへと意識の転換を求めた。理論やデータと体感とのズレが生じないように、技術の理想を追求する側と、顧客の理想を体現する側が、現場でせめぎ合いながら開発を進めた。

　顧客を優先に考え、ニーズに応える製品を作ろうとするとき、「顧客のために……」をモットーにするが、厳密にいうと「顧客の立場で」の方が望ましい（野中ほか：2007, p.350）。「**顧客のために**」は、過去の経験やデータをもとに、「顧客とはこういうものだ」、「こうあるべきだ」という決めつけや思い込みがあるため、真のニーズとの間にズレが生じることがあり得る。一方「**顧客の立場で**」は、過去の経験や固定観念にとらわれず、**顧客になって顧客の目線**に入り込み、同じ視点で物事を見ることができる。顧客の理想からズレた数値目標の達成ではなく、真の理想を追い求めつつ、実用性をも大切にする「**理想主義的 pragmatism**」を実現すべきである。

　強い目的意識は、怒りや悔しさなどの感情から生まれる場合が多い。特に、変革へと向かう知の創造の原動力となる感情を「**感情の知**」と呼ぶ。前述した「サントリー伊右衛門」の例では、社内最悪の失敗を味わった開発メンバーた

ちの「負け犬のままでいられるか」という感情が新たな挑戦心を奮い立たせた。「**近畿大学水産研究所：クロマグロ完全養殖**」の例（野中ほか：2007, pp.111-134）においても、養殖の実験過程で失敗を繰り返してマグロの全滅を目の前にした開発リーダーは、魚に学ぶという「**謙虚さ**」を抱いて取り組んだ。試行錯誤のたびに起きた魚の全滅という絶望的な事態も、人間側から見れば失敗であり、その連続は意欲喪失に繋がってしまう。しかし、リーダーは、この事態は会話ができないマグロたちが人間に対して死をもって示した抗議であるという悲しみを心に深く刻み込んで、ちょっとした変調も見逃すまいとマグロたちを見続けた。傲慢は思考を閉ざすが、謙虚さを持つと思考を開くことができる。このような喜怒哀楽の感情の知は、与えられた仕事だからやるといった傍観者的なスタンスからは生まれず、当事者意識が強いほど湧きあがり、変革の原動力になっていく。

②踏み込んだ行動力

　行動力は、ミクロ的直観を得るために不可欠なものであり、固定観念や理屈、常識にとらわれず、現場に直接関わりながら様々な角度から現実を見つめる「**虫の目**」を持たせる。リーダーが強い目的意識を持っていたとしても、行動力に欠けると、夢や空想のまま机上の空論に終わってしまう。変革を進める過程では様々な反対や障壁にぶつかることが多いため、それを乗り越える果敢な行動力が必要とされる。そのとき、全員の賛成や理解を得てから着手しようとすると、始まらないか、始まっても手遅れになって失敗する場合が多い。そのため、大きな反対がなければ了解と解釈してどんどん進める「見切り発車」方式や、上司から反対されても一定の成果が出るまでオープンにしないまま決行し、成果が出た時点で報告して上司が継続を認めざるを得なくなる「**上司に同船してもらう**」方式、自分たちが考えた当初の企画を最後まで一貫して通すため上司の不必要な決済をなくす「**ハンコ・ゼロ**」方式など、目的実現のためには手段を問わない「**清濁併せ呑む政治力**」、すなわち権謀術数の策略も必要である。公共の利益に即した目的のために、どのような手段が用いられても結果が良ければ手段は正当化されるという考え方である。

　知の創造には、分析的統計や外部情報を過信せず、現場に直接出向いて、現場体験から物事の本質や人々の本音を正確に理解することが大切である。現場

調査を行った結果、通常掲げられている製品コンセプトが間違っていると判明したら、新しい製品コンセプトを創案してそれを反映した製品を開発する。生産分野などでいわれる「三現主義」は、机上の空論で話を進めるのではなく、「現場」に出向いて、「現物」に直接触ってみて、「現実」を見つめることを基本にする考え方である。古畑（2010）は、三現主義に二つの原を加えた「5ゲン主義」の必要性を主張している。二つの原は、物事が成り立つ法則やメカニズムである「原理」を理解することと、多くの場合に当てはまる法則や決まりごとである「原則」を知っておくことを指す。

　変革のリーダーシップのあり方を探った野中のシリーズの本に見られる一貫したテーマは、「**logical thinking から practical wisdom への転換**」である（野中ほか：2010a, p.80）。創造的リーダーの多くは、「**動きながら考え抜く（contemplation in action）**」という知の作法を身につけている。現場で直接体験しながら凝視し、熟考し、actuality（行為を通じた現実認識）で浮かんだ直観をもとに仮説を生成することが、知を創造する物語（即ち、コトづくり）能力であり、モノの向こうにあるコトを見つける能力に他ならない。行動力において、「on action」と「in action」は異なる。on action は、「自分のとった行動や行為について、終わった後で深く考える」ことを指す。この場合、reflection（反省、再考）の意味合いで、鏡のなかに映った自分を見るように、自分の行動や行為を客観視し、反省的に振り返るので、改善はできるかも知れないが、先へは飛べない。一方 in action は、「行動しながら多様な相互作用のなかで発想するので、これまでにない関係性が次々と創発されていく」ことを指す。この場合、contemplation（配慮、熟考、凝視）の意味合いが含まれている（野中ほか：2010a, pp.151-154）。

③協働の場づくり

　リーダーが「強い目的意識」と「踏み込んだ行動力」を兼ね備えても、一人で変革を成し遂げることはできない。そこで周りの人々に変革の意義や必要性を共感してもらい、積極的にコミットメントしてもらうための「協働の場づくり」が必要とされる。リーダーが協働の場を創り、それを効果的に活用するためには、次のような「自己組織化」、「文脈連鎖」、「修辞技法」という能力が欠かせない。

〈自己組織化〉

　知の創造や変革は人々の相互作用が行われる時・空間である場を通して成し遂げられる。人を動かすのは、組織そのものよりも、個人の個別具体の行為に影響を与えている場である。理想的な場のあり方は、人々が自律的に集まり、相互作用を媒介にして、混沌のなかから個々人が持っている総和より、質的に異なる高度で複雑な秩序やシステムを創発する**自己組織（self-organization）**である。自己組織では、メンバーが管理―非管理の関係ではなく、自らを動機づけながら新たな知を生み出していく。個が積極的に関与し、自律的な個人から生まれた独自のアイデアが広まり、全体のアイデアになる（野中ほか：2010a, pp.269-271）。

　場が自己組織化したとき、知は創造されやすくなる。場のメンバーは、制御なしに挑戦的な取り組みを通して自己超越の意志を持つので、傍観者ではいられなくなり、「ひとごと」ではなく、「じぶんごと」として**当事者意識**を強く持つようになる。特に、変革に限界を感じたとき、「お前は何をしたいのか」、「どうありたいのか」と自分に存在意義を問いかけると、自己超越の動機づけになる。このような問いを反芻しながら自己を超えていくと、自分の都合で手段から入る狭い世界を抜け出し、最後は世のため、人のための「共通善（common good）」という、より大きな関係性に行き着く。共通善を追求すると、人々はどんな逆境に立たされても乗り越え、自己超越の力を発揮して成功を導き出すようになる（野中ほか：2010a, pp.281-282）。

　場のメンバーがコミュニケーションをとるとき、組織の見えない障壁を如何に乗り越えるかが大きな課題である。組織構造上、機能別に縦割りされた他部署から協力を得るために、横串を通した機能横断的な（cross functional）関係づくりが欠かせない。そのとき、それぞれの部署の間を隔てる「壁」を壊して取っ払うのではなく、**壁は残したまま溶かして浸透可能な「膜」にし、横間の相互作用ができる仕組み**にすることが望ましい。つまり、異質の集団を無理して一つに統合するのではなく、各自のアイデンティティと役割を認めながら多様性を活かすということである（野中ほか：2010a, p.158）。

　「**マツダ：ロードスター**」の例（野中ほか：2007, pp.25-52）において、開発プロジェクトを進める過程で縦と横の軋轢を克服したことが分かる。プロ

ジェクト・メンバーは、本籍のある縦のライン・マネジャーの指示を受けるとともに、一定期間内に成果をあげるために横のプロジェクト・リーダーの要求にも応じなければならない。そこで開発チームは、流鏑馬のように乗り手と馬が心を通わせて走る車づくりを目指した「人馬一体」を共感形成のコンセプトとするスポーツカー開発に取り組んだ。プロジェクトを進める中で意見や主張が食い違う人に直面するたびに、共通語である「**人馬一体**」を葵の御紋にし、お経のように唱え続けて公的な権限関係の障壁を乗り越えた。その他にも、「**コンセプト・カタログ**」を作って、一人ひとりが製品づくりへの関与を公約・宣言して書き表した。そうすることで、自分の記録だけでなく他人の記録も読めるので、ボディ担当の人であれば、エンジン、サスペンションなどを担当する仲間が何をどのように実現しようとするのかを知ることができた。車づくりに取り組む一人ひとりが、情報を共有しながら共感を形成していくのに重要な役割を果たしたのである。

〈文脈連鎖〉

　途切れ途切れにみえるモノや文脈を一つにつなぐことで新しいビジネス・チャンスが生まれる。これまで個別に動いていた第一、第二、第三次産業を連係して六次産業化することで新しい付加価値を生み出せる。また、様々なモノがインターネットに接続され、情報交換することにより互いに制御する仕組みIoT（Internet of Things）も増えつつある。

　「*新横浜ラーメン博物館（通称、ラー博）*」（野中ほか：2007, pp.137-153）は、昭和30年代の街並みを再現し、全国各地の有名ラーメン店を一堂に集めた空間である。誰もがホッとできる温かみのある空間づくりのため、街並み再現を徹底した。特にこだわったのが夕焼けを見あげたときの空の高さであり、空を3メートル高くするのに億単位の費用をかけた。ラー博がこれまで支持され続けたのは、単に有名店のラーメンが食べられる場所だからではなく、顧客が互いに感情や価値観を共鳴させることのできる「場」が常に生成されるからである。顧客がラー博の中に入るだけではただの物理的空間を指す場所でしかない。場は来場者に「いま、ここで」しか経験できない雰囲気や文脈が共有される意味空間である。

　「*JR東日本エキュート*」（野中ほか：2010a, pp.83-109）は、駅構内の商業

施設の代名詞的存在といえるほど評価されている。開発の成功要因は、「**通過する駅**」から「**集う駅**」へと鉄道と商業を結び付けた文脈連鎖にある。電車の乗降時に通過する場所（モノ）に過ぎなかった駅を、買い物をするコト、食事をするコト、時間を過ごすコト、すなわち集うコトを楽しむ場へ変えた。駅に空間的な意味合いと時間的な流れも組み入れて、人間が「いま、ここで」起こっているコトを楽しめる場、つまり、駅と人間の間に様々な出来事（**コトづくり、関係づくり**）が紡ぎ出される施設を生み出したのである。

東京品川区の中延商店街にある「*NPO法人：街のお助け隊コンセルジュ*」（野中ほか：2010a, p.241）は、生活支援を求める高齢者、得意技を持つ中高年ボランティア、地域活性化を模索する商店街の3つを連係して事業に取り組んだ。地域の高齢者は、家事（台所・浴室・トイレの掃除）、庭仕事（庭木剪定・除草）、軽修理（ペンキ塗装や網戸張替え）などの困り事があったとき、専用クーポン券を購入し、サービスを提供してくれた有償ボランティアに対価として支払う。そのクーポンは地域通貨である共通商品券に交換でき、地元での買い物に使えるようにすることで、地域の経済的・社会的活性化を生み出す仕組みである。

「*銀座ミツバチ・プロジェクト*」（野中ほか：2010a, p.261）は、銀座の周辺で働く有志たちが養蜂を通して都市と自然環境との共生を目指し、銀座のビルの屋上でミツバチを飼う事業である。成功の主な要因は、三人の偶然の出会いが一つに繋がった文脈連鎖にある。「銀座の地盤沈下に危機感を覚え、銀座が本来持つ潜在力の発露を模索したい」というビルの管理者と、「環境保全型の農業を推進したい、銀座から食と農のあり方について発信したい」という都会ビルの屋上で農作を企画する農業生産家と、「東京のビルの屋上でミツバチを飼いたい」という養蜂家が、連想ゲームのように、偶然から緩い因果関係へ、さらに強い因果関係へとつなげていった。三人のリーダーたちは、偶然を必然化する文脈連鎖、すなわち偶然から必然を見つける能力「**serendipity**」を持っていた。

六次の隔たり（**six degrees of separation**）は、「全ての人や物事は6ステップ以内で繋がっていて、友達の友達……を介して世界中の人々と間接的な知り合いになることができる」という仮説である。ある人が重複しない44人

の知り合いを持つとすると、六次以内の間接的な知り合いは $44^6 = 7,256,313,856$ 人となり、地球の総人口約 70 億人規模まで至る。世界が比較的に少ない人数を介して繋がる small world 現象の一例であり、人的ネットワークのハブ (hub；車輪の中心) 的な存在が文脈連鎖の重要な役割を果たすことが分かる (ja.wikipedia.org>wiki>六次の隔たり)。

　偶然から必然を見つけるには、固定観念や一般的常識の呪縛から離れる**逆転の発想**が必要である。「***スズキ：50cc スクーター「チョイノリ」***」の例 (野中ほか：2004, pp.121-140) において、人件費が中国の 30 倍も高い条件の下で、原価削減のためあらゆる工夫と試作を繰り返したものの、価格で競争できる製品づくりに限界を感じた。そこで、これまでコストダウンを実現するため部品の数を減らすか、減量する方法ばかり考えたが、それを止めて逆転の発想へ取り組んだ。つまり、外す・減らす方法から、つける・増やす方法への転換である。何も付けていない自転車の状態から、エンジンを搭載し、必要な部品だけを一つ一つ付け加えていく発想に変えたのである。さらに、技術開発にかかる開発費用を惜しむことなく投資し、エンジンのシリンダー内面に高度のメッキ技術を盛り込むことで、冷却ファンのないエンジンの軽量コンパクト化を可能にした。

　変革のリーダーは、柔軟な思考を持たなければならない。柔軟な思考は、自己否定から始まる。イノベーションの先頭企業であるアメリカ 3 M 社の言葉に「最高の自社製品を時代遅れにする最初の会社になろう (**Be the first to make your own best products obsolete.**)」がある。知を創造するとき、二つの異なった原理を立てる二元論的な見方や、二者択一的な考え方は禁物である。片方を選んで他方を諦めるのではなく、両方を併せ持つ柔軟な思考方式が必要である。革新する企業は、矛盾を昇華する方法を知っている。「**or の抑圧**」を跳ね除け、「**and の才能**」を生かしている。or の抑圧は、逆説的な考えを受け入れず、矛盾する力や考え方は同時に追求できないとする二元論的な見方から生じるものであり、and の才能は、様々な側面の両極にあるものを同時に追求する能力である (野中ほか：2004, p.223, p.327)。

　以上のように、文脈連鎖の能力、モノとモノとの関係性を見つける能力や、モノの向こうのコトを見つける能力は、マクロ的構想とミクロ的直観を往還

し、自分と他者を往還する複眼的な観点をもって、常に動きながら考え抜く人
に修得される。

〈修辞技法：rhetoric〉

　変革を引き起こすには、公式的権限を行使して組織の目的達成や秩序維持を
果たす責任が問われるマネジャーとしての役割よりも、場のなかでメンバーに
共感を呼びかけ、内発的動機を誘発して一緒に目標を達成するリーダーとして
の役割が多く求められる。

　変革のキーパーソンとなるリーダーは、公式的な権限もなければ使い得る資
源にも恵まれていない場合が多く、変革が求められる状況も大きな危機や悪条
件に直面している場合が多い。このような厳しい状況のなかで、人々と文脈を
共有しながら協力を得るためには、自分が目指しているビジョンや描いている
イメージを分かりやすく、かつ伝えやすい言葉で表現しなければならない。
キーワードを盛り込んだ**コンセプト**や、告知と宣伝に用いられる謳い文句や煽
り文句となる**キャッチフレーズ（catchphrase）**のように凝縮された言葉に表
すということである。

　「コンセプトが決まれば、八割は決まる」といわれるほど、新製品開発や新
しい事業を企画するとき、コンセプトづくりは大切である。特に、製品を開発
するとき、受ける側に分かりやすく、かつ強力なインパクトを与える**メタ
ファー（metaphor：隠喩）**を用いる。メタファーは受ける側に大まかなイ
メージを与えると同時に、隠喩的要素に関する捉え方や解釈が異なる可能性が
あるため、多様な見解やアイデアを創出する効果がある。相手に伝えて共有・
共感してもらうために、リーダーには暗黙知を最適な形式知に表現する能力が
必要である。

　「***サントリー：カラダ・バランス飲料DAKARA***」（野中ほか：2004, pp.25-
48）は、真のコンセプトの発見と、適切な言葉に表現したメタファーを用いて
製品開発に成功した事例である。顧客に対して行われた定量調査の結果では、
スポーツドリンクはスポーツ中、またはスポーツ後に飲むのが最も多かった。
ところが、開発チームが日記調査で実態を調べてみると、二日酔いのときや仕
事の合間に飲む人が圧倒的に多かった。これまで当たり前として受け入れてい
た「もうひと頑張りできる働く男のスポーツ飲料」は、表のコンセプトであっ

て現実とは離れていたものであった。顧客の生活感を実感しながら**表コンセプト**
トのウソを暴いてゆき、「不摂生不規則な現代人のライフを守ってくれる、
ちょっと頼りになるカラダ・バランス飲料」という**真のコンセプト**を見つけ
て、製品開発へ取り組んだ。真のコンセプトは、開発メンバー自らが現場を調
査・経験して直接掴み取った「市場の真実」である。そこから、MOTHER
（母性）飲料、薬、看護婦、学校の保健室、家の救急箱へと様々なメタファー
を使って、製品づくりを具体化していった。

　「**富士通：プラズマ・ディスプレイパネル**」の例（野中ほか：2004, pp.143-
166）において、ガラス板状にできた極微な凸凹の隙間から電気が漏れてしま
うため、研磨しなければならないが、それは手作業でしかできないものであっ
た。リーダーから言われるままに作業する人々は、何度も凸凹を壊してしま
う。そこでリーダーの「お前、**技術は愛だ**」という一言が、作業者に響き渡
り、心を動かして神業のようなヤスリがけを引き出すようにした。また、作業
が不調に陥ると、パネルを作る側と回路を作る側が互いに責任転嫁し反目しが
ちだったが、そのときも「技術は愛だ」というメタファーを語りかけ、デリ
ケートな作業から夢を思い起こさせ、調整し合うことができた。

　以上でとり上げたものは、変革のため知を創造するときリーダーに求められ
る能力であるが、限られた人間にしか持てない特別なものではない。どれだけ
自らの信じる理想を追い求めるか、その理想を何としても実現しようとする執
念を持ち得るかによるものである。まずは、自分の頭で考え行動して未来の可
能性を描いてみることや、一見矛盾する理想と現実を自分のなかで両立させて
みることから始めてみるのが重要である。理想の追求は本質を見抜く目を鍛
え、実現への執念は知と知をリンクするために不可欠な能力を磨く。
　それは自分の生き方を確立することに繋がる。自分の生き方を持たない人間
には未来の可能性を描くことはおろか、自分の頭で考え行動すること自体も期
待できない。論理的思考は練習さえすれば誰でもある程度はできるようになる
が、その人間の生き方は問われない。自分の生き方を持たないまま、借りてき
たような論理を振りかざし、責任を負わないことがあってはならない。**生き方**
を確立していない人間に変革は起こせない。まさに、偶然から必然を見つける

serendipity の幸運は常に用意された人にのみ訪れる（**Luck favors the pre-pared mind.**）所以である（野中ほか：2007, p.332, pp.388-389、野中ほか：2010a, p.268）。

2.「知の創造」の仕組み

　野中は、古代哲学者アリストテレス（Aristoteles）が分類した3つの知識とそれらの関係について次のように述べている（野中ほか：2010b, pp.98-99、2007, pp.373-374）。

　「**Episteme**」は、普遍の真理であり、現代科学に見られるような普遍の正当性を持つ。分析的な合理性を基礎とし、普遍的な一般性を志向し、時間・空間によって左右されない文脈独立的な客観的知識である。例えば、自然科学における物理法則のようなものである。「**Techne**」は、テクニック、テクノロジー、アートにほぼ対応し、実用的な知識やスキルを応用することで何らかのものを生み出したり、創り出したりするノウハウである。それは手段的合理性を基礎とするが、文脈依存的な技術知（暗黙知）である。

　それに対して「**Phronesis**」は、賢慮（prudence）ないし実践的知恵（practical wisdom）と訳されている。それは、文脈（context）や状況を考慮し、そのつどの個別具体に対応し、プロセスの中で必要に応じて行動目標を変更する知恵である。つまりフロネシスは、実践の中から得られる高質の暗黙知であり、価値や倫理についての思慮分別を持つことにより、時々刻々と変化するそのつどの文脈や状況において、全体の善（共通善）という目的を達成するために最善の判断と行為ができる能力である。

　この3つの関係を述べると、分析的で理論的な知識としての「know why」がエピステーメであり、実践的なスキルとしての「know how」がテクネであり、実現すべき価値や達成すべき目的としての「know what」を察知するのがフロネシスである。要するに、「know what」が示されることにより、「know why」と「know how」もその中に統合されるようになるため、変革時代に最も必要とされるのは、フロネシスであるといえる。

　本節で取りあげたイノベーションの事例に見られる創造的リーダーの共通点は、個別具体の場面の中で共通善のために最善の振る舞いを見出す実践知、す

なわちフロネシスを持っていたということである。それでは、このような知がどのように創造されるのか、その基本原理と仕組みについて考察してみる。

(1) 相互作用による知の創造

野中は、知は単一個体として独立的に存在するものではなく、モノやヒトなどの様々な相互作用と関係性から生まれるものとして捉えている（野中ほか：2004,2007,2010a,2010b）。ここでは、野中の理論に基づき、知が創造される基本的な原理について解説する。

①垂直的相互作用

論理的思考方法の典型といわれる論理的三段論法は、論理的推論を展開して命題の真偽を問うものである。論理的推論には**演繹法（deduction）**と**帰納法（induction）**がある。演繹法は、一般的・普遍的な前提からより個別的・特殊的な結論を得る方法であるが、前提とする一般的事実（理論、法則）が間違った場合や適切でない場合には、誤った結論が導き出されることになる。一方、帰納法は、個別的・特殊的な事例（観察事実、現実）から一般的・普遍的な規則や法則を見出す方法であるが、前提となる事例が真であるからといって結論が真である保障はなく、あくまでも確率・確度といった蓋然性の導出に留まることになる（ja.wikipedia.org>wiki〉演繹、帰納）。

野中は、知の創造には論理的推論よりも実践的推論が必要であると唱えている（野中ほか：2007, pp.188-191,野中ほか：2010a, 68-76）。演繹的推論だけでは、マクロの潮流や大前提は分かっても、ミクロの個別的な事象が見えないことが多いため、正しいかどうか真偽が問われることがある。一方、帰納的推論だけでは、個別具体的な事象は分かっても目指すべきマクロのコンセプトに結びつかないことが多い。何ごとも論理分析的に考える人は自分で論理的に説明できないことを否定したり、排除したりするため、ミクロをマクロに結びつけることができなくなる。したがって、演繹法や帰納法は与えられた前提から命題の真偽を問うだけの推論に過ぎない。

これに対して実践的推論は、目に見えている事象や見かけの次元よりもさらに深く洞察し、それはなぜなのか、何を意味するのかと追求し、そこでつかんだものを基に自分なりの仮説を生み出していく方法である。言い換えると、実

践的推論は論理を超えた気づきや直観的な発想法で仮説を設定する推論方法（**abduction；仮説設定**）である。それは「目的→手段→行動」という**実践的三段論法**によって展開される。まず何をやりたいのかという目的を持ち、それを実現する手段を検討する。そのときどんな手段が目的を実現するかは、あくまでも仮説である。どれが論理的に正しいかではなく、どれがよりよい説明を与えてくれるかを相互に比較し、最善の説明に向けて執拗に推論を続ける。そして結論として行動を起こす。その過程で仮説を生み出すのは、四六時中、脳裏から離れることのない強い問題意識であり、問題意識のもとになるのは、心身に染み付いた「**共通善：common good**」を追求する思いである。

　このように、知を創造するためには演繹法と帰納法、マクロとミクロをリンク（link）させることが必要である。それは、思考と行動の連係であり、理想と現実の間の**垂直的往還**を意味する。言い換えると、マクロの流れ（マクロ的構想）を吸収しつつ、具体的なコンセプトを求めて現場に足を運び、現場を見て触れるというミクロの世界（ミクロ的直観）に徹底して、そこから普遍性を見つけ出すことである。そこで重要なのは、強い目的意識を持って、最善の手段を見出し、行動へ踏み込むという実践的三段論法を、仮説の設定とその検証を通じて展開することである。

　②水平的相互作用

　知の創造の根源は、一人ひとりの主観にある。しかし、各自が独りよがりに陥って自分の主観にとどまっている限り、知は創造されない。個の主観を互いに共有しながら、それを超えてより大きな主観を確立していくとき、新しい知が生み出される。自分の主観と他者の主観を共有すること、つまり個を超えた、より大きな主観が成立することを「**相互主観性**」あるいは「**共同主観性**」という。相互主観性は、メンバーが「対話」と「実践」を通じて共同体験する「場」によって生まれる。場のメンバーが共同体験しながら相手と全人的に向き合うとき、精神や意識より先に身体の共振・共感・共鳴が起きる（野中ほか：2010a, pp.283-284）。

　生きた時空間を共有し、身体性を共有すると、個を超えた大きな相互主観性が生み出される。まるで右手が左手に触れているようなものである。右手は触れる側で左手は触れられる側であるが、しばらくすると左手が右手に触れてく

る感覚が生まれ、役割が交替し、反転する。このような可逆的な二重感覚は、わたしとあなたの間でも成り立つ。わたしとあなたの身体に、わたしと同じ仕方で存在しているあなたを認めることができる。これが「身体性の共有（間身体性）」である。身体性の共有により、相手の経験を自分のなかに持つことができる。求められるのは、身体とマインドを分けるのではなく、実践を通してイノベーションの知恵を身体化し（embody）、間身体性により組織に埋め込んでいくことである（野中ほか：2010a, p.287, p.300）。

　知の相互作用は、「**主語論理**」と「**述語論理**」を用いて説明できる。前者は主語である「わたし」が前面に出て全体（他者）を支配するという原理であり、後者は「わたし」も全体（他者）の関係性の中の一員として包摂され支配されるという原理である。知の創造活動や協働活動で起きる人々の相互作用は、全体が個に影響を与えるだけでなく、個も全体に影響を与えるので、一人ひとりが主語的であると同時に述語的でもある。主語論理と述語論理がせめぎ合いながら、よい関係性が生まれ、その関係性から新しい知が生み出される。重要なのは、「**わたし**」と「**われわれ**」のバランスをとって「**一即多・多即一：個の中に全体があり、全体のなかに個がある**」や「**One for all, all for one：一人はみんなのため、みんなは一人のため**」の原則を守り続けることである（野中ほか：2004, pp.198-199、2010a, pp.207-210）。

　自分の知と相手の異なる知を綜合することは、主観と客観の間の水平的往還を意味する。このような相互作用は、「**正・反・合**」と「**守・破・離**」の考え方で説明できる。正反合は、弁証法論理の三段階であり、ある判断（正）と、それと矛盾する判断（反）と、正反二つの判断を統合したより高い判断（合）を意味する。自分が正しいと思うもの「正」に対して、相手にとって正しいもの「反」を受け入れて、両方からより良いもの「合」を生み出す。「合」は当面のあいだ正しいもの（正）として捉えられるが、不変のものではなく新しい「反」が現れ、その間から新たな「合」が生み出される。このような考え方は、「陰きわまって陽となり、陽きわまって陰となり、陰中陽あり、陽中陰あり」という東洋の陰陽思想でも説明できる。陰と陽は、互いに対立する属性を持っているが、調和し合いながら自然界の秩序を保つのである（野中ほか：2004, pp.325-328）。

　一方、守破離は、日本の茶道や武道などの芸道・芸術における師弟関係のあり方の一つであり、その修業の過程を指すものである。修業はまず、師匠から教わった型を徹底的に「守る」ことから始まる。修業・鍛錬を積みその型を身につけた者は、他流派の型なども含め、自分に合ったより良いと思われる型を模索し試すことで既存の型を「破る」ことができる。さらに、修業・鍛錬を重ね、師匠の型と自分自身で見出した型の双方に精通し、その上に立脚した者は、型から「離れて」自在となり、新たな流派が生まれる（ja.wikipedia.org>wiki>守破離）。

③関係性づくり

　野中の知識創造理論および知識ベース経営論の根幹を成すのは、「**プロセス哲学**」の考え方である（野中ほか：2010b. pp.12-16）。プロセス哲学は、「世界は相互に関係するプロセスや出来事の繋がりからなる有機的な網であり、すべては関係性のなかにある」と捉えている。言い換えると、世界はモノ（things, substance）ではなく、生成消滅するコト、すなわち出来事（event）によって構成されている。世界に川というものはない、それは絶え間ない流れであり、変化し続ける「ある状態」である。われわれが物的存在として捉えているものは固定的に存在し自己完結するモノではなく、時間軸上における連続性のある瞬間を切り取って、特定の状況・時間へと固定化したにすぎない。

　野中は、現在までの知識経営に関する理論や実践的な方法論が、知識を物体のように固定したものとして取り扱ってきたと指摘したうえで、知識を人と人との関係性のなかで流動し、個々人の経験と結びついて創造し、生成される「プロセス」として捉えなければならないと解説している（野中ほか：2010b. pp.12-16）。

　それによると、製品それ自体は固定的な物体であっても、そこには開発から製造過程を経て、多くの知識が部品や部品の相互関係として埋め込まれているということになる。その製品が顧客によって使用されるとき、どのような意味（機能、象徴性など）を見出すかは、顧客のそれまでの経験や知識により異なる。固定的な物体としての製品は、顧客により使用されることによって新たな知識となり、新たな知識は顧客からメーカーへとフィードバックされ、未来の製品の改善や刷新という次の知識創造のきっかけとなる。つまり、メーカーに

よって製品の形態となった知識は、顧客により再解釈され新たな知識となり、市場におけるメーカーと顧客の関係を経由してメーカーに還流し、再び製品の形態をとる。変化する態様を「動詞」、一定の形に固定された場合を「名詞」とするならば、動詞的知識を製品として名詞化し、さらに顧客により名詞が動詞化されるという「**名詞（モノ）－動詞（コト）**」の**相互変換**の関係性ができあがる。

　われわれが現実を認識する方法には、「reality」と「actuality」の二通りがある。前者が主体と客体を分離し、客体を傍観者的に対象化して観察する（観察による認識）のに対して、後者は五感を駆使して文脈そのものに入り込み、深くコミットメントして主客未分の境地で感じる（行為を通じた認識）。つまり、reality が対象を客観的なモノとしてみる「モノ的現実」であるのに対し、actuality は直接的行動で分かる、モノの向こうに存在する「コト的現実」といえる。知識は「観察による認識」から得られる場合もあるが、「行為を通じた認識」から創造される場合がかなり多い（野中ほか：2010a, pp.151-153）。

　さらに、プロセス哲学では、人も世界との相互作用のなかで統合されるプロセスとして捉えられる。つまり人は、個別具体の出来事や経験の複雑な集合体であり、人の経験自体も自己完結したものではなく、他の出来事と有機的に関わって全体の関係性のなかで成立するプロセスである。

　そのように考えれば人は、**ある存在（being）**ではなく、**成る存在（becoming）**である。人を「〜である」ととらえるか、「〜になる」ととらえるかの違いは、社会のあらゆる局面で相手との関係性の持ち方を左右する。「〜である」は人を静態的にみるのに対して、「〜になる」は人を動態的にみる。「〜になる」は未完成の状態にありながら未来に向かって開かれ、常に何かを生成していく。人は人との関わりを通じて、絶えず自ら生成し続け、何かになっていく。つまり、人は常に未来の自分へと「成る」状態にあり、現在の自分として「ある」状態は「成る」状態の一側面にすぎない。「〜である」に目が向くと、固定的な役割関係や意味合いが前面に押し出され、思考が縛られがちになる。これは「何であるか」を重視する「名詞」をベースにした考え方の典型である。一方、「〜になる」に目を向けると、「何をするか」、「何になるか」という「動詞」が常に重視される。それで「いま、ここで」、まわりとどのような関係

性を結び、どのような文脈を創り出していくかが問われ、「文脈連鎖」が起きると、これまでになかった世界が展開される（野中ほか：2010a, p.184）。

　　ここで重要なのは、我々が環境によって規定され生成される受動的な存在ではなく、環境との関係性の中で自身を規定し、環境を再定義し、より高いレベルへ移行する能動的な存在として生きて行くことである。そのとき、知識は人と独立して外界に存在する（「ある」）のではなく、何かを成そうとする人によって作られる（「成る」）ものである。組織における知識創造プロセスとは、どうなりたいのかという目的に動かされた構成員が、相互作用しながら自身の限界を越えて知識を創造することにより将来のビジョンを実現させるプロセスに他ならない。知識ベース経営論の課題は、組織が人や物事の相互作用と時空間の流れ（プロセス）のなかで、どのように変化しながら知識を創造していくか、知の創造のためにどのような関係性を見つけるかにある（野中ほか：2010b, pp.12-16）。

(2)　「知の創造」の仕組み

　　上述したように、知は様々な要素の相互作用により創造される。〈図表7-1〉は知が創造される仕組みを表したものである。

〈図表7-1〉「知の創造」の仕組み

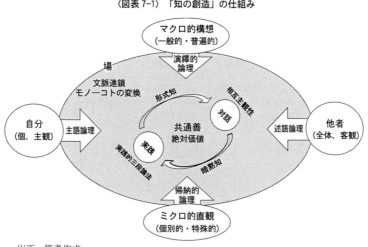

出所：筆者作成。

　知は、「マクロ的構想とミクロ的直観」の垂直的相互作用と、「自分と他者」の水平的相互作用によって創造される。この相互作用は言い換えると、前提から結論へ至る論理的推論における「演繹的論理と帰納的論理」の相互作用と、主観と客観の認識的観点における「主語論理と述語論理」の相互作用を指している。特に、垂直的相互作用では「実践的三段論法」による実践的推論が、水平的相互作用では「相互主観性」に基づく考え方が必要とされる。さらに、知は関係性づくりから創造される。関係性づくりとは、個別的に独立しているように見えるモノ同士を関連づけたり、モノに何らかの意味を加えてコトに変えたり、これまでのコトをモノに変えたりするなどの「文脈連鎖」や「モノ－コトの相互変換」を指している。

　このような相互作用は、「場」を形成して、「暗黙知」と「形式知」を転換しながら、「対話」と「実践」を繰り返すことにより活発に展開されるが、その過程で生じる二律背反的な要素を調整し、綜合するときの判断基準になるのが、絶対価値としての「共通善」である。つまり知は、理想とする共通善の実現に向けて、互いに矛盾する諸要素を綜合していくプロセスの中から創造されるものである。

　以上のことからこの図表は、変革の時代に生きている私たちが知を創造する活動に取り組む際の「思考のフレームワーク」として活用できるといえる。

第2節　共通価値の創造

　組織は社会を構成している一員であり、その活動は社会の至るところに影響を与えている。とりわけ企業は、従業員や投資家をはじめ、消費者、地域住民などの様々な利害関係者（stakeholder）に影響を及ぼすので、それに対する責任が問われる。今日の企業は法律や内規などの基本的なルールの遵守に努めるという消極的な責務だけでなく、社会の発展や変革に貢献するという積極的な役割を果たさなければならない。

　本節では、現代社会における組織の役割を「共通価値の創造」として捉える。まずポーターらの研究（Porter,M.E., et al.: 2006, 2011）に基づき、企業

の社会的責任に対する考え方の変化とその原因について解説し、そこから企業
が社会と協力関係を築きながら提供する共通価値の意義について考察する。さ
らにはオスタワールドらの研究（Osterwalder, Alex., et al.: 2010, 2014）に
基づき、企業が行う価値提供のビジネスモデルを紹介する。そのうえで、価値
提供の仕組みと、組織が共通価値を創造する際に必要とされる効果的な取り組
み方を明示する。

1.　社会的役割としての価値提供

　ポーターら（Porter,M.E., et al.: 2006, 2011）は、企業の社会的責任に対す
るこれまでの問題点と捉え方の変化を指摘し、その解決策として今後の企業と
社会が相互依存関係を築いて共通価値を創造することの重要性を強調してい
る。

(1)　CSR から CSV へ

　CSR（Corporate Social Responsibility：企業の社会的責任）は、企業が
事業活動を通じて自主的に社会に貢献する責任を指す。アメリカでは、1990
年代後半から企業に対して、法律の遵守、環境への配慮、地域社会への貢献な
どが求められており、日本では、1970年代から社会的責任という言葉が使わ
れたものの、企業イメージの向上を図る慈善活動、philanthropy（寄付、ボ
ランティア活動）、メセナ（芸術・文化の援護活動）のように狭義で捉えられ
ていた。今日においては、利害関係者に対する説明責任、財務状況や経営の透
明性、法令遵守（compliance）などが CSR に強調されている（ja.wikipedia.
org>wiki>企業の社会的責任）。

　このように、CSR に求められる内容は、地域や国家によって、また時代の
要請によって変化している。ポーターらは、CSR に対する従来の捉え方の問
題点を指摘し、その解決方法を示している（Porter,M.E., et al.: 2006, pp.82-
83, 83-91）。

　まず、これまでの CSR をめぐって、次のような問題が挙げられる。

　　・矛盾する複数の価値観、利害、コストの間にバランスをとることを強いら
　　　れる場合が多いため、その実行に対する道徳的義務の基準が曖昧になって

いる。

・長期的目標よりも短期的目標を優先視するため、持続可能性が実現され難い。

・公的事業のようなものを継続するか否かを議論するとき、課題を自ら解決しようとせず、圧力団体を懐柔する手段として利用し、場当たり的な自己弁護を繰り返す。

・日頃の企業の評判を良くするための PR 活動として用いられる。

　以上のような諸問題の根本的原因は、企業と社会との緊張関係、即ち企業が社会から常に監視され、圧力を受けるという一方的関係にある。そこで CSR が本来の意味通り正常に推進されるためには、企業と社会が相互依存関係を保ちながら、次のような解決策をとる必要がある。

・企業と社会の接点を明らかにする：企業と社会の両方にとって有益な関係を維持するため、バリューチェーンが社会に及ぼす「企業からの影響」と、社会が企業に及ぼす「社会からの影響」という二つの方向性の相互関係を把握しなければならない。

・取り組むべき社会的問題を選択する：受動的 CSR と戦略的 CSR を区別し、自社の事業との関連性が高い社会問題を優先的に選択すべきである。

・「企業からの影響」と「社会からの影響」を統合する：そのために、「企業の競争優位」と「社会の発展」を両立させるアプローチが欠かせない。

・**価値提供（value proposition）**ができる社会的環境を創造する：企業は、他社ができない独自的価値を提供することと、特定の顧客が抱えているニーズに応えることを戦略目標とする。それに対して社会は、企業の価値提供の活動が健全かつ公正に行われるような環境づくりへ積極的に取り組む。

　このうち価値提供は、企業と社会の役割として最も重要視されているものである。ここでの価値は、企業と社会が相互依存関係を築きながら創り出した共通の価値、いわば **CSV**（Creating Shared Value：共通価値創造）になっているため、企業と社会が共に発展するのに不可欠なものである。

　CSV は、「企業が事業を営む地域社会の経済的および社会的状況を同時に改善しながら、企業の競争力を高める方針および事業活動」を指している。共通

価値を創出する際に重要なのは、社会的発展と経済的発展の関連性を明らかにし、その関連性を拡大しながら双方を実現することである。これまでのCSR活動は、外部の評判を重視し当該事業との関わりも限られていたので、長期的に正当化し続けるのが難しかった。それに対してCSVは、企業の独自的資源と専門的能力を活用して社会的価値だけでなく経済的価値も生み出すので、長期的な経営戦略の目標として捉えられるようになった。このように、今日の企業の社会的役割において「**CSRからCSVへのパラダイム転換（paradigm shift）**」が起きているといえる（Porter,M.E., et al.: 2011, p.66, p.76）。

(2)　戦略目標としてのCSV

　企業のCSVは、企業が経済的な活動を行う過程で、社会と共に社会的価値を創り出すような取り組みにより実現できる。ポーターらは、CSVを経営目標としながら戦略的に共通価値を創造する方法として、次の3つをあげている（Porter,M.E., et al.: 2006, pp.83-85、2011, pp.67-75）。

　第1に、製品と市場を見直す。製品の見直しは、人体に良い栄養製品へ立ち返ること、廃棄汚染を極力減らして環境にやさしい製品を作ることなどが考えられる。一方、市場の見直しには、先進国よりも貧困国や開発途上国を対象とし、その国の社会的ニーズや課題に応えながら持続可能な市場を開拓することなどが挙げられる。

　第2に、バリューチェーン（value chain）における生産性を見直す。企業が社会的責任を果たしながら、社会とともに価値を創出するという課題を成し遂げるとき、企業と社会は緊張関係ではなく相互依存関係を築かなければならない。そのために、

　まず社会側は、次のような手段を用いて健全な競争環境を造成し、企業と社会の両方にとって有益な結果を産み出すことが望ましい。

・企業に健全かつ公正な競争力を持たせるために、高質の投入資源をインプット要素として利用可能にする。
・企業戦略および競争の状況に競争を律するルールとインセンティブを設ける。
・地域需要の規模と特性を反映する。

・関連業界と支持業界に様々な支援を行う。

　次に企業側は、バリューチェーンを改善しながら共通価値を生み出して社会に貢献すべきである。そのために、企業はバリューチェーン全般にわたって、次のような方法を通じて「エネルギー利用およびロジスティクス」の効率を高める必要がある。

・資源利用において、環境意識の高揚と技術革新により、水利・絶水、原材料、包装などを見直し、リサイクルと再利用を広げる。

・仕入において、良質の原料を安定的に供給できるサプライヤーを確保するために調達プロセスを見直す。

・流通において、オンラインを用いる製品販売により、流通費の節約だけでなく紙やプラスチックの使用を大幅に減らす。

・従業員の生産性において、一定水準以上の生活に必要な最低賃金、安全、健康増進、教育研修、昇進機会を積極的に保障する。

・ロケーションにおいて、市場側に小規模な工場を建設することで、地元の原材料を利用することや現地の住民を採用し教育することが可能となり、加工コストおよび輸送コストの削減だけでなく雇用創出という社会的価値も生み出す。

　第 3 に、地域クラスター（local cluster）を造成する。企業の活動および発展は周辺地域の関連企業や社会的生産基盤（infrastructure）に左右される。企業が更なる生産性向上やイノベーションを成し遂げるためには、拠点地域にある大学、研究機関、行政、地域コミュニティなどの公的資産も利用できる地域クラスターを造成する必要がある。そのためには、まずロジスティクス、サプライヤー、流通チャネル、教育訓練、取引所、教育機関などの欠陥や不備を明示したうえで、自社の生産性と成長に最大の制約となるものに焦点を当てて、自ら直接取り組むべき領域と、地域社会と協力してコスト効率を高める領域を棲み分けし、共通価値を産み出す仕組みを作らなければならない。

　地域クラスターに欠陥が生じると、企業では生産性低下はもちろん、内部費用や外部不経済が発生する。クラスターの造成および発展への成功のカギは、開放的かつ透明な市場を構築することにある。地域のパートナーと一緒に公正かつ開放的な市場を形成すると、企業には安定的供給が保障でき、サプライ

ヤーには品質と効率を改善するインセンティブが働き、地域住民にも所得と購買力が大きく向上するなど、経済的効果と社会的効果の好循環が生まれる。

2.　共通価値創造への取り組み

オスタワールドら（Osterwalder, Alex., et al.: 2010, 2014）は、企業が事業活動を通して誰を対象に、どのような価値（製品・サービス）を提供するのかという価値提供（value propositions）のモデルを考案した。そのモデルは、企業があらゆる事業を企画・実施する過程において、関係者たちがワークショップ方式で議論し、シミュレーションするときに使われる実用的なものである。以下では、企業が行う価値提供のモデルについて解説したうえで、組織が共通価値を創造する際に必要とされる効果的な取り組み方を明示する。

(1)　価値提供モデル

企業は、社会が必要とする価値（製品・サービス）を提供することで社会的役割を果たしているといえる。その際に企業は、次のように顧客、事業、環境の3つのレベルでの活動を通じて価値を提供することになる。

①顧客レベル

企業が顧客の事情を調査・分析し、それに適合させるように製品・サービスの内容を企画するレベルである。企業は顧客と価値に関する諸要素を分析し、両方を適合させていく。そのとき、仮説設定とその検証を繰り返しながら、事業レベルへ移行できる内容になるまで調整していく必要がある。

- Customer Profile：顧客をより正確に理解するため、顧客を観察・分析したものである。「Jobs」は、顧客セグメントを決める際の基準となるものである。ここでは、顧客の職業、顧客が成し遂げようとするもの（例：全うしたい任務、解決したい課題、満たしたいニーズ等）を明らかにする。「Gains」では、顧客が望んでいる結果や恩恵（例：費用削減、品質向上、機能面での利便性、社会的地位等）を示し、「Pains」では、顧客が望んでない結果や問題、リスク、障害などを示す。
- Value Map：顧客にどのような価値を提供するかを描いたものである。「Products & Services」では、企業が価値として提供する製品・サービ

スを明らかにする。「Gain Creators」では、製品・サービスを通して顧客の利得や満足を生み出したり、増加させたりする方法を示し、「Pain Relievers」では、製品やサービスに関わる顧客の苦痛や心配を取り除いたり減らしたりする解決方法を示す。

・Fit：「Customer Profile」に「Value Map」を適合させることを指す。つまり、顧客の大切な仕事に役立たせ、深刻な苦情や心配を和らげ、必要な利得や恩恵を与えるように、企業が製品・サービスを合わせることである。一般的に、顧客への適合は一度で終わるものではないので、顧客の反応を見極めながら調整し続ける必要がある（したがって、図表 7-2 では両者間の関係を両方向性で表している）。

〈図表 7-2〉　顧客プロフィールとバリューマップの適合

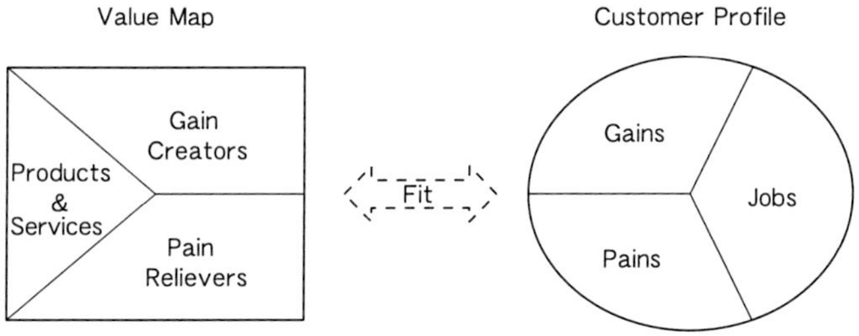

出所：Osterwalder, Alex., et al. (2014); 関美和訳 (2015), pp.8-9 を修正して作成。

②事業レベル

企業が「顧客レベル」で分析した結果を事業活動へ展開するレベルである。このレベルでは、どんな価値（製品・サービス）を、誰に、どんな方法で提供するのかなどを含む 9 つの要素を明らかにする。

・CS（Customer Segments）：企業が関わろうとする顧客を決める。誰をターゲットにして価値を創造するのか、最も重要な顧客は誰なのかを示す。顧客セグメントの例として、大衆市場、ニッチ市場、細分化、多角化、複数の顧客グループをつなぎ合わせる多面的プラットフォーム（multi-sided platform）などが挙げられる。

・VP（Value Propositions）：特定の顧客に向けて、価値を生み出す製

品・サービスを決める。顧客にどんな価値を提供するのか、どんな問題解決を手助けし、どんなニーズを満たすのかを示す。価値の例として、新規性、高性能、優れたデザイン、特注生産（customization）、コスト削減、リスク低減、アクセスの良さ、使いやすさなどが挙げられる。

・CH（Channels）：顧客に価値を届ける経路を決める。どんなチャネル形態（例：営業部隊、ウェブ販売、自社ショップ、パートナーショップ、卸売業者等）を利用するのか、どんなチャネルの費用対効果が高いか、複数のチャネルをどのように統合するのかを示す。

・CR（Customer Relationships）：企業が築くべき顧客との関係を明らかにする。顧客とどんな関係を構築・維持したいのか、それに関わるコストはどれくらい見込まれるのかを示す。

・R$（Revenue Streams）：収益がどこから発生するのか、つまり顧客は何にお金を払っているのかを把握する。収益には一見客から生じる取引収益と、既存顧客から継続的に生じる二次収益がある。そこで企業が収益を生み出すための方法（例：製品の売上、サービスの使用、レンタル・リース、ライセンス、仲介手数料、広告等）を示す。

・KR（Key Resources）：製品の生産やサービスの提供に投入される主要資源（モノ、ヒト、カネ、情報・知識）を決める。ここでは、自社が所有する資源だけでなく、他社からリースしたり、購入したりするものも示す。

・KA（Key Activities）：事業を展開するうえで欠かせない活動を決める。企業が価値を創造し、市場へ届け、顧客との関係を維持し、収益をあげる際に重要な活動を示す（例：製品の設計・製造・配送に関する活動、顧客問題の解決、サプライチェーンの改善及び管理、プラットフォームの開発及び管理等）。

・KP（Key Partners）：事業を展開するうえで欠かせない協力者を決める。様々な協力者と協力関係を築くことは、事業活動の土台となる（協力関係の例：非競合業者との戦略的アライアンス、戦略的パートナーシップ、新規事業立ち上げのためのジョイントベンチャー、確実な需要・供給のためのバイヤー・サプライヤーの関係構築等）。

・C\$（Cost Structure）：事業活動で発生する主な費用を把握する。ここでは固定費と変動費をはじめ、既存の競合業者、打ち寄せる新規参入業者、規模及び多角化による経済的メリットなどを示す。また、低価格指向活動と価値志向活動の内容を明らかにする必要がある。

③環境レベル

　企業が価値を提供する事業活動を行う際に、影響をうける外部の状況を分析し、それに対応するレベルである。ここでは、次のような環境要素を正確に把握しながら、価値を提供し続ける活動が求められる。

・Market Forces：市場の争点（市場を動かし、変革している重要な論点）、市場セグメント（特定セグメントの諸問題、成長可能性のある新しいセグメント）、ニーズと需要（市場の需要と供給のバランス）、切り替え費用（switching cost：他の業者に乗り換えるときかかる費用）、収益の魅力（収益の魅力と価格決定力に関連する要素）。

・Industry Forces：既存競合業者（競合業者の強みと弱み）、新規参入者（新規参入者が提供する価値とその顧客セグメント等）、代替品・代替サービス（他の市場や産業も含め、代わりになり得るもの）、供給業者とバリューチェーン上の他の業者（既存のサプライヤーと周囲プレイヤーとの比較）、利害関係者（事業活動に最も影響力を及ぼしている者）。

・Key Trends：技術のトレンド（事業の脅威となる技術、進化・改善させるような技術の動向）、規制のトレンド（事業に影響する規制の動向）、社会・文化的トレンド（社会・文化的な価値や流行、顧客の挙動）、社会経済のトレンド（人口統計、人口動態、年収、消費パターン）。

・Macro-Economic Forces：グローバル市場の状況（世界の景気動向、GDPの動向）、資本市場（運転資金調達のための貨幣市場、投資資金調達のための長期金融市場）、原料と他の資源（事業に欠かせない原料の価格と価格の動向）、経済インフラ（公共インフラおよび公共サービスの整備状態、税制、地域経済の特徴）。

　以上のように、企業が価値を提供する事業活動と、その活動に影響を及ぼす環境要素を示したものが〈図表7-3〉である。

〈図表 7-3〉　事業活動と環境要素

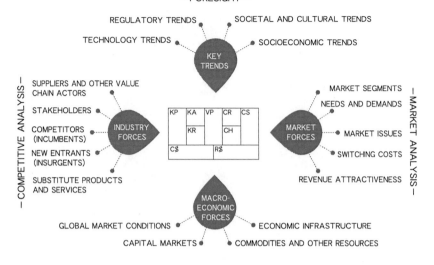

出所：Osterwalder, Alex., et al. (2010), p.201.

(2)　共通価値創造への取り組み

　組織の社会的役割は、持続可能な事業を通して社会に有益な価値を提供し続けることにある。その際に組織は、事業レベルの活動だけでなく、顧客レベルおよび環境レベルの活動にも積極的に取り組みながら、社会に共通価値を生み出さなければならない。〈図表 7-4〉は、組織が事業活動を通して価値を生み出す仕組みをモデル化したものである。

　以下では、組織が共通価値を創造する際に、この価値提供モデルを効果的に活用するための取り組み方を提示する。

　第1に、価値を提供する事業レベルの仕組みについて、正確に理解することである。

　事業レベルでは、価値提供（VP）を中心に左側は、企業が資源（KR）を用いてパートナー（KP）と協働活動（KA）しながら価値を創る仕組みを示しており、右側は、特定顧客（CS）と良い関係（CR）を築きながら様々なチャ

〈図表 7-4〉　価値提供の仕組み

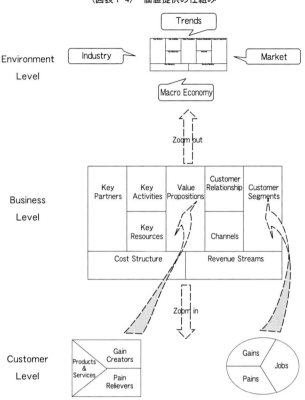

出所：Osterwalder, Alex., et al. (2014); 関美和訳 (2015), INTRO を修正して作成。

ネル（CH）を通して価値を効率よく届ける仕組みを示している。

　このような事業活動が成果を上げるためには、諸要素が一つのシステムとして動くこと、つまり事業レベルの 9 つの構成要素が相互依存関係で結ばれ、全体としてまとまった機能を果たすことが不可欠である。そこで企業は、次のようなビジネス・ストーリーを作ることを価値創造の基本として捉えるべきである。すなわち、「我々は○○顧客に対し、○○関係を築きながら、○○チャネルを通して○○価値を提供したい。その際に、予想される○○費用および○○収益を十分に把握しながら、○○資源を用いて○○パートナーと共に○○活動

を行う」、ということである。

　第2に、事業活動において、取り組むべき戦略の方向性を決めることである。

　まず、事業レベルを中軸としながら、顧客レベルと環境レベルへ取り組む戦略である。そこには「zoom in 戦略」と「zoom out 戦略」が考えられる。前者は、顧客プロフィールとバリューマップとの適合を図りながら、その結果を価値提供（VP）と顧客セグメント（CS）へ組み入れていくミクロ的アプローチであり、後者は、環境の変化を分析しながら、主な環境要素に積極的に働きかけていくマクロ的アプローチである。

　さらに、zoom in 戦略には、顧客プロフィールからバリューマップへ接近する「pull 戦略」と、バリューマップから顧客プロフィールへ接近する「push 戦略」が考えられる。前者は、先に顧客のゲインとペインを調査・分析し、それに合わせてゲインが創出・増大でき、ペインが解消・軽減できる製品・サービスを提供する方法であり、後者は、先に自社の利用可能な資源の強みを分析・確認し、それを製品・サービス化して、求める顧客を探して提供する方法である。このような戦略は、どちらかを一つ選択するよりも、組織の内部事情と外部環境要素を考慮して優先順位をつけて用いたり、併用したりするなどで柔軟に対応する方が効果的である。

　第3に、共通価値創造の場として、主要活動（KA）と顧客関係（CR）を積極的に活用することである。

　共通価値は、事業レベルの諸要素間の関係性から生まれる。特に、パートナーや顧客と共に活動ができる場を設け、効果的に管理することで、価値の共創（co-creation）が実現できる。

　まず、主要活動（KA）においては、一企業がすべての資源を所有し、あらゆる活動を行うことは不可能なので、主要資源を安定的に調達・確保するため協力者を見つけ、パートナーシップを築く必要がある。業者同士がパートナーシップを築くと、次のような共通価値が生み出される。

①最適化と規模の経済：資源利用における外注と、事業活動におけるインフラの共有が可能となるため実現できる。

②リスクと不確実性の低減：競合相手同士でも特定分野における戦略的アライ

アンスが築ければ、共同開発が可能となるため実現できる。

③特定の資源と活動の確保：知識やライセンスの利用、顧客へのアクセスなど
　が可能となる。

　次に、顧客との関係（CR）においては、顧客に製品・サービスを届ける
チャネル（CH）を見直す必要がある。そのためには、流通システムに最新の
ICT（情報通信技術）を導入し、顧客の利便性を最優先にする。チャネルは、
そもそも製品・サービスを顧客に届ける経路であるが、顧客とコミュニケー
ションが取れる接点（interface）になっているので、そこには様々な顧客と
の関係が築かれる。チャネルを通して、製品・サービスに関する顧客の認知度
を高めること、販売後の修理や手入れ（アフターサービス）を提供すること、
提供された価値及び企業に対する顧客の反応（評価）を確かめることができる
ので、これらの経験や情報を顧客関係づくりへ活かす必要がある。

　さらには、**CRM**（Customer Relationship Management）に基づいた、
顧客との戦略的な関係づくりが必要とされる。そこでは、関係構築の狙いがど
こにあるか、つまり新規顧客の獲得か、既存顧客の維持か、既存顧客に対する
販売拡大（例：より高価な販売等）か、を明らかにする。そして、顧客関係を
いくつかのカテゴリーに分け、それに対応することも効果的である。例えば、
顧客別に担当者を決め、事前相談から販売、アフターサービスまで世話をする
「個別助力者」、重要顧客に対して専任の担当者が最も深く親密な関係を築く
「専任個別助力者」、顧客と直接的なやり取りはせず、顧客が自分でできるよう
に必要な手段を提供する「セルフサービス」、企業が提供するサービスを顧客
自らが SNS を通して受ける「自動サービス」、ユーザーをオンラインに繋げ
ることで、お互いに情報・知識の交換と問題の解決ができると共に、ユーザー
への理解を深めることもできる「オンライン・コミュニティ」、単なる顧客関
係を超え、顧客と一緒に価値を創る「共創」が考えられる。

おわりに

　本書が強調しているポイントを改めて明らかにしておきたい。

　第Ⅰ部では、組織を効果的に機能させるために、組織構造を如何に設計すべきかという課題に取り組んでいる。そこで、ジグソーパズルのように、設計要素を予め決まった枠組みのイメージに合わせていくプロセスと、レゴ遊びのように、設計要素を自由に用いながら新しい形態を創造的に作っていくプロセスを取り上げている。

　ジグソーパズルは、組織構造に関する基本原理に基づいて、理想的組織類型をイメージしながら諸要素間の内部的調和と、諸要素と状況要因との適合性を保つように設計することを指す。その際に用いられるのが〈図表 2-7〉（pp.60-61）である。そこでは、組織類型別に諸要素の機能をシステム（即ち、諸要素間の相互依存関係）として理解すると共に、組織類型間に諸要素の相対的特徴を比較するという捉え方が重要である。

　一方、レゴ遊びは、組織が複雑かつ多様に変化する現実に対応して、形と力の統合的仕組みを独自的に設計することを指す。この際に用いられるのが〈図表 3-4〉（p.82）である。そこでは、組織構造の諸要素を組み合わせて組織の形を作りながら、組織の力システムの間の調和を保たせていくことが必要とされる。

　第Ⅱ部では、組織の中の個人が如何に満足を得ながら行動を活性化すべきかという課題に取り組んでいる。そこで、モチベーションとリーダーシップとコミュニケーションは、個人の協働活動を成立・存続させるプロセスに欠かせない要素である故に、理論的考察を通じてこれらの本質と機能に関する基本的原理を理解した上で、実際の組織活動に応用できる能力を習得することが重要であることを示している。

　まず、モチベーションにおいては、内発的動機づけの重要性が明らかにされ

ている。組織は金銭的な報酬よりも効果的な職務設計を通じて個人を動機づけることが重要であり、個人は自分の有能さと自己決定感を認知して得られる内的報酬を通じて、内発的に動機づけられることが極めて重要である。

　リーダーシップにおいては、マネジャーと似て非なるリーダーの役割を明確に理解したうえで、2つの役割間のバランスを取りながら行動することが基本である。特にリーダーには、フォロワーおよび上司との良い関係づくり能力、自分の感情をコントロールしつつ他者との共感を生み出す EI および SI、そして相反する役割を調和する能力が求められる。さらに、リーダーが、リーダーシップを発揮するためのコーチングの実践技術を身につけることも欠かせない。

　そして、コミュニケーションは、組織と個人との間に生まれる考え方や行動のギャップを調整するメカニズム、即ち人々の意見や感情を伝える単なる意思疎通の手段としてだけでなく、組織および個人の共通目的を効果的に達成するための調整のプロセスとして捉えられている。つまりコミュニケーションは、組織と個人が共に生き、共に発展していくプロセスそのものに他ならない。そこでは、場が極めて重要な機能を果たしている。特定の時空間で対話と行動の場が形成されると、場に情報が共有・蓄積されるだけでなく、メンバーの間にも共感・信頼感が醸成されることになり、不確実性の軽減、連帯感の高揚、知識の創造という機能が発揮される。さらに、これらの場の機能を活性化するためには、活性化のメカニズム、即ち情報媒体システム、協働空間、共生社会を構築することが求められる。このような場の活性化の仕組みをモデルに示したものが〈図表6-8〉（p.211）である。

　第III部（増補版）では、激変している現代社会における個人と組織の役割について補足した。

　まず、個人の役割として「知の創造」を取り上げた。そこでは、イノベーションに成功した事例から共通に見られるリーダーの役割を分析し、そこから創造的リーダーに求められる能力を明らかにした。そして、変革の時代に必要とされる知が様々な要素の相互作用から創造されているという基本原理を解説したうえで、その仕組みを〈図表7-1〉（p.254）にまとめ、知の創造に取り組む際の思考のフレームワークを示した。

　次に、組織の役割として「共通価値の創造」を取り上げた。そこでは、企業の社会的責任に関するパラダイムが CSR から CSV へ転換していることを考察し、企業と社会が相互依存関係を築きながら価値を共創していく必要性を強調した。さらに、企業の価値提供に関するモデルを紹介したうえで、価値提供の仕組みを〈図表 7-4〉（p.265）にまとめ、そこから組織が共通価値を創造するための効果的な取り組み方を提示した。

　本書は、特定の組織および個人に関わる問題を解決するための具体的方案とかスキルを紹介するものではない。なお本書で取りあげられているミンツバーグの理論や個人行動に関する理論も、決して新しいものではない。激変する環境に柔軟に対応できる組織体質が求められている今の時期に、組織構造を如何に設計するかというテーマは時代遅れと言われるかも知れない。

　しかしながら、組織において、分業および統合（調整）の仕組みづくりと、個人行動に関する基本的原理の重要性は、時代と共に変わるものではあるまい。むしろ、変革の時代に起きる多種多様な組織の構造的問題をはじめ、個人行動の問題を正確に把握・分析し、その解決策を探る際に、温故知新の如く、普遍的理論から学び得ることは極めて多いと思われる。本書で示された複眼的アプローチ、即ちマクロ的観点で組織を効果的に設計しつつ、ミクロ的観点で個人行動を活性化するアプローチが、個人と組織、そして組織社会が共に発展できる理想社会づくりへのガイドラインとして少しでも役立てれば幸いである。

〈追記〉

　本書の出版（第 1 版）は当初計画より 10 年ほど遅れた。その間、小生が病魔に襲われ、治療後も体力の限界を感じたことからマイペースでゆっくり進めざるを得なかったことと、浅学菲才の小生にとって、日本語表現とその修正に予想をはるかに超える時間を要したことを付言しておきたい。本書の内容について、読者から御叱正と御指導を賜れば幸甚である。

参考文献

第Ⅰ部

唐沢昌敬（2002）『創発型組織モデルの構築』慶応義塾大学出版。

竹林滋編（2002）『新英和大辞典　第六版』研究社。

丁圏鎭（1995）「マネジャーの職能に関する考察—H.ミンツバーグ理論の批判的検討—」『研究年報 経済学』（東北大）Vol.57 No.3。

____（1996）「組織形態とマネジャーの職能—H.Mintzberg の 5 つの組織形態を中心に—」日本経営学会編『日本企業再構築の基礎問題』千倉書房。

____（2004）「革新的組織におけるマネジャーの役割—Henry Mintzberg の文献を中心に—」『経営経済学研究』（青森公立大）第 10 巻・第 1 号。

____（2007）「H.Mintzberg の構造 configuration」『研究年報　経済学』（東北大）Vol.68 No.4。

____（2008）「H.Mintzberg の Power Configuration について」藤本雅彦編『経営学の基本視座』まほろば書房。

DIAMOND ハーバード・ビジネス・レビュー編集部（2003）「H.ミンツバーグの経営学」『DIAMOND Harvard Business Review』1 月号。

DIAMOND ハーバード・ビジネス・レビュー編集部（2007）『H.ミンツバーグ経営論』ダイヤモンド社）。

沼上幹（2004）『組織デザイン』日本経済新聞社。

二村敏子編（2004）『現代ミクロ組織論』有斐閣。

Hugo E. R. Uyterhoven (1972), "General managers in the middle," *Harvard Business Review,* Mar.-Apr.

Mintzberg, Henry (1973), *The Nature of Managerial Work*, Harper & Row Publishers（『マネジャーの仕事』奥村哲史ほか訳、白桃書房、1993）.

____ (1975), "The Manager's Job: Folklore and Fact," *Harvard Business Review*, Jul.-Aug.

____ (1979), *The Structuring of Organizations*, Prentice-Hall,Inc..

____ (1981), "Organization design:fashion or fit?," *Harvard Business Review*, Jan.-Feb.

____ (1983a), *Sturcture in Fives*, Prentice-Hall,Inc.

____ (1983b), *Power In and Around Organizations*, Prentice-Hall,Inc.

____ (1984), "Power and Organization Life Cycle," *Academy of Management* Review, Vol.9 No.2.

____ and McHugh, A. (1985), "Strategy Formation in an Adhocracy," *Administrative Science Quarterly*, No.30.

____ (1987), "Crafting Strategy," *Harvard Business Review*, Jul.-Aug.

____ (1989), *Mintzberg on Management*, Free Press,（『人間感覚のマネジメント—行き過ぎた合理主義への抗議—』北野利信訳、ダイヤモンド社、1991）.

____ and Westley, F. (1992), "Cycle of Organizational Change," *Strategic Management Journal,*

Vol.13.

____ (1994), *The Rise and Fall of Strategic Planning*, Prentice-Hall, Inc.（『戦略計画―創造的破壊の時代―』中村元一 監訳、産能大学出版部、1997）.

____ (1994), Rounding out the Manager's Job," *Sloan Management Review*. Fall.

____ (1998), "Covert Leadership: Notes on Managing Professionals," *Harvard Business Review*, Nov.-Dec.

____ (2004), *Managers not MBAs*, Berrett Koehler Publisher（『MBA が会社を滅ぼす―マネジャーの正しい育て方―』池村千秋訳、日経 BP 社、2006）.

____ et al. (2008), *Strategy Safari: The complete guide through the wilds of strategic management 2nd ed.*, Prentice Hall（『戦略サファリ―戦略マネジメント・コンフリートガイドブック―（第 2 版）』齋藤嘉則監訳、東洋経済新報社、2013）.

____ (2009), *Managing*, Berrett Koehler Publishers, Inc.（『マネジャーの実像―「管理職」はなぜ仕事に追われているのか―』池村千秋訳、日経 BP 社、2011）.

Pugh Derek S. and Hickson David J. (2002), *Great Writers on Organizations 2nd ed.* YUHIKAKU Publishing Co.Ltd.（『現代組織学説の偉人たち』北野利信訳、有斐閣、2003）.

Smith, Adam.(1910), *The Wealth of Nations*. London: Dent.

第Ⅱ部

伊丹敬之・西口敏宏・野中郁次郎編（2000）『場のダイナミズムと企業』東洋経済新報社。

____ (2005)『場の論理とマネジメント』東洋経済新報社。

____・日本能率協会コンサルティング編（2010）『場のマネジメント　実践技術』東洋経済新報社。

伊東明監修（2006）『コーチングの技術（DVD）』プレジデント社。

伊藤守・鈴木義幸・金井壽宏著（2010）『コーチング・リーダーシップ』ダイヤモンド社。

稲水伸行（2008）「ノンテリトリアル・オフィス研究の現状と課題―文献レビューによる成功条件の模索―」『赤門マネジメント・レビュー』7 巻 8 号。

____ (2009)「ノンテリトリアル・オフィスにおける空間密度とコミュニケーション」『組織科学』Vol.42, No.3。

____ (2013)「ワークプレイスの多様性・柔軟性・統合性」『組織科学』Vol.47, No.1。

今井賢一・金子郁容（1988）『ネットワーク組織論』岩波書店。

NHK（2007）「トーク・スペシャル　Part3：リーダーたちは、かく語りき」『プロフェッショナル』。

経営学史学会編（2012）『経営学史事典　第 2 版』文眞堂。

紺野登（2008）『儲かるオフィス』日経 BP 社。

再春館製薬所（2007）：http://business.nikkeibp.co.jp/article/manage/20070405/122255/（2016/05/30）。

潮田邦夫・妹尾大（2007）『魔法のようなオフィス革命』河出書房新社。

妹尾大・阿久津聡、野中郁次郎編（2001）『知識経営実践論』白桃書房。

十川廣国（2006）『経営組織論』中央経済社。

DIAMOND ハーバード・ビジネス編集部(2001)『コーチングの思考技術』ダイヤモンド社。

高橋伸夫（2004）『虚妄の成果主義―日本の年功制復活のススメ―』日経 BP 社。

中村昇（2007）『ホワイトヘッドの哲学』講談社。

新村出編（2008）『広辞苑（第六版）』岩波書店。

日産先進技術開発センター（2008）：http://www.nikkeibp.co.jp/style/biz/office/080125_10th/（2016/05/30）。

野中郁次郎（1990）『知識創造の経営』日本経済新聞社。

＿＿・竹内弘高（1996）『知識創造企業』東洋経済新聞社。

＿＿・勝見明（2004）『イノベーションの本質』日経 BP 社。

＿＿（2006）「イノベーションの動態理論に向かって」『イノベーションの実践理論』大薗恵美ほか編、白桃書房。

＿＿・勝見明（2007）『イノベーションの作法』日本経済新聞出版社。

＿＿・勝見明（2010a）『イノベーションの知恵』日経 BP 社。

＿＿・遠山亮子・平田透（2010b）『流れを経営する』東洋経済新報社。

＿＿・紺野登（2012）『知識創造経営のプリンシプル―賢慮資本主義の実践論―』東洋経済新報社。

野村総合研究所（1999）『経営を可視化するナレッジマネジメント』NRI。

原岡一馬・若林満編（1993）『組織コミュニケーション』福村出版。

一橋大学イノベーション研究センター（2001）『知識とイノベーション』東洋経済新報社。

藤田英樹（2009）『コア・テキスト　ミクロ組織論』新世社。

二村敏子編（2004）『現代ミクロ組織論』有斐閣。

前川正雄（2004）『モノづくりの極意、人づくりの哲学』ダイヤモンド社。

＿＿（2010）『世界を変える「場所的経営」』実業之日本社。

松岡正剛（2006）『日本という方法―おもかげ・うつろいの文化―』日本放送出版協会。

村上綱実（2014）『非営利と営利の組織理論：非営利組織と日本型経営システムの信頼形成の組織論的解明』絢文社。

＿＿「官僚制組織とは何か」https://www2.rikkyo.ac.jp/web/hikaku/bureaucracy.htm。

労務行政研究所編（1996）「OA 化進展で注目高まるフリーアドレス制」『労政時報』第 3278 号。

Adams, J. Stacy (1965), "Inequity in Social Exchange," *Advances in Experimental Social Pychology*, Vol.2.

Alderfer, Clayton P. (1969), "An Empirical Test of a New Theory of Human Needs," *Organizational Behavior and Human Performance*, Vol.4.

＿＿ (1972), *Existence, Relatedness, and Growth :Human Needs in Organizational Settings*, The Free Press, New York.

Allen, T. J. & Gerstberger, P. G. (1973), "Field experiment to improve communications in a product engineering department: Nonterritorial office," *Human Factors*, 15(5).

Atkinson, John W. (1964), *An Introduction to Motivation*, Van Nostrand Reinhold Inc., U.S.A.

Badaracco, Joseph (2002), *Leading Quietly: An Unorthodox Guide to Doing the Right Thing*, Harvard Business Press（『静かなリーダーシップ』高木晴夫監訳、翔泳社、2002）.

Barnard, Chester I. (1938), *The Functions of the Executive*, Harvard University Press（『新訳 経営者の役割』山本安次郎訳、ダイヤモンド社、1968）.

Blake, Robert R., and Mouton, Jane Srygley (1978), *The New Managerial Grid*, Gulf Publishing Co. Houston, Texas（『新・期待される管理者像』田中敏夫・小見山澄子訳、産業能率短期大学出版部、1979）.

Deci, Edward L. (1975), *Intrinsic Motivation*, Plenum Press, New York.（『内発的動機づけ―実験社会心理学的アプローチ―』安藤延男・石田梅男訳、誠心書房、1980）.

Fiedler, Fred E. (1967), *A theory of leadership effectiveness*, McGraw-Hill, Inc. U.S.A.

Gabarro, John J. and Kotter, John P. (1980), "Managing Your Boss," *Harvard Business Review*, Jan.-Feb.（「上司をマネジメントする」『DIAMOND Harvard Business Review』2010 年 5 月号、ダイヤモンド社）.

Goleman, Daniel (1998), "What Makes a Leader?" *Harvard Business Review*, Nov.-Dec.,（「EQ が高業績リーダーをつくる」『DIAMOND Harvard Business Review』2001 年 9 月号、ダイヤ

モンド社).

＿＿ "Leadership That Gets Results," *Harvard Business Review*, 2000 Mar.-Apr.（「EQリーダーシップ」『DIAMOND Harvard Business Review』2000年9月号、ダイヤモンド社).

＿＿ and Boyatzis, Richard (2008), "Social Intelligence and the Biology of Leadership," *Harvard Business Review*, September（「EIを超えて：SQリーダーシップ」『DIAMOND Harvard Business Review』2009年2月号、ダイヤモンド社).

Greenleaf, Robert K. (1977), *Servant Leadership*, American Education（『サーバント・リーダーシップ』金井壽宏監訳、英治出版、2008).

Hackman, J. Richard and Oldham, Greg R. (1976), "Motivation Through the Design of Work: Test of a Theory," *Organizational Behavior and Human Performance*, Vol.16, No.2.

Hersey, Paul and Blanchard, Kenneth H. (1977), *Management of Organizational Behavior 3rd ed.*, Englewood Cliffs, N.J.: Prentice-Hall（『行動科学の展開』山本成二・水野基・成田攻訳、生産性出版、1978).

＿＿ (1993), *Management of Organizational Behavior 6rd ed.*, Prentice Hall. Inc..

Herzberg, Frederick(1966), *Work and the Nature of Man*, Staples Press, London（『仕事と人間性』北野利信訳、東洋経済新報社、1968).

＿＿ (1968), "One more time: how do you motivate employees?" *Harvard Business Review*, 2003, January.

Joseph, Luft and Harry Ingham (1955), "The Johari Window: A Graphic Model of Awareness in Interpersonal Relations," *Proceedings of the western training laboratory in group development* (University of California).

Kellerman, Barbara (2007), "What Every Leader Needs to Know About Followers," *Harvard Business Review*, December（「頼まれるフォロワー困ったフォロワー」『DIAMOND Harvard Business Review』2008年3月号、ダイヤモンド社).

Kelley, Robert E.(1992), *The Power of Followership : How to Create Leaders People Want to Follow, and Followers Who Lead Themselves*, Doubleday Dell Publishing Group Inc.,（『指導力革命—リーダーシップからフォロワーシップへ』牧野昇監訳、プレジデント社、1993).

Kotter, John P. (1990), "What Leaders Really Do?" *Harvard Business Review*, May-Jun.（「新訳 リーダーシップとマネジメントの違い」『DIAMOND Harvard Business Review』2011年9月号、ダイヤモンド社).

LawlerⅢ, Edward E. (1971), *Pay and Organizational Effectiveness: A Psychological View*, McGraw-Hill, New York（『給与と組織効率』安藤瑞夫訳、ダイヤモンド社、1972).

Maslow, Abraham H.(1943), "A Theory of Human Motivation," *Psychological Review*, Vol.50(4).

＿＿ (1954), *Motivation and Personality*, Harper, New York（『改訂新版 人間性の心理学』小口忠彦訳、産業能率大学出版部、1987).

Mayor, Elton (1933), *The Human Problems of an Industrial Civilization*, Harvard University.

McGregor, Douglas (1960), *The Human Side of Enterprise*, McGraw-Hill Inc.（『新版 企業の人間的側面』高橋達男訳、産業能率大学出版、1966).

Mclleland, David C. (1961), *The Achieving Society*, Princeton, New Jersey, Van Nostrand.

＿＿ (1987), *Human Motivation*, Cambridge University Press（『モチベーション—「達成・パワー・親和・回避」動機の理論と実際』梅津祐良訳、生産性出版、2005).

Nibett, R. E. (2003), *The Geography of Thought: How Asians and Westerners Think Differently…and Why*, Free Press（『木を見る西洋人　森を見る東洋人—思考の違いはいかにして生ま

れるか』村本由紀子訳、ダイヤモンド社、2004).

Poter, Lyman W. and Lawler,Ⅲ, Edward E.(1968), *Managerial Attitudes and Performance*, Richard D. Irwin, Homewood, Illinois.

Robbins, Stephen P. (2001), *Organizational Behavior, 9th* ed.,Prentice Hall.

____ (2005), *Essentials of Organizational Behavior 8th ed*, Prentice Hall (『新版　組織行動のマネジメント』高木晴夫訳、ダイヤモンド社、2009).

Taylor, Frederic Winslow (1911), *The Principles of Scientific Management*, Harper, New York (『新訳　科学的管理法―マネジメントの原点』有賀裕子訳、ダイヤモンド社、2009).

Vroom, Victor H. (1964), *Work and Motivation*, John Wiley & Sons, New Work (『仕事とモティベーション』坂下昭宣ほか訳、千倉書房、1982).

Watkins, Michael D. (2012), "How Managers Become Leaders ?" *Harvard Business Review*, June (「リーダーとマネジャーの大いなる相違」『DIAMOND Harvard Business Review』2012年9月号、ダイヤモンド社).

Whitehead, A. N. (1978), *Process and Reality.* corrected edition, Free Press (『過程と実在上・下』山本誠作訳、松籟社、1984～1985).

Zaleznic, Abraham (1977), "Managers and Leaders: Are They Different?" *Harvard Business Review*, May-Jun. (「マネジャーとリーダー：その似て非なる役割」『DIAMOND Harvard Business Review』2008年2月号、ダイヤモンド社).

第Ⅲ部

入山章栄 (2019)「イノベーションが止まらない両利きの経営とは?」『日経ビジネス』。https://business.nikkei.com/atcl/seminar/19/00059/070200077/?P=1#。

OBT 協会 (2007)「この人に聞く」: 黒川温泉観光旅館協同組合　代表理事　後藤健吾『OBT 人材マガジン』Vol.33, Vol.34。

経済産業省 (2008)「ソーシャルビジネス研究会報告書」。

後藤哲也 (2005)『黒川温泉のドン　後藤哲也の再生の法則』朝日新聞社。

野中郁次郎・勝見明 (2004)『イノベーションの本質』日経 BP 社。

____ (2007)『イノベーションの作法』日経 BP 社。

____ (2010a)『イノベーションの知恵』日経 BP 社。

____ (2015)『全員経営』日本経済新聞出版社。

____・遠山亮子・平田透 (2010b)『流れを経営する』東洋経済新報社。

____・徳岡晃一朗 (2012)『ビジネスモデル・イノベーション』東洋経済新報社。

____・廣瀬文乃・平田透 (2014)『実践　ソーシャルイノベーション』千倉書房。

古川一郎編 (2011)『地域活性化のマーケティング』有斐閣。

古畑友三 (2010)『5 ゲン主義　管理の基本』日科技連出版社。

Drucker, P. F. (1986) *Innovation and Entrepreneurship−Practice and Principles−*, Harper & Row Publishers, Inc. (『イノベーションと企業家精神』上田惇生訳、ダイヤモンド社、2015).

Osterwalder, Alex., et al. (2010), *Business Model Generation*, John Wiley & Sons (『ビジネスモデル・ジェネレーション』小山龍介訳、翔泳社、2012).

____ (2014), *Value Proposition Design*, John Wiley & Sons (『バリュー・プロポジション・デザイン』関美和訳、翔泳社、2015).

Porter, M. E. & Kramer, M.R. (2006), "Strategy and Society," *Harvard Business Review*, December.

____ (2011) ,"Creating Shared Value," *Harvard Business Review*, Jan.-Feb.

人名索引

事項索引

著者紹介

丁　圏鎭（じょん　ごんじん）

1957年　韓国ソウル特別市生まれ。
1977年　建国大学経営学科入学。
1986年　建国大学大学院経営学科碩士課程修了（経営学碩士）。
　　　　日本文部省招請国費留学生として東北大学大学院に留学。
1989年　東北大学大学院経済学研究科（経営学専攻）博士前期課程修了
　　　　（経済学修士）。
1993年　青森公立大学経営経済学科専任講師。
1996年　東北大学大学院経済学研究科（経営学専攻）博士後期課程修了
　　　　博士（経済学）。
現　在　青森公立大学経営経済学部教授兼大学院経営経済学研究科教授。
　　　　青森公立大学地域連携センター兼任研究員。
　　　　東アジア経済経営学会理事。
　　　　日本経営学会・組織学会・日本労務学会会員。

組織設計と個人行動（増補版）
—「H. ミンツバーグ組織設計論」と「組織行動論」—

2016 年10月1日　第1版第1刷発行	検印省略
2020 年9月15日　増補版第1刷発行	

著　者　丁　　圏　　鎭

発行者　前　野　　隆
東京都新宿区早稲田鶴巻町 533

発行所　株式会社　文　眞　堂
電話 03（3202）8480
FAX 03（3203）2638
http://www.bunshin-do.co.jp
郵便番号（162-0041）振替00120-2-96437

印刷・モリモト印刷　製本・高地製本所

© 2020

定価はカバー裏に表示してあります
ISBN978-4-8309-5099-5　C3034